dtv

Die Frage nach dem Glück beschäftigt jeden Menschen. Aber wie gelingt es, gut zu leben? Philosophie, Religion und Psychologie haben die unterschiedlichsten Ansätze entwickelt, um der Frage auf den Grund zu gehen: vom beherzten »Carpe diem« zur bewussten Geistesschulung, von der beschwingten Leichtigkeit des Seins zur erfüllenden Sinnsuche. Dieser Band versammelt teils tiefgründige, teils humorvoll-leichte Texte, die ermutigen, die eigene Lebensgestaltung zu überdenken und das persönliche Glück nicht dem Schicksal zu überlassen.

Andrea Löhndorf, geboren 1968, ist Verlagslektorin in München.

Glück

Ein Lesebuch zur Lebenskunst

Herausgegeben von Andrea Löhndorf

Deutscher Taschenbuch Verlag

Originalausgabe
Mai 2002
2. Auflage April 2004

www.dtv.de

Umschlagkonzept: Balk & Brumshagen
Umschlagbild: ›Hirtenknabe‹ (1860) von Franz von Lenbach (© Artothek)
Gesamtherstellung: Druckerei C. H. Beck, Nördlingen
Gesetzt aus der Garamond 10/11 p
Gedruckt auf säurefreiem, chlorfrei gebleichtem Papier
Printed in Germany · ISBN 3-423-20521-0

Inhalt

Vorwort

Würde man jeden Einzelnen der achtzig Millionen Deutschen fragen, was für ihn Glück bedeutet, würde man vermutlich achtzig Millionen verschiedene Antworten erhalten – so äußerte sich Elisabeth Noelle-Neumann kürzlich in einem Interview. Und sollte je eine »Geschichte des Glücks« geschrieben werden, müsste sie wohl enzyklopädische Ausmaße haben, um das vielgestaltige Phänomen in all seinen Facetten zu fassen.

Jedes Jahrhundert entwickelte seine eigenen Glücksvorstellungen, die meist im nächsten wieder verworfen und durch neue ersetzt wurden. Der Westen betrachtete das Glück stets anders als der Osten, alte Menschen anders als junge, die Wohlhabenden anders als die weniger Besitzenden, und nicht zu vergessen die Unterschiede der Temperamente: Melancholisch veranlagten Menschen wird es stets ein Rätsel bleiben, wie manche ihrer Zeitgenossen sorglos und leichtfüßig durch das Leben tänzeln, während es diesen wiederum unbegreiflich ist, warum jene permanent mit ihrem Lebenssinn ringen müssen, obwohl es ihnen an nichts fehlt. Und zu guter Letzt hat das Glück, das man *hat*, natürlich Einfluss darauf, ob man glücklich *ist* – auch wenn einige der überlieferten Glückslehren dies bestreiten.

Festzuhalten ist: Den *einen* Weg zum Glück, den Königsweg, der für jeden zu jeder Zeit taugt, scheint es nicht zu geben. Doch hat die jahrtausendealte Suche nach der Glücksformel durchaus fruchtbare »Glücksrezepte« hervorgebracht. Gerade in der heutigen Zeit, in der sich die vielfältigen Glücksangebote in jagendem Tempo ebenso abwechseln wie abnutzen, kann es lohnenswert sein, sich von diesen zeitlos gültigen Wegen zum Glück inspirieren zu lassen.

Da ist zunächst das Glück, das sich fast von selbst versteht, da bereits Babys imstande sind, es zu empfinden: das Glück der Sinne. Wenn es auch jedem ohne weiteres zugänglich ist, so kann man es doch auf vielerlei Weise kultivieren. Um die Kunst des Genießens geht es im ersten Kapitel.

Niemals wieder in der Geschichte der abendländischen Philosophie wurde so selbstverständlich über das Glück nachgedacht wie in der Antike. Dass Sinnenfreuden das Leben bereichern, war den antiken Philosophen als Bewohnern mediterraner Länder nur zu bewusst – und ebenso, dass ein unkluger Umgang damit sich eher nachteilig auf das Glück auswirken kann. Ihr Ideal der Besonnenheit und des Maßes hat das so genannte »Philosophenglück« maßgeblich geprägt. Zwar haben sich auch spätere Philosophen vielfach mit der Frage des Glücks befasst, doch war deren Verhältnis dazu bereits sehr viel skeptischer und pessimistischer als das ihrer Vorgänger. Wer dem Konsumglück nicht mehr so recht trauen mag, kann von der Klarheit und Geradlinigkeit der antiken Denker, beispielsweise der Stoiker, nur profitieren.

Die Lehren, die aus dem Fernen Osten in den Westen gelangten, gleichen in ihrer Haltung dem Leben gegenüber in mancherlei Hinsicht den Lehren der Stoa – zumindest dort, wo sie nicht äußerste Askese, sondern den Weg der Mitte oder des Maßes betonen. Doch haben sie einen anderen Ausgangspunkt: Glück muss nicht erlangt werden, sondern beschreibt den ursprünglichen menschlichen Geisteszustand. Und um dorthin zurückzukehren, muss man alles loslassen, was ihm im Wege steht, wobei es weniger um ein äußerliches als um ein inneres Loslassen von unheilsamen Geisteszuständen geht.

Glück lässt sich weder für die Zukunft planen, noch lässt es sich konservieren, es ist nur im jeweiligen Augenblick erfahrbar. Wenn wir uns dem, was wir tun oder erleben, mit vollkommener Gegenwärtigkeit hingeben können, ohne dass unser Geist von Alltagssorgen oder anderen Gedanken abgelenkt wird, empfinden wir automatisch Glück – eine Tatsache, die christliche oder buddhistische Mönche schon immer für ihre meditative Praxis genutzt haben. Amerikanische Vertreter eines neueren Zweigs der Psychologie, aufgrund ihrer Konzentration auf das Glück scherzhaft »Happyologen« genannt, haben anhand umfangreicher Studien genau diesen Glückszustand erforscht und gaben ihm einen Namen: »Flow«.

Was den amerikanischen Schriftsteller Henry David Thoreau schon im 19. Jahrhundert dazu bewog, sich zwei Jahre in die Einsamkeit der Wälder zurückzuziehen, ist heute aktueller denn je: der Wunsch, in unserer stets komplexer werdenden Welt das Tempo zu drosseln, Überflüssiges loszulassen und sich auf das Wesentliche zu besinnen – damit man vor lauter hektischer Betriebsamkeit nicht aus Versehen am Glück vorbeiläuft.

Und schließlich die Feuerprobe: Wenn das Leben bitter schmeckt, wenn die äußeren Umstände, das »Schicksal«, jeden guten Ratschlag wie Hohn erscheinen lassen, stellt sich unweigerlich die Frage nach dem Lebenssinn. Unnötig schwer macht es sich der Gegenwartsmensch, wenn er das Leiden aus seiner Wirklichkeit eliminiert und dem Ideal einer Wohlfühlgesellschaft huldigt, in der man dem Schmerz nur noch mit Betroffenheit und Hilflosigkeit zu begegnen imstande ist. Der Schweizer Psychologe Viktor E. Frankl hat beispielhaft vorgelebt, wie er seinem Leiden in Auschwitz einen Sinn gab und dadurch die Kraft fand zu überleben.

Die Texte aus Philosophie, Psychologie, Literatur und den spirituellen Traditionen, die dieser Band versammelt, sind teils tiefgründig, teils voller Leichtigkeit. Sie laden ein, sich mit frischem Blick der Frage nach dem Glück zu nähern und mit neuen Möglichkeiten der Lebensgestaltung zu experimentieren. Denn sollte eines sicher sein, so wohl dies, dass die Bereitschaft, das eigene Denken und Handeln hin und wieder zu überprüfen und gegebenenfalls zu verändern, das Glück nur befördern kann.

Andrea Löhndorf

Genießen:

Das Glück der Sinne

Glück ist das lichterlohe Bewusstsein: Diesen Augenblick wirst du niemals vergessen.
MAX FRISCH

Gero von Randow
Zehn goldene Regeln des Genießens

»Nur zu Zeiten erträgt göttliche Fülle der Mensch.«
Friedrich Hölderlin

Ein letztes Glas Champagner. Hinterher, nach allem, was gewesen ist: nach dem Menü, ja sogar nach Espresso und Digestif und Zigarre, da darf es noch einmal Champagner sein. Im Restaurant zum Beispiel, nachdem auch der Küchenchef das meiste getan hat und an der Bar ausruht. Mit ihm ein bisschen reden, über dies und das. Wir wollen jetzt nicht gehen. Wir halten die Zeit auf. Wir blicken zurück auf das Menü und erkennen Die zehn goldenen Regeln des Geniessens:

1. Übe dich im Genuss.
2. Gib dich hin, und du wirst beschenkt.
3. Lasse alle Sinne frei.
4. Spiele mit dem Maß.
5. Finde den Rhythmus.
6. Verbrauche die Zeit, und sie bleibt stehen.
7. Inszeniere die Gemeinschaft, fühle dein Ich.
8. Gehe liebevoll mit Menschen und Dingen um.
9. Fürchte dich nicht vor der Lust.
10. Werde ein Kunstwerk.

Mögen Sie Sonnenauf- und -untergänge? Es gibt Weltgegenden, wo man immer und immer wieder hinschauen muss, wie die Sonne im Meer versinkt, bis man Glück hat und das plötzliche grüne Aufleuchten des Sonnenlichts sieht, ein optischer Effekt, der bei bestimmten Dunst- und Temperaturverhältnissen entsteht. Ich erinnere mich an einen Sonnenaufgang, den ich in einem Hotel in Chicago genossen habe: im soundsovielten Stock eines Hotels, das große Fenster zum

Lake Michigan hin; es war eines jener Jahre, in denen der Schmutz des philippinischen Vulkans Pinatubo in den Himmeln schwebte und allerliebste Sonnenoptik hervorrief. Die Sonne, die da orangerot aus der grauen Wasserfläche auftauchte, sah erst aus wie eine Linse, dann wie ein Hut, und allmählich überzog sich die betonfarbene Welt mit Pastelltönen. An dieses Erlebnis denke ich, wenn ich Sonnenuntergänge in unserer Dachgeschosswohnung in Hamburg betrachte: Deren auffälligstes Charakteristikum sind die pastellrosa Wolken. Eines Abends, es war auf der nordfriesischen Halbinsel Eiderstedt, die flach wie eine Spanplatte ist, setzte ich mich vors Haus, in Decken eingemummelt, und wartete auf die Dunkelheit. Je weniger ich sah, desto mehr hörte ich: die Kühe, ferne Autos, irgendwo ein Pferd. Als ich wieder aufwachte, begann es gerade, hell zu werden. Die Geräusche nahmen zu, doch dann kamen die Farben, und ich sah wieder mehr, als ich hörte.

Das Kommen und Gehen der Nacht, wenn wir über den Ozean fliegen. Oder wenn wir im Schlafsack am Strand übernachten. Oder wenn wir eine Liebesnacht feiern. Oder wenn wir eine Nacht durcharbeiten. Eine durchwachte Nacht gibt dem Morgen eine seltsame Farbe, seltsam deshalb, weil unser Morgen dann so anders ist als der aller anderen Menschen.

Alles das können wir genießen, und umso besser, je mehr wir ausprobiert haben. Wie beim Sport: Wer übt, leistet nicht nur mehr, er genießt auch intensiver.

Das Gehirn, die Genussmaschine, will trainiert werden. Deshalb also die Regel eins: Übe dich im Genuss.

Gib dich hin, und du wirst beschenkt, lockt die zweite Regel: Für einige Genüsse ist sie offenkundig, für die erotischen zuallererst. Für die Kunst des Gastgebens gilt sie ebenso. Die Gäste müssen nicht wissen, wie viel Zeit, Geld, Mühe in den Abend investiert wurde, aber wenn sie spüren, dass das Mahl mit Liebe und Hingabe bereitet wurde, dann sind auch sie zur Liebe und Hingabe bereit, und die Gespräche werden schön und tief, heiter und frei.

Genuss löst die Reserven, die wir in uns behalten haben, verwandelt sie in Kräfte, die uns steigen lassen.

Legen wir uns auf die Wiese, fühlen wir sie, riechen, betasten, hören, schmecken wir sie. Und wir bekommen etwas zurück. Ameisenbisse vielleicht. Oder das Wiesen-Erlebnis. Aber dazu müssen wir alle Sinne freilassen – Regel Nummer drei: Alles, was fühlen kann, aus seiner Reserve locken im Genuss. Den Wein ansehen, die Liebe schmecken, das Essen betasten, die Landschaft anhören, das Buch riechen. Alle Sinne umherschweifen lassen. Auf Reisen mache ich normalerweise keine Fotos, aber ich hätte Tonbandaufnahmen machen sollen – jeder Ort klingt anders. Jeder Boden fühlt sich anders an. Jedes Klima schmeckt anders. Zigarren schmecken in tropischen Ländern besser. Alle Sinne freilassen, wie beim Tanz, wo wir die Innensinne, den Gleichgewichtssinn eingeschlossen, das Hören und Sehen, das Tasten auf jeden Fall und bei Bedarf auch die beiden übrigen Sinne einsetzen. Musiker, Schlagzeuger zumal, aber auch gewisse Maler empfinden ihr Tun manchmal als Tanz.

Schlagzeuger spielen mit dem Maß. Sie dürfen nicht zu laut oder zu leise spielen, aber ganz leise und ganz laut, das gehört dennoch zu ihrem Repertoire. Wenn sich ein Schlagzeuger einen Ausbruch leistet: Was ist das? Kontrollierte Emotion? Kalkulierte Eruption? Mit dem Maß spielen, das heißt: es gelegentlich überschreiten, um erfreut zurückzufinden. Oder: es einzuhalten, um den Moment der Überschreitung vorzubereiten. Man sagt: Takt bedeutet zu wissen, wie weit man zu weit gehen darf. Rekursive Gebrauchsanweisung für lustvolles Spielen.

Das Maß, von dem die edlen Griechen träumten, ist eine anrührende Utopie. Wir müssen sie auch gar nicht aufgeben, dürfen aber ein wenig freier spielen: Maß ist eine schwimmende Kategorie, elastisch, und wir erhalten sie uns lebendig und wirksam, indem wir sie immer wieder heftig beanspruchen. Dafür gibt es geeignete und ungeeignete Zeitpunkte, die jeder selbst finden muss: Finde den Rhythmus, Regel Nummer fünf. Sie ist sehr alt. Prediger 3,1: »Ein jegliches hat seine Zeit, und alles Vorhaben unter dem Himmel hat seine Stunde« – und es folgen die Beispiele: »Weinen hat seine Zeit, lachen hat seine Zeit; klagen hat seine Zeit, tanzen hat seine Zeit; Steine wegwerfen hat seine Zeit, Steine sammeln hat seine Zeit; herzen hat seine Zeit, aufhören zu herzen hat seine Zeit; suchen hat seine Zeit, verlieren hat seine Zeit«, und dann kommen die denkwürdigen Sätze 10 bis 13: »Ich sah die Arbeit, die Gott den Menschen gegeben hat, dass sie sich damit plagen. Er hat alles schön gemacht zu seiner Zeit, auch hat er die Ewigkeit in ihr Herz gelegt; nur dass der Mensch nicht ergründen kann das Werk, das Gott tut, weder Anfang noch Ende. Da merkte ich, dass es nichts Besseres dabei gibt, als fröhlich sein und sich gütlich tun in seinem Leben. Denn ein Mensch, der da isst und trinkt und hat guten Mut bei all seinem Mühen, das ist eine Gabe Gottes« – das hätte, in anderen Worten, auch Horaz schreiben können. Wissend, dass wir endlich sind, können wir der Zeit eben doch für Momente entkommen: Verbrauche die Zeit, und sie bleibt stehen, Regel Nummer sechs.

Siebte Regel: Inszeniere die Gemeinschaft, fühle dein Ich. Denken trennt, Genießen verbindet. Ein Ich bin ich nur, weil es die Anderen gibt – dafür will ich sie belohnen: Ich stoße mit ihnen an. Und trinke den Wein selbst.

Eine der sympathischsten Reformen, die der Protestantismus mit sich brachte, war die neue Trinkregel des Abendmahls: Alle Gemeindemitglieder bekommen einen Schluck ab. Sie vereinigen sich mit Christus und mit den anderen Gläubigen, gerade indem sie den Wein in ihr privates Inneres hineingießen. In einem italienischen Bergdorf bin ich einmal als kleiner Junge zum Messdiener rekrutiert worden. Ich hatte keine Ahnung von den katholischen Riten, wurde aber von einem örtlichen Bub zu allen nötigen Handlungen rechtzeitig angewiesen (als da wären: bimmeln, aufstehen, niederknien, noch mal bimmeln und so weiter), aber richtig empört war ich, als ich mitbekam, dass der Priester den Wein allen Leuten zeigte, aber ihn nur selbst trank. Das Publikum bekam stattdessen bloß eine Oblate pro Person. Ich bekam keine, obwohl ich damals Oblaten interessant fand, weil sie so komisch am Gaumen kleben. Es war überhaupt ein toller Urlaub. Wir hatten Unterkunft bei einem Ausbilder und Liebhaber von Opernsängerinnen gefunden, dessen Köchin mich in ihr großes Herz geschlossen hatte (zumindest hatte ich Gründe für die Annahme, dass ihr Herz ganz schön groß sein musste). Sie ließ mich, der ich keine Ahnung von guter Küche hatte, verschiedene Olivenöle kosten, und ich war auch ganz erstaunt, wie liebevoll sie mit ihren Vorräten und Zutaten und auch mit mir umging – sie kannte wohl die Regel Nummer acht: Gehe liebevoll mit Menschen und Dingen um. Genuss ist Liebe. Fürchte dich nicht davor. Wirf die Kalorientabelle weg. Denke nicht ans Einkommen, nicht an den morgigen Tag. Verlängere das Jetzt. Morgen existiert nicht. Jetzt nicht. Erst morgen.

Genuss ist widersprüchlich. Der Genießer gewinnt, indem er sich verausgabt. Er vollzieht mit seinen Sinnen die Einheit mit der Welt, doch indem er den Genuss empfindet, ist er ganz auf sich allein zurückgeworfen: Niemand anderes kann für ihn genießen. Im Genuss versöhnt er sich mit der Welt – und schafft für einen Moment eine Gegenwelt des Lustprinzips. Er fügt sich, genießend, in eine soziale Ordnung, eine Welt der kulturellen Zeichen, doch er verbraucht sie, und zum Schluss bleibt Unordnung auf dem Tisch oder im Bett oder in der Seele, die aufgewühlt ist vom Genuss und noch weiter vibriert, wenn alles vorbei ist.

Wer den Genuss steigern will, geht umsichtig vor. FINESSE BRAUCHT VERNUNFT. Aber der Genuss selbst ist dann gar nicht mehr vernünftig, er ist ein Schwelgen, Schwellen, Schmelzen.

Die Sinneseindrücke und die sie begleitenden – oder auslösenden – Fantasien kommen in Kaskaden. Ein Rhythmus entsteht. Erst Zurückhaltung und dann: einkacheln, spachteln, tafeln. Hinauszögern und es dann mit Macht krachen lassen. Äußerste Delikatesse und urplötzlich die ungehemmte Lust. Der Genuss sättigt das Verlangen. Und er nährt die Erinnerung an die Lust, lässt also das Verlangen umso stärker wiederkehren: Genuss endet, um neuen Genuss vorzubereiten.

Genuss ist zyklisch. Er steht im Widerspruch zum Zeitpfeil. Alle Lust will Ewigkeit, heißt es bei Nietzsche. Das ewige Leben im Genuss. Das Paradies. Kein Wunder, dass der Wein seit der Antike als Interface der Alltagswelt und des Heiligen gilt. Doch es eignen sich auch andere Genüsse dazu. Achten wir auf die Sprache: Schmeckt die Erdbeere nicht himmlisch, der Pfirsich göttlich, das Birnenparfait überirdisch? Es gibt Rieslinge, die sind einfach anbetungswürdig. Chili dagegen ist höllisch scharf, und die klassische Sauce aus gehackten Schalotten und Pfefferkörnern in Weißwein und Estragonsauce, verkocht mit Demiglace und dann passiert, sie heißt: Sauce

Diable. Genießend erstrecken wir uns zwischen Himmel, Erde und Hölle. Wir schwärmen für den Süßwein und rufen aus: »Ambrosia«; wir zerschneiden mit den Esswaffen das getötete Tier; wir werden übermütig und wagen riskante Anspielungen, die Zunge ist gelöst und die Stimmung auch, wir spielen mit dem Profanen ein heiliges Spiel.

Genuss ist der reine Widerspruch. Ihn zu steigern bedeutet, alle diese Widersprüche zu leben, sie zu verkörpern, ein Kunstwerk zu werden – Regel Nummer zehn.

Da stehen wir nun an der Bar, wir Kunstwerke.

Nehmen wir doch noch ein Glas. Heute gehört die Welt uns. Wir werden leicht. Wir könnten übers Wasser gehen wie, sagen wir mal: wie ein Zwergleguan.

Die Basilisken, kleine mittelamerikanische Leguane, laufen, wenn's besonders pressiert, in aufrechter Haltung mit den Hinterbeinen übers Wasser. Biologen von der Harvard University in Cambridge (US-Staat Massachusetts) haben den Trick mit einer Hochgeschwindigkeitskamera herausgefunden: Bei jedem Schritt hat ein Fuß nur rund eine Zehntelsekunde lang Kontakt mit dem Wasser. Gemessen an diesem schnellen Vorgang verhält sich das Wasser geradezu träge, wegen seiner inneren Reibung (Viskosität, Sie erinnern sich). Der Miniaturleguan setzt einen Fuß auf und tritt ihn so schnell nach hinten weg, dass sich vor ihm eine luftgefüllte Grube im Wasserpudding bildet, die kurzzeitig fortbesteht – im Moment ihres Zusammenbruchs hat der Leguan den Fuß bereits wieder hochgezogen und mit dem anderen Bein den nächsten Schritt eingeleitet. Auf diese Weise können die Basilisken mehrere hundert Meter Wasserfläche überqueren – mit einer Geschwindigkeit bis zu zwölf Kilometern pro Stunde.

Der Name Basilisk kommt aus dem Griechischen und bedeutet so viel wie »kleiner König«. Der Trick mit dem Wasser gelingt ihm, weil er so leicht ist (neunzig Gramm).

Heute sind wir die Könige, und wir fühlen uns leicht. Der Genuss verleiht uns Fröhlichkeit; und wenn auch gute Laune gewiss nicht die Lösung aller Probleme ist, so erleichtert sie doch erstens das Ersinnen von Lösungen und ist zweitens geeignet, so viele Miesepeter zu ärgern, dass sie sich schon allein deswegen lohnt.

Die Welt ist unser Königreich. Wir eignen sie uns an, indem wir sie genießen. Die Dinge werden unsere Dinge. Wir lösen den Widerspruch zwischen Mensch und Ding.

Dass gerade die Genussdinge kulturelle Zeichen sind, haben wir (...) immer wieder festgestellt. Das Schöne an ihnen: Es sind kulturelle Zeichen, die wir uns mit sinnlicher Freude einverleiben (und sei es nur, indem wir sie ansehen oder anhören). Geschmack hat eine genetische Basis, aber sein Überbau ist nun einmal kulturell: »Dinge gefallen uns deshalb, weil wir gelernt haben, dass sie so sein müssen, wie sie sind«, schrieb der Sozialphilosoph Thorstein Veblen.

Wir sind traurig, wenn diese Einheit von Sein und Sollen zerbricht. Gioacchino Rossini, heißt es, hat zweimal in seinem Leben geweint. Einmal, als sein ›Barbier von Sevilla‹ bei der Premiere durchfiel. Und ein anderes Mal, als ihm bei einer Bootspartie ein getrüffelter Truthahn ins Wasser fiel. Rossini, ein König der Oper zwar, doch eher füllig, konnte leider nicht übers Wasser laufen.

Der ›Barbier‹ wurde später ein Riesenerfolg. Aber der Truthahn, der war unwiederbringlich verloren. Der Koran hat Recht: Jeder erleidet immer Verlust.

Grund genug, noch einen letzten Champagner zu trinken. Als Aperitif, im weitesten Sinne: Wer genießt, bereitet kommende Genüsse vor.

Wilhelm Schmid
Aufhebung der Sorge: Die Lüste genießen

Fern davon, die Lüste aus dem Leben auszuschließen, geht es in der reflektierten Lebenskunst in mehrfacher Hinsicht um deren Gebrauch: Klugerweise trägt das Selbst mit seiner Sorge, die auf die Aufklärung der Bedingungen der Existenz und das Erschließen ihrer Möglichkeiten gerichtet ist, auch für die Erholung von der Sorge selbst Sorge. Die Sorge ist eine Anspannung, die nicht unentwegt durchgehalten werden kann – Entspannung bringt demgegenüber die zumindest zeitweilige Aufhebung der Sorge, die *Sorglosigkeit,* wie sie ohnehin dem populären Verständnis von Lebenskunst am meisten entspricht. In der reflektierten, philosophischen Lebenskunst steht die Sorglosigkeit für einen Gebrauch der Lüste, der das Selbst dem reinen Genuss überlässt – wenn auch nicht ohne Kalkül. Zur wählerischen Grundhaltung des Subjekts der Sorge gehört sehr wohl die genießerische Form der Existenz, jedoch nicht unbedingt in dem Sinne, nur den Früchten des Augenblicks sich hinzugeben und sich weiter um nichts zu kümmern; es handelt sich nicht zwangsläufig um den Zustand wahrer Unmittelbarkeit, der die Mühen des Bewusstseins nicht kennt. Der Genuss dient der Zerstreuung der Konzentration der Sorge, jedoch nicht um sie völlig aufzuheben, sondern um sie erneut zu ermöglichen.

Sorge und Lüste schließen sich also nicht nur nicht aus, sondern die Sorge selbst richtet sich darauf, dem Selbst den vollen Genuss der Lüste zu vermitteln, um die Fülle des Lebens auszukosten wie ein Sybarit und »das schöne Antlitz der Erde zu küssen«, wie dies den Bewohnern der griechischen Stadt Sybaris in Unteritalien einst nachgesagt wurde; oder wie ein Epikureer das Leben zu genießen, der aus den unscheinbarsten Dingen des Lebens noch den größten Genuss zu ziehen versteht. Über die zeitweilige Aufhebung der Sorge hinaus geht es jedoch beim Gebrauch der Lüste in der reflektierten

Lebenskunst um die *Aufhebung des Selbst*, die die Voraussetzung für seine Neukonstituierung darstellt: Die Sorge sorgt für jene Selbstvergessenheit, in der das Selbst seine Kohärenz verliert und sich auf spielerische Weise neu konstituiert. Daher ist es klug, die Lüste zu nähren, denn sie treiben das Selbst über sich hinaus und bestärken nicht etwa seine Kohärenz, sondern stellen sie auf den Kopf und lösen sie auf, um sie neu zusammenzufügen. Wenn es darauf ankommt, die allzu starr gewordene Form des Selbst wieder in Bewegung zu bringen und zu sprengen, ist auf die Erfahrung der Lüste Verlass: Ihr Genuss öffnet das verschlossene Selbst und sorgt für das »eigentliche Erbeben des Ich«, von dem Emmanuel Lévinas spricht, um den Genuss zu beschreiben. Darin hat die unstillbare Sehnsucht des Selbst nach dem Anderen wohl ihren äußersten Grund: Das Selbst sehnt sich nach dem Genuss, den der Andere verkörpert und um dessentwillen er als hinreißend schön und bejahenswert erscheint, da in ihm das Selbst sich aufzulösen und neu zu formen und auf diese Weise unendlich zu bereichern vermag. Fatalerweise aber trennt dieselbe Sehnsucht die Individuen wieder voneinander, sobald das Zusammensein mit dem jeweils Anderen keinen Genuss mehr verspricht.

Der bewusste Gebrauch der Lüste kann darin bestehen, sie zu vervielfältigen und zu intensivieren, sie jedoch auch im Maß zu halten und nicht auf einmal aufzuzehren. Die *vorsätzliche Begrenzung* der Lüste hält die Sehnsucht nach ihrem Genuss wach, denn Sehnsucht gilt nur einem Gut, das nicht beliebig verfügbar ist. Die Begrenzung ist ein Signum der Selbstmächtigkeit, und vom Selbst hängt es ab, die Grenzen aufrechtzuerhalten, sie durchlässig zu gestalten, sie aufzulösen oder anders zu ziehen. Nur die Freiheit, die grenzenlos ist, kennt keine Selbstmächtigkeit und nimmt sich selbst nicht mehr wahr; spürbar ist sie allenfalls noch im Moment der »Überschreitung«. Das selbstmächtige Selbst untergräbt nicht die Lebhaftigkeit der Lüste, ist jedoch darauf bedacht, sich nicht von jeder ihrer jähen Wendungen abhängig zu machen, ganz nach der aristotelischen Formel: »Wer sich in jeden Genuss stürzt und sich nichts versagt, wird haltlos, wer jeden meidet wie die Spießer, wird stumpfsinnig.« Das richtige Maß der Mitte aber, das es zu finden gilt, ist nicht von vornherein festgelegt, und erst recht liegt es nicht in der arithmetischen Mitte, vielmehr ist es von einem eigentümlichen Schwanken gekennzeichnet, das das Selbst gelegentlich nach der Seite des Zuviel, dann wieder nach der des Zuwenig »ausbiegen« lässt.

Eine Maxime des Gebrauchs, die besonderen Wert auf die Erfahrung des Zuviel legt, geht zurück auf Montaigne, der dem *frivolen Gebrauch* das Wort redet und damit wiederum die maßvolle Begrenzung begrenzt; er bedauert nur, dass die Sprache zu arm und die Worte nicht zitierfähig seien, um die Dinge der Lust stärker zum Ausdruck zu bringen, die doch ein Bestandteil der »Kultur des Körpers« sind. Er rät dazu, sich nicht ängstlich vor dem Zuviel, dem Exzess zu hüten; vor allem der junge Mensch soll sich sogar häufig dem Exzess hingeben, um mit ihm vertraut zu werden, »sonst ruiniert ihn die geringste Anfechtung«. Der Exzess dient außerdem dazu, sich allzu starr werdender Gewohnheiten wieder zu entledigen; Montaigne trifft daher bewusst die Wahl, die Lüste auf sich wirken zu lassen und der »Subjektivierung« durch sie in einer Art von vorsätzlicher Unterwerfung Raum zu geben. So gelangt er zu einer »Leichtigkeit« des Lebens, die aus dem Auftrieb hervorgeht, den der Genuss der Lüste seinem Leben verleiht: »Der Genuss ist eins der wichtigsten Dinge, aus denen wir Gewinn ziehen können«, denn er sorgt für die Motivation und Intensität der Existenz. Um die Lüste richtig zu dosieren, ihnen weder nachzujagen noch sie zu fliehen, sondern sie »aufzunehmen«, vertraut Montaigne auf die Klugheit, und selbst die Mäßigung dient ihm noch dazu, die Lust zu steigern; die Formel vom »Gebrauch der Lüste« findet sich bei ihm. Im Hinblick auf die Dinge der Liebe plädiert er für das Kalkül der Liebenden, mit der Nähe und der Distanz zueinander zu spielen: Eine Kunst des Liebens zwischen Präsenz und Absenz, ohne dabei allzu sehr von Liebe zu schwärmen, die in seinen Augen ja doch nur die Gesundheit bedroht.

Auf Aristoteles und Montaigne lässt sich Bezug nehmen, wenn es in der reflektierten Lebenskunst um die Ästhetik des Gebrauchs der Lüste geht, beruhend auf der Selbstmächtigkeit, sich den Lüsten nicht einfach nur auszuliefern, und der *wählerischen Haltung*, selbst darüber zu befinden, 1. welche

Lust, 2. wann, 3. wie lange, 4. mit wem, 5. in welcher Situation, 6. in welchem Maße und 7. bis zu welchem Punkt zu gebrauchen ist, verbunden mit einer Verfügungsmacht über die Techniken, die einzusetzen sind, um Lust zu erzeugen und zu genießen. Sich lediglich »gehen zu lassen«, kann nicht als Kunst im Umgang mit den Lüsten gelten; diese Art von Freiheit stellt keine besonderen Anforderungen an das Selbst. Der Gebrauch kann jedoch zu einem Element der gestaltenden wie der gelassenen Lebensführung werden; der gestaltenden, um mithilfe der Lüste dem Leben die Form zu geben, die als die schönste empfunden wird; der gelassenen, um sich nicht in der Mühe der Führung des Lebens zu erschöpfen, sondern sich auf kalkulierte Weise von Lüsten führen zu lassen. Die Klugheit des Gebrauchs erfordert zudem, im Anderen, mit dem die Lust gemeinsam genossen wird, nicht nur ein Mittel zum Zweck, sondern einen Selbstzweck zu sehen, wie dies das Selbst einem Anderen ja auch für sich selbst abverlangt. Als verhängnisvoll erweist sich unter diesem Aspekt, dass in der Kultur des 20. Jahrhunderts allein »das Begehren« in den Mittelpunkt der Aufmerksamkeit gerückt, ja geradezu metaphysisch überhöht worden ist – in der Folge erschien eine Kunst des Umgangs mit den Lüsten und eine Klugheit ihres Gebrauchs keiner Mühe mehr wert und wurde nicht einmal als Fragestellung wahrgenommen. Das war der Grund für Michel Foucaults Insistieren auf den Lüsten und ihrem Gebrauch – in ausdrücklicher Frontstellung gegen die Lehre vom Begehren.

Eigentümlich für den Gebrauch ist es, eine intensive Beziehung zum Anderen einzugehen und auf dieser Basis die Lüste sich entfalten zu lassen. Was die Lüste »an sich« sind, lässt sich dabei nicht definitorisch festlegen, denn es gibt sie nicht in einem rohen, authentischen Zustand, es gibt sie nur in ihrem *Gebrauch*, der dem Modell des *Verbrauchs*, dem bloßen Konsum der Lüste, diametral entgegensteht. Nur das Sex-Subjekt des 20. Jahrhunderts suchte nach einer Lust an sich, die gleichermaßen objektiv existierte und daher auch wie ein Objekt zu behandeln war. Charakteristisch für das Sex-Subjekt ist der Konsum in Form von achtloser Verausgabung und Verschwendung der Lust, die noch dazu auf die Lust des Geschlechts, eben auf »Sex« reduziert wird, in dem mit fragloser Selbstgewissheit die Lust schlechthin vermutet wird; der Körper, der des Selbst wie der des Anderen, erscheint dabei nur als ein Gegenstand, aus dem der höllische Funke der Lust herauszuschlagen ist. Vielleicht ist die *Somatomanie* in den modernen Kulturen, in denen der Sex zu herrschen begann, eine späte Reaktion auf die abendländisch-christliche *Entleibung* des Menschen: Nach der alleinigen Geltung von Seele und Geist blieb ein lästiger, vernachlässigter, irdischer Körper zurück, und mit der cartesianischen Apotheose des reinen Denkens verfiel der Körper gänzlich zu einem Staubkorn der ausgedehnten Materie. Als Antwort auf dieses Vergessen der Kultur des Körpers könnte das Hervortreten des hysterischen Körperkults, dessen Signum der Sex ist, zu erklären sein. Man kann jedoch auch die unbewusste Fortsetzung des christlichen Kreuzzuges zur Abtötung der Lüste mit anderen Mitteln darin sehen.

Vergessen blieb angesichts der Dominanz des Sex, dass es noch andere und vielfältigere Lüste als die isolierte Lust des Geschlechts gibt: Lüste der Sinne, also des Sehens, Hörens, Riechens, Schmeckens, Tastens und Spürens, die ein inniges, intimes Genießen gestatten; Lüste des Denkens und der Reflexion, die sich in der Distanz der Abstraktion vollziehen; Lüste des Träumens und der Phantasie, in denen das Selbst fern ist von jedem Kalkül; Lüste der Erinnerung, die das gelebte Leben zu wiederholen erlauben; Lüste der Lektüre und des Gesprächs, die die Weite des Lebens zwischen Einsamkeit und Geselligkeit erfahrbar machen; Lüste des Lachens in allen Variationen, die Körper, Seele und Geist zugleich in Vibrationen versetzen; Lüste des bloßen Seins, die sich der Muße und Gelassenheit verdanken; Lüste des nomadischen Seins, die aus der vielfältigen Begegnung mit Anderen und Anderem resultieren. Die Fülle der Lüste, ihre Komposition und der gekonnte Umgang mit ihnen münden in eine *Kunst der Erotik*, in der nun die Lust des Geschlechts nur eine Lust unter anderen ist und im Zusammenspiel mit anderen Lüsten ihren Sinn findet: Eingebettet in die Erotik sorgt der Gebrauch auch dieser Lust für wahren Genuss; der Raum der Erotik ist der Intimität förderlich, die innige Lüste hervortreibt und sie nicht in beliebiger Streuung verschwinden lässt; hier allein triumphiert der kluge Gebrauch der Lüste über den bloßen Konsum von Körpern. Alles gewinnt Sinn durch die Erotik, sie ist der umfassende Reichtum und der grundlegende Reiz, der die Rettung des Lebens bedeutet, auch wenn sonst nichts mehr von Bedeutung ist.

Bestandteil der Kunst der Erotik ist die Inszenierung der Lüste, sind die Rituale, die um die Lüste herum errichtet werden, das Dekorum, der Schleier und die Verkleidung, durch die hindurch sie nur zu erahnen sind, die Rhetorik, die weniger über sie redet als vielmehr beredt über sie schweigt, die kalkulierte Verzögerung ihres Gebrauchs in der Zeit, die dem Subjekt erlaubt, allmählich in sie hineinzugleiten und nicht in einer plötzlichen Explosion sie zu verpuffen, schließlich das Wissen darüber, dass der Umgang mit den Lüsten sich der Askese bedienen kann, um ihren Genuss zu intensivieren. Im inszenierten Umfeld kann jener Tanz des Fleisches sich entfalten, dessen das Selbst bedarf, um ein erfülltes Leben zu erfahren, und die Kunst der Erotik gibt dem Selbst Gelegenheit, das Gedächtnis des Fleisches zu bestärken, statt es »danach« beschämt wieder auszulöschen. Ideal ist die erotische Begegnung, die den Geist (mit dem Anderen zu denken), die Seele (mit ihm zu fühlen) und den Körper (ihn zu spüren) umfasst und bei der die Sorge des Selbst nicht ausschließlich der eigenen Lust, sondern ebenso der des Anderen gilt; eine Begegnung, die ausgekostet werden kann im vollen Bewusstsein, nicht den Traum vom immerwährenden Einssein erfüllen zu können, vielmehr dem Rhythmus des Einsseins und Getrenntseins, des Verstehens und des Missverstehens zu unterliegen – und selbst dies kann als bejahenswert an einem »schönen Verhältnis« erfahren werden. Das Wissen in der Erotik aber ist ein Erfahrungswissen, Anregungen hierzu vermitteln allenfalls die Kulturen, die auf verschwiegene Weise erfinderisch sind, was die Dinge der Liebe und die Techniken der Lüste angeht; entscheidend ist die eigene Erforschung, die überwältigende Entdeckung, das Fehlgehen und der erneute Versuch – die bloße Theorie kann da nicht helfen.

Aufgrund der historischen Entwicklung ist der Gebrauch der Lüste am Ende des 20. Jahrhunderts allerdings auf neue

Weise zum Problem geworden und hat ein Kalkül herbeigezwungen, das gleichsam beiläufig die Entstehung einer neuen Kunst der Erotik begünstigt. Jedenfalls ist im Zeitalter von *Aids* die Erfahrung der Lüste nicht dieselbe geblieben: Hatten die Jahrzehnte der »sexuellen Befreiung« die Erfahrung einer sorglosen geschlechtlichen Lust mit sich gebracht, so kehrte mit der Ausbreitung der Krankheit die Sorge zurück; die Lüste sorglos zu genießen, konnte nun, wie in längst vergangen geglaubten Zeiten, wieder bedeuten, ahnungslos das eigene Leben und das Leben Anderer zu riskieren. Es war Foucault, der dies zuerst und aufgrund eigener Betroffenheit zum Thema machte und zugleich jene antike Debatte wieder entdeckte, die eine moderne und andersmoderne Entsprechung finden sollte: Welches Recht hat das Selbst, sich des Körpers eines Anderen zu bedienen, und unter welchen Bedingungen? Welche Haltung zum Anderen kann das Selbst einnehmen, welche Distanz bewahren, welches Kalkül in Kraft setzen? Der eigene Körper und der des Anderen ist nicht mehr nur der Ursprungsort und das Objekt eines Begehrens, sondern der Gegenstand einer Beunruhigung. Der Gebrauch der Lüste, beruhend auf der klugen Wahl, die vom Subjekt selbst zu treffen ist, wird zu einem grundlegenden Bestandteil der reflektierten Lebenskunst.

Wenn auf diese Weise die Unmittelbarkeit des Begehrens von der Reflexion gebrochen wird, dann wird damit der Spalt aufgerissen, in dem sich die Erotik, die eine von Grund auf reflexive Kunst ist, erneut einnisten kann. Die Reflexion bringt jene Verzögerung ins Spiel, die den gedankenlosen Vollzug des Aktes durchbricht und die Lust zugleich vervielfältigt durch das reflexive Moment, das auch andere als die unmittelbar ans Geschlecht gebundenen Lüste in den Blick kommen lässt. Die Intimität ist wieder eingebettet in eine Beziehung des Vertrauens, statt nur Begleiterscheinung einer beiläufigen, bedeutungslosen Begegnung zu sein; die leidenschaftliche Hingabe ist nicht mehr nur der Ausdruck einer zufälligen Aufwallung der Gefühle. Und eine neue Zeit der Askese bricht an, nicht nur im Sinne einer frei gewählten Enthaltsamkeit, sondern im Sinne eines Verzichts darauf, sämtliche Möglichkeiten beliebiger Beziehungen auch zu realisieren, stattdessen einzelne Beziehungen auszuwählen, denen die hingebungsvolle Aufmerksamkeit gewidmet wird, derer das Selbst fähig ist.

Bei einer Erneuerung der Erotik sind in den Gebrauch der Lüste jedoch auch *virtuelle Lüste* einzubeziehen. Dabei bezeichnet die phantastische Quasi-Sinnlichkeit des »Cyberbody« zunächst zweifellos die höchste Form der Entleibung, die nur eine neue Einkörperung nach sich ziehen kann, mit der wiederum in der Geschichte des Körpers, wie so oft mit dem Anbruch einer neuen Epoche, ein veränderter Körper entsteht, der nun nicht mehr verleugnet oder beschworen, sondern vervielfältigt erfahren wird; Intellekt und Sinnlichkeit verschmelzen in ihm auf neue Weise zu einem schillernden Leib. Jetzt erst, da er virtualisiert wird, ist der Leib neu zu entdecken mit der ihm eigenen Intelligenz, seiner reichen und komplexen Wahrnehmungskapazität, seiner Fähigkeit, Erfahrungen zu machen. Zugleich wird erfahrbar, welche Sinnlichkeit im Cyberspace entbehrt werden muss und sich doch als wesentlich erweist, um die Fülle des Lebens zu genießen. Sofern die Virtualität jedoch der neuerliche Versuch sein sollte, nur die Lust zu suchen und jeglichen Schmerz zu fliehen, wird auch dieser Versuch lehren können, dass die reine Lust nicht zu haben ist und dass sie allein auch nicht die Fülle des Lebens repräsentiert. Nur zwischen Lust und Schmerz spannt sich das Leben.

John O'Donohue
Die Sinne sind die Schwellen der Seele

Zu lange haben wir geglaubt, das Göttliche sei *außerhalb* von uns. Dieser Irrglaube hat unsere Sehnsucht auf katastrophale Weise überbeansprucht. Dies ist umso trauriger, als es gerade die Sehnsucht ist, die uns Menschen heiligt. Das Schönste, was wir überhaupt besitzen, ist unsere Sehnsucht; diese innerseelische Kraft ist spiritueller Natur und besitzt eine herrliche Tiefe und Weisheit. Wenn wir unsere Sehnsucht auf eine ferne, äußere Gottheit richten, setzen wir unser Vermögen zum Uns-Sehnen einer unerträglichen Belastung aus. So geschieht es oft genug, dass die Sehnsucht mutig hinausstrebt, auf das ferne Göttliche zu, aber dann, überfordert, in sich zurückfällt und zu Zynismus, Leere oder Negativität wird. Dies kann unsere Sensibilität völlig zugrunde richten. Wir müssen unsere Sehnsucht in keiner Weise unter Druck setzen. Wenn wir daran glauben, dass der Körper in der Seele lebt und dass die Seele geweihter, göttlicher Boden ist, dann ist uns das Göttliche vollkommen gegenwärtig – so nah wie unser eigenes Selbst.

Der Umstand, dass der Körper in der Seele wohnt, macht die Sinne zu Schwellen der Seele. Wenn unsere Sinne sich zur Welt öffnen, ist das erste Gegenwärtige, dem sie begegnen, die Präsenz unserer eigenen Seele. Sinnlichsein bedeutet, in Gegenwart seiner eigenen Seele zu sein. William Wordsworth, ein Dichter, der sich in hohem Maße der Würde der Sinne bewusst war, schrieb: »Freude ist der Tribut, den wir unserer Menschenwürde schulden.« Das ist eine zutiefst spirituelle Sichtweise. Die Einstimmung in die Sinne kann den verkrampften Glauben und die verhärtete Einstellung lockern. Sie kann die erstarrten Gefühle, die uns von uns selbst und von anderen trennen, sanft erwärmen und heilen. Dann sind wir auch nicht länger von der wunderbaren Ernte an Göttlichkeit ausgeschlossen, die sich unentwegt heimlich in uns anhäuft. Auch wenn wir im Folgenden jeden einzelnen Sinn gesondert besprechen werden, sollten wir uns unbedingt gegenwärtig halten, dass die Sinne immer gemeinsam wirken und einander ergänzen. Die Sinne überschneiden einander. Dies zeigt sich beispielsweise daran, wie unterschiedlich verschiedene Menschen auf ein und dieselbe Farbe reagieren – was eindeutig dafür spricht, dass Farben nicht bloß visuell wahrgenommen werden.

Das Auge ist wie die Morgenröte

Der erste Sinn, den wir behandeln werden, ist der Gesichtssinn oder das Sehvermögen. Im Auge erhält die Intensität menschlicher Gegenwart eine einzigartige Konzentration und Verfügbarkeit. Im menschlichen Auge findet das Universum seine tiefste Reflexion und Zugehörigkeit. Ich stelle mir vor, dass die Berge von der Ankunft des menschlichen Auges träumen. Wenn das Auge sich öffnet, ist es wie die Morgenröte, die den schwarzen Vorhang der Nacht aufreißt. Wenn es sich öffnet, ersteht eine neue Welt. Das Auge ist auch die Mutter der Distanz. Wenn das Auge sich öffnet, offenbart es uns, dass die Anderen und die Welt außerhalb von uns sind, von uns entfernt. Die innere Anspannung, die die gesamte abendländische Philosophie seit jeher beflügelt hat, ist der Wunsch, Subjekt und Objekt zusammenzuführen. Vielleicht ist es gerade das Auge, als die Mutter der Distanz, was überhaupt das Subjekt vom Objekt scheidet.

Doch auf wundersame Weise macht uns das Auge als die Mutter der Distanz auf das Geheimnis und das Anderssein alles Außer-uns-Seienden neugierig. Da es uns insofern aber alles nah heranbringt, ist das Auge zugleich auch die Mutter der Intimität. Wenn wir etwas mit ungeteilter Aufmerksamkeit anblicken, holen wir es in uns herein. Man könnte eine ganze Spiritualität über die Heiligkeit des Blicks entwickeln. Das Gegenteil des betrachtenden Blicks ist das aufdringliche Starren. Wenn man angestarrt wird, wird das Auge des Anderen zum Tyrannen. Man ist zum Objekt des Anderen geworden, der einen in erniedrigender, durchdringender und bedrohlicher Weise anstarrt. Wenn wir etwas wirklich ansehen, wird es zu einem Teil von uns. Darin liegt eine der besonders heimtückischen Gefahren des Fernsehens. Die Menschen von heute starren unentwegt Bilder an, die jeder Realität und Wahrheit entbehren; diese sinn- und seinsentleerten Bilder füllen die Innenwelt des Herzens mehr und mehr an. Die moderne Welt der Bilder und der elektronischen Medien erinnert stark an Platons wunderbares Höhlengleichnis: Die angeketteten Gefangenen sitzen nebeneinander aufgereiht und starren auf die Rückwand der Höhle. Hinter ihnen brennt ein Feuer, das flüchtige schwarze Gestalten auf die Wand wirft. Da die Gefangenen keine Möglichkeit haben, sich umzudrehen, halten sie das, was sie an der Wand sehen, für die Wirklichkeit. Und doch nehmen sie nichts als immaterielle Schatten wahr. Das Fernsehen und die Welt des Computers sind gewaltige unwirkliche Schattenländer. Etwas anzusehen, was unseren Blick erwidern kann oder was Zurückhaltung und Tiefe besitzt, bedeutet dagegen eine Heilung unserer Augen und eine Vertiefung unseres Gesichtssinns.

Es gibt Menschen, die von Geburt an organisch blind sind; sie haben ihr ganzes Leben in einer ein-tönigen Finsternis verbracht. Sie haben noch niemals eine Woge, einen Stein, einen Stern, eine Blume, den Himmel oder ein menschliches Gesicht gesehen. Doch es gibt auch Menschen, die einwandfrei sehen können und die dennoch absolut blind sind. Der irische Maler Tony O'Malley ist ein wunderbarer Künstler des Unsichtbaren; in einer einfühlsamen Würdigung seines Werkes schrieb der englische Künstler Patrick Heron über ihn: »Im Gegensatz zu den meisten Menschen läuft Tony O'Malley mit offenen Augen durch die Welt.«

Viele von uns haben durch die Macht der Gewöhnung erreicht, dass ihre Welt ihnen so vertraut ist, dass sie sie überhaupt nicht mehr wahrnehmen. Es ist eine sehr aufschlussreiche Übung, sich jeden Tag vor dem Einschlafen zu fragen: »Was habe ich heute wirklich gesehen?« Probieren Sie sie doch einmal aus; Sie werden sich möglicherweise wundern, was Sie alles *nicht* gesehen haben! Vielleicht haben sich Ihre Augen wie konditionierte Reflexe verhalten, haben den ganzen Tag lang automatisch, ohne jede echte Aufmerksamkeit oder Achtsamkeit Ihrerseits funktioniert: Während Sie aus sich herausschauten, haben Sie nichts fixiert oder bewusst zur Kenntnis genommen. Unser Gesichtsfeld ist stets äußerst komplex, und wenn unsere Augen hinausblicken, können sie unmöglich *alles* sehen. Wenn wir versuchen, ein solches Gesichtsfeld in seiner Totalität aufzunehmen, dann ist es zwangsläufig undetailliert und verschwommen; wenn wir uns andererseits einen bestimmten Bildausschnitt herausgreifen, dann nehmen wir *ihn* zwar deutlich wahr, sehen dafür aber das Gesamtbild nicht. Das menschliche Auge ist unentwegt damit beschäftigt, auszuwählen, was es sehen will, sowie dem auszuweichen, was es nicht sehen will. Die zentrale Frage lautet für uns also: Welche Kriterien entscheiden darüber, was wir sehen wollen und daher sehen – und was wir übersehen, weil wir es nicht sehen wollen? Manch ein begrenztes und negatives Leben geht unmittelbar aus einer solchen selbstbewirkten Einengung des Horizonts hervor.

Es ist eine verblüffende Wahrheit, dass die Art und Weise, wie wir sehen und was wir sehen, darüber entscheidet, wie oder wer wir werden. Eine interessante Möglichkeit, die Erkundung unserer Innenwelt zu beginnen, besteht darin, unseren eigenen Sehstil zu erforschen. Fragen Sie sich: Auf welche Weise sehe ich die Welt? Mithilfe dieser Frage werden Sie Ihr spezifisches Sehverhalten identifizieren.

Wahres Lauschen ist Andacht

Mit dem Gehörsinn lauschen wir der Schöpfung. Eine der wunderbarsten Schwellen, die es in der Wirklichkeit gibt, ist die Nahtstelle zwischen Geräusch und Stille. Alle guten Geräusche haben Stille bei sich, hinter sich und in sich. Das erste Geräusch überhaupt, das jedes menschliche Ohr vernimmt, ist der Herzschlag der Mutter, der durch das dunkle Seewasser des Schoßes vibriert. Dieses Ur-Hörerlebnis ist der Grund für die starke Resonanz, die Trommelmusik von jeher in uns Menschen ausgelöst hat. Der Klang der Trommel wirkt deswegen so tröstlich auf uns, weil er uns in die Zeit zurückversetzt, in der wir eins mit dem mütterlichen Herzschlag waren. Es war eine Zeit vollkommener Zugehörigkeit. Noch hatte sich keinerlei Trennung aufgetan. Wir befanden uns in einem Zustand absoluten Einsseins mit einem anderen Menschen. Der Ire P. J. Curtis, der eine Autorität auf dem Gebiet des

Rhythm and Blues ist, sagt oft, die menschliche Suche nach Sinn sei in Wahrheit die Suche nach dem verlorenen Akkord. Wenn die Menschheit erst den verlorenen *Akkord* wiedergefunden haben wird, wird alle *Diskordanz,* alle Zwietracht in der Welt geheilt werden und die Symphonie des Universums wird die absolute Harmonie mit sich selbst erreichen.

Es ist eine große, schöne Gabe, hören zu können. Es heißt, Taubheit sei schlimmer als Blindheit, weil der Taube in einer Innenwelt entsetzlichen Schweigens eingesperrt ist. Die Tatsache, dass er andere Menschen und seine Umwelt *sehen* kann, aber keinerlei Geräusche oder Stimmen vernimmt, macht seine Einsamkeit nur umso spürbarer und schmerzlicher.

Es ist sehr wichtig, zwischen Lauschen und Hören zu unterscheiden. Manchmal hören wir Dinge, ohne ihnen wirklich zuzuhören. Wahres Lauschen bringt uns sogar mit dem Ungesagten und Unsagbaren in Berührung. Bisweilen sind gerade die wichtigsten Schwellen des Geheimnisses Orte des Schweigens. Wahrhaft spirituell zu sein bedeutet, den Möglichkeiten und der Gegenwart des Schweigens, der Stille, mit großem Respekt zu begegnen. Martin Heidegger sagte, wahres Lauschen sei Andacht. Wenn wir mit unserer Seele lauschen, versetzen wir uns in den Rhythmus der Musik des Universums und werden eins mit ihm. Durch Freundschaft und Liebe lernen wir, unser Selbst in die Stille einzustimmen, in die Schwelle des Geheimnisses, über die unser Leben in das Leben unserer Geliebten dringt und deren Leben in unseres.

Dichter sind Menschen, die sich vollkommen der Schwelle verschrieben haben, an der Schweigen und Sprache sich begegnen. Eine der wichtigsten Aufgaben, ja Pflichten des Dichters besteht darin, seine eigene Stimme zu finden. Wer seine ersten Schreibversuche unternimmt, hat in der Regel recht schnell das befriedigende Gefühl, gute Lyrik produziert zu haben; bei näherer Betrachtung allerdings erkennt er, dass andere Dichter vor ihm schon Ähnliches geschrieben haben. Er begreift, dass er unbewusst große Vorbilder imitiert hat.

Es ist eine langwierige Aufgabe, die oberflächlicheren Stimmen unseres Talents herauszufiltern; bis wir die tiefe Signatur und Klangfarbe unseres Andersseins erreichen. Erst wenn wir diese tiefe innere Stimme gefunden haben, sprechen wir wahrhaft aus dem einzigartigen Tabernakel und unserer Gegenwart heraus. Tief in uns schweigt eine Stimme, die noch niemand je vernommen hat – nicht einmal wir selbst. Gestatten wir uns die Möglichkeit der Stille und schärfen wir unser Lauschen, so wird es uns gelingen, tief innen, die Musik unseres Geistes zu vernehmen.

Musik ist schließlich der vollkommenste »Klang«, der der Stille überhaupt begegnen kann. Wenn wir der Musik wirklich lauschen, beginnen wir allmählich zu hören, auf welch wunderbare Weise sie die Stille gliedert und zu einem kristallinen Glanz strukturiert – wie sie das verborgene Mysterium der Stille hervorbringt. Das Echo der zarten Membran, an der sich Laute und Stille treffen, ist deutlich zu vernehmen. Schon lange bevor der Mensch auf die Erde gelangte, ertönte hier eine uralte Musik. Dennoch ist die Musik zugleich eines der schönsten Geschenke, die der Mensch der Erde brachte. In wahrhafter großer Musik findet die uralte Sehnsucht der Erde eine Stimme. Der bedeutende Dirigent Sergiu Celibidache sagte einmal: »Wir erschaffen keine Musik, wir schaffen nur die Bedingungen, unter denen sie sich manifestieren kann.« Musik *dient* dem Schweigen und der Einsamkeit der Natur. Sie ist eine der stärksten, unmittelbarsten und intimsten sinnlichen Erfahrungen, die es für uns Menschen gibt. Sie ist vielleicht diejenige Kunst, die uns dem Ewigen am nächsten bringt, weil sie unser Zeiterleben unmittelbar und unumkehrbar verändert. Wenn wir schöner Musik lauschen, treten wir in die zeitliche Dimension der Ewigkeit ein. Die vergängliche, zerstückelte lineare Zeit verflüchtigt sich, und wir werden in den Kreis des Ins-Ewige-Gehörens versetzt. Der irische Schriftsteller Séan Ó Faoláin sagte einmal: »In der Gegenwart großartiger Musik bleibt uns keine andere Alternative, als edel zu leben.«

Die Sprache der Berührung

Unser Tastsinn setzt uns auf besonders intime Weise mit der Welt in Verbindung. Das Auge als die Mutter der Distanz zeigt uns, dass wir uns außerhalb der Dinge befinden. Es gibt eine wunderbare Plastik von Auguste Rodin, die ›Der Kuss‹ heißt.

Die Skulptur stellt zwei menschliche Körper dar, die nach einander greifen, dem Kuss entgegenstreben. Jegliche Distanz ist im Zauber dieses Kusses aufgehoben; zwei voneinander entfernte Menschen haben einander endlich erreicht. Berührung und Tastsinn versetzen uns aus der Anonymität der Distanz in die Intimität der Zugehörigkeit. Die Menschen bedienen sich ihrer Hände, um zu berühren; Hände erforschen, erspüren die Außenwelt. Hände sind wunderschön – sie sind, wie Kant sagte, der sichtbare Ausdruck des Geistes oder der Seele. Mit unseren Händen greifen wir aus uns hinaus, die Welt zu berühren. Vor allem aber finden Hände im menschlichen Berühren die Hände, das Gesicht, den Körper des Anderen. Die Berührung kehrt heim zu sich selbst. Der Akt des Berührens bringt uns mit der Welt des Anderen in Berührung. Das Auge übersetzt seine Objekte mühelos in Verstandesbegriffe. Das Auge vereinnahmt alles entsprechend seiner eigenen Logik. Das Tastgefühl hingegen bestätigt das Anderssein des Körpers, das es berührt. Die Berührung kann nicht vereinnahmen, zu Eigen machen – sie kann ihr Objekt nur näher und näher bringen. Von einer Erfahrung oder einer Geschichte, die uns tief bewegt, sagen wir, dass sie uns »berührt«. Die Berührung ist aber auch derjenige Sinn, durch den wir den Schmerz erleben. Die Weise, wie der Schmerz den Kontakt zu uns herstellt, hat nichts Zögerliches oder Verschwommenes an sich: Er stößt ohne Umschweife zum Kern unserer Identität vor und ruft unsere Verletzlichkeit und Verzweiflung wach.

Es ist mittlerweile erwiesen, dass jedes Kind der Berührung bedarf. Berührung teilt Zugehörigkeit mit, Zärtlichkeit und Wärme, und *die* sind die unverzichtbare Voraussetzung dafür, dass das Kind Selbstvertrauen, ein gesundes Selbstwertgefühl und innere Sicherheit entwickeln kann. Tastgefühl und Berührung haben deswegen eine so große Bedeutung für uns, weil wir innerhalb der wunderbaren Welt der Haut leben. Unsere Haut lebt und atmet, ist ständig aktiv und gegenwärtig. Wir Menschen sind zu solcher Zärtlichkeit und Sensibilität fähig, weil wir nicht in einer Schale oder einem Panzer wohnen, sondern in einer Haut, die stets empfindlich auf die Kräfte, die Berührungen und die Gegenwart der Welt reagiert.

Das Tastgefühl ist einer der unmittelbarsten und direktesten Sinne überhaupt. Die Sprache der Berührung ist eine ganz eigene Sprache. Berührung ist auch etwas Subtiles und Charakteristisches. Sie bewahrt in sich äußerst verfeinerte Erinnerungen auf. Ein Konzertpianist besuchte einmal eine Freundin. Er fragte sie, ob er ihr etwas vorspielen solle. Er sagte: »Ich habe gerade ein wunderschönes Stück von Schubert in den Händen.«

Die Welt der Berührung schließt die ganze Welt der Sexualität in sich ein; *sie* ist wahrscheinlich der allerzärtlichste Aspekt menschlicher Gegenwart. Wenn wir einem Menschen sexuell begegnen, dann haben wir ihn direkt in unsere Welt hereingelassen. Die Welt der Sexualität ist eine heilige Welt der Gegenwärtigkeit. Die Welt des Eros ist der Schauplatz einiger der schlimmsten Verwüstungen, die Konsumdenken und Habgier im heutigen Leben angerichtet haben. George Steiner hat sich in seinem schönen Buch ›Sprache und Schweigen‹ sehr eindrucksvoll zu diesem Thema geäußert. Er zeigt auf, dass die Wörter der Intimität, die »Nacht-Wörter« des Eros und der Zuneigung, die geheimen Wörter der Liebe, im grellen Neonglast der Konsumgesellschaft aufgegeben worden sind. Wir müssen die sanften, heiligen Wörter der Berührung unbedingt wiederfinden, wenn es uns gelingen soll, unser menschliches Wesen vollständig zu realisieren. Wenn Sie in Ihre innere Seelenwelt blicken, fragen Sie sich, wie weit Ihr Tastgefühl entwickelt ist. Wie *berühren* Sie, wie *spüren* Sie Dinge? Haben Sie ein echtes, lebendiges Gefühl für die Macht der Berührung als einer zugleich sinnlichen, zärtlichen und heilenden Kraft? Die Rückgewinnung des Gespürs kann unserem Leben neue Tiefe verleihen – und sie kann uns heilen, stärken und uns selbst näher bringen.

Das Tastgefühl ist ein unmittelbarer Sinn. Es kann uns aus der falschen Welt, der Hunger-Welt der Verbannung und der äußeren Bilder herausholen. Die Wiederentdeckung des Berührungssinns führt uns zurück an das Herdfeuer unseres Geistes, wo wir wieder Wärme, Zärtlichkeit und Zugehörigkeit erfahren können. In Augenblicken äußerster Intensität verstummt alle menschliche Rede. Dann ergreift die Sprache der Berührung das Wort. Wenn wir im finsteren Tal des

Schmerzes umherirren, büßen Worte all ihre Bestimmtheit und Aussagekraft ein. Trost und Geborgenheit kann dann nur eine liebevolle Berührung, eine Umarmung schenken. Umgekehrt gewinnt Berührung, wenn wir wirklich vollkommen glücklich sind, wahrhaft ekstatische Beredtheit. Die Berührung liefert uns den tiefsten Zugang zum Mysterium der Begegnung, der Erweckung und der Zugehörigkeit. Sie ist der geheime, gefühlsmäßige Gehalt jeder Verbindung und Vereinigung. Die Energie, die Wärme und die Verheißung der Berührung entstammen letztlich dem Göttlichen. Der Heilige Geist ist die wilde und leidenschaftliche Seite Gottes; der *taktile* Geist, der uns umgibt und uns näher zueinander und zu uns selbst bringt. Der Heilige Geist macht diese Distanzen anziehend und durchwebt sie mit Düften von Affinität und Zugehörigkeit. *Veranmutigte* Distanzen machen aus Fremden Freunde. Der Mensch, den wir lieben, und all unsere Freunde waren früher einmal Fremde. Irgendwann kamen sie auf irgendeine Weise aus der Ferne auf unser Leben zu. Ihre Ankunft erschien vollkommen zufällig und bedeutungslos. Jetzt könnten wir uns unser Leben ohne sie überhaupt nicht mehr vorstellen. Ebenso besteht unsere Selbst- und Weltanschauung aus einer bestimmten Konstellation von Begriffen, Vorstellungen und Gefühlen, die irgendwann aus der Tiefe unserer inneren Distanz auftauchten. Sie jetzt zu verlieren wäre damit gleichbedeutend, unser Selbst zu verlieren. Wir leben und bewegen uns auf göttlichem Grund. So sprach der heilige Augustinus zu Gott: »Du bist mir näher, als ich mir selbst bin.« Die subtile Unmittelbarkeit Gottes, der Heilige Geist, rührt an unsere Seele und durchwebt zärtlich all unsere Wege und Tage.

Ralph Waldo Emerson
Natur

Um die Wahrheit zu sagen, wenige Erwachsene können die Natur sehen. Die meisten sehen die Sonne nicht. Zumindest ist ihr Sehen sehr oberflächlich. Die Sonne bescheint nur das Auge des Mannes, aber in das Auge und das Herz des Kindes scheint sie hinein. Derjenige ist ein Naturliebhaber, dessen innere und äußere Sinne noch wahrhaft übereinstimmen; wer sich den Geist der Kindheit noch bis hinein in die Jahre des Mannesalters erhalten hat. Sein Verkehr mit dem Himmel und der Erde wird ein Teil seiner täglichen Nahrung. In der Natur durchströmt den Menschen wunderliches Wohlbehagen trotz all seiner Sorgen. Die Natur spricht – er ist mein Geschöpf, und trotz all des bedrängenden Kummers soll er mit mir glücklich sein. Nicht die Sonne oder der Sommer allein, sondern jede Stunde und jede Jahreszeit zollen ihren Tribut an Wonne, denn jede Stunde und jeder Wechsel entspricht einer unterschiedlichen Gemütsverfassung und rechtfertigt sie vom windstillen Mittag bis zur finsteren Mitternacht. Die Natur bietet eine Ausstattung, die zu einem Lustspiel ebenso gut passt wie zu einem Trauerspiel. Bei gutem Befinden wird die Luft zu einem Labsal unglaublicher Wunderkraft. Wenn ich über eine kahle Gemeindewiese schreite, durch Schneepfützen stapfe, in der Dämmerung unter bedecktem Himmel wandere, ohne den Gedanken irgendeines besonderen Glücksfalles zu hegen, erfreue ich mich vollkommener Erheiterung. Fast wage ich nicht zu denken, wie glücklich ich bin. Auch streift in den Wäldern der Mensch seine Jahre ab wie eine Schlange ihre Haut und ist, in welchem Jahre seines Lebens er auch stehen mag, doch immer ein Kind. In den Wäldern ist immer währende Jugend. In diesen Pflanzungen Gottes herrscht Würde und Heiligkeit, eine immer währende Festlichkeit wird bereitet, und kein Gast vermag zu erkennen, wie er in tausend Jahren ihrer überdrüssig werden sollte. In den Wäldern kehren wir zur Vernunft und zum Glauben zurück. Dort fühle ich, dass mich im Leben nichts treffen kann – keine Schande, kein Unheil (solange mir die Augen erhalten bleiben), was nicht die Natur heilen kann. Wenn ich auf dem kahlen Erdboden stehe – meinen Kopf in die heitere Luft getaucht und in den unendlichen Raum erhoben –, schwindet alle eitle Selbstgefälligkeit dahin. Ich werde zu einem durchsichtigen Augapfel; ich bin nichts; ich sehe alles; die Ströme des universellen Wesens durchwogen mich; ich bin ein Teil oder Splitter Gottes. Der Name des engsten Freundes klingt dann fremdartig und wie zufällig: Brüder oder Bekannte, Herr oder Diener, alles erscheint wie eine bedeutungslose Kleinigkeit und wirkt wie eine Störung. Ich liebe die unendliche und unsterbliche Schönheit. In der Wildnis finde ich etwas Wertvolleres und Verwandteres als auf den Straßen und in den Dörfern. In der ruhigen Landschaft, und besonders in der weit entfernten Linie am Horizont, erblickt der Mensch etwas, das so schön ist wie seine eigene Natur.

Die größte Wohltat, die uns Felder und Wälder gewähren, ist die Idee einer geheimen Verwandtschaft zwischen dem Menschen und der Pflanzenwelt. Ich bin nicht allein und unerkannt. Sie neigen sich mir zu, und ich neige mich ihnen zu. Das Schwingen der Zweige im Sturm kommt mir neuartig und doch wieder altbekannt vor. Es überrascht mich, und doch ist es mir nicht unbekannt. Seine Wirkung ist wie die eines höheren Gedankens oder einer edleren Gemütsbewegung, die über mich kommt, wenn ich meinte, ich dächte richtig und handelte recht.

Doch gilt es als sicher, dass die Kraft, die diese Freude hervorruft, nicht der Natur innewohnt, sondern dem Menschen oder der Harmonie zwischen Mensch und Natur. Es ist notwendig, sich diesen Vergnügen nur mit der allergrößten Mäßigung hinzugeben.

Henry Miller
Mein Gott, war ich glücklich!

Die Dunkelheit brach herein, und die Inseln wurden in der Ferne sichtbar, sie schwebten über dem Wasser, sie berührten es nicht. Die Sterne strahlten in prächtigem Glanz, der Wind wehte sanft und kühl. Ich spürte sofort, was Griechenland ist, was es gewesen war und was es immer sein wird, selbst wenn es das Unglück haben sollte, von amerikanischen Touristen überlaufen zu werden. Als mich der Steward fragte, was ich zu Abend essen möchte, und ich dann begriff, was ich zu essen bekommen würde, brach ich fast zusammen und weinte. Das Essen auf einem griechischen Schiff ist etwas Verblüffendes. Ich ziehe ein gutes griechisches Mahl einem entsprechenden französischen vor, obwohl das eine Ketzerei zu sein scheint. Es gab viel zu essen und viel zu trinken; die Luft war lau und der Himmel voll Sterne. Vor der Abreise von Paris hatte ich mir vorgenommen, ein Jahr lang keinen Strich zu tun; es waren meine ersten richtigen Ferien seit zwanzig Jahren, und ich wollte sie genießen. Alles schien mir vollkommen. Es gab keine Zeit mehr, es gab nur mich, der ich in einem langsamen Schiff dahintrieb, gewillt, jeden Menschen, der mir begegnete, kennen zu lernen, alles, was sich mir bot, in mich aufzunehmen. Aus dem Meer tauchten, als hätte Homer persönlich es für mich angeordnet, in dem schwindenden Licht die Inseln auf, einsam, verlassen, geheimnisvoll. Mehr konnte ich nicht verlangen, und mehr wünschte ich mir nicht. Ich hatte alles, was sich ein Mensch ersehnen kann, und ich wusste es. Ich wusste auch, dass ich es vielleicht nie wieder haben würde. Ich fühlte, dass der Krieg nahte, mit jedem Tag näher rückte. Doch für eine kleine Weile würde es noch Frieden geben und die Menschen sich noch wie Menschen verhalten. (...)

Ich lehnte mich zurück und blickte zum Himmel empor. Noch nie hatte ich einen solchen Himmel gesehen, er war herrlich. Ich fühlte mich völlig gelöst von Europa, ich hatte ein neues Reich als ein freier Mensch betreten – alles hatte sich vereinigt, um dieses Erlebnis einzigartig und Frucht bringend zu gestalten. Mein Gott, war ich glücklich! Und zum ersten Mal in meinem Leben war ich glücklich im vollen Bewusstsein meines Glückes. Es tut wohl, einfach und schlicht glücklich zu sein; zu wissen, dass man glücklich ist, ist noch besser, aber sein Glück zu verstehen, weil man weiß, warum und wie und durch welche Fügung von Ereignissen und Umständen, und dennoch glücklich zu sein, glücklich im Sein und Erkennen, das ist mehr als Glückseligkeit, das ist eine Gnade Gottes, und wenn man ein bisschen Verstand hätte, sollte man sich auf der Stelle umbringen und es dabei belassen. So erging es mir – nur hatte ich weder die Kraft noch den Mut, mich auf der Stelle umzubringen. Es war auch gut, dass ich es nicht tat, denn es sollten noch großartigere Augenblicke folgen, jenseits jeder Glückseligkeit, und wenn jemand versucht hätte, es mir zu beschreiben, würde ich es höchstwahrscheinlich nicht geglaubt haben. Damals wusste ich noch nicht, dass ich eines Tages in Mykenä oder in Phaistos stehen würde oder dass ich eines Morgens aufwachen und durch die Kabinenluke mit eigenen Augen den Ort sehen würde, über den ich in einem Buch geschrieben hatte, ohne zu ahnen, dass er wirklich existiert, dass er wirklich den Namen trägt, den ich ihm in meiner Phantasie gegeben hatte. Wundersame Dinge geschehen einem in Griechenland – wundersame, *gute* Dinge, die sonst nirgends auf der Welt geschehen können. Irgendwie steht Griechenland unter dem besonderen Schutz des Schöpfers – man glaubt, Ihn wohlwollend nicken zu sehen. Die Menschen mögen ihre kümmerlichen, jämmerlichen Teufeleien begehen, auch in Griechenland – aber Gott lässt noch immer Seinen Zauber wirken, und ganz gleich, was die Menschenkinder tun oder versuchen zu tun, ist Griechenland noch immer geheiligter Boden und wird es, davon bin ich überzeugt, bis zum Ende der Zeiten bleiben.

David Steindl-Rast
Durch die Sinne Sinn finden

Sinnlichkeit ist leider nicht gut angeschrieben bei manchen, die sich dabei noch besonders christlich vorkommen. Jesus Christus würde sich allerdings nicht recht wohl fühlen mit einer so verstandenen Christlichkeit. Er selbst war so sinnenfreudig, dass seine Gegner ihn einen »Fresser und Weinsäufer« nannten (Mt. II:19). Die so urteilten, kamen sich schon damals besonders religiös vor in ihrer Eingeengtheit. Seine Freunde aber erlebten in der Begegnung mit ihm ganz sinnfällig die befreiende Weite von Gottes Gegenwart. Im Leuchten seiner Augen sahen sie Gottes Herrlichkeit. Im Klang seiner Stimme wurde Gottes Wort für sie laut. Wenn er sie anrührte, dann wurde der Gottesbegriff handgreifliche Wirklichkeit. Und von da ist es nur ein kleiner Schritt zur Erkenntnis, dass alles, was unsere Sinne wahrnehmen, Gottesoffenbarung sein will. Das hat unser hellhöriges Herz ja schon immer geahnt.

Die Sinnlichkeit christlicher Gottesbegegnung ist untrennbar verbunden mit der Frohbotschaft:

»Das da von Anfang war,
das wir gehört haben,
das wir gesehen haben mit unseren Augen,
das wir beschaut haben und unsere Hände betastet haben,
vom Wort des Lebens …
das verkünden wir euch, …
auf dass eure Freude völlig sei.« (I. Joh. 1 f)

Auf Freude zielt diese Botschaft ab. Aber nur, wenn wir christliche Sinnlichkeit wiederfinden, wird sich uns auch christliche Lebensfreude wieder erschließen. Nur dann können wir die Frohbotschaft wirklich verstehen.

Gesunder Menschenverstand sagt uns ja schon, dass nichts

in unserem Verstand zu finden sei, was nicht zuerst durch die Sinne Eingang fand. Alle unsere Begriffe sind im Be-greifen verwurzelt. Wer sich an diesen Wurzeln nicht die Hände beschmutzen will, dessen säuberliche Begrifflichkeit wird bald entwurzelt vertrocknen. Von Übersinnlichkeit ist nur ein kleiner Schritt zu Widersinnlichkeit. Das Unsinnliche wird allzu leicht zum Unsinn. Einem Leben aber, das im Sinnlichen verwurzelt ist, ohne darin verstrickt zu sein, wird daraus immer frischer Sinn erwachsen und immer neue Lebensfreude. Bleibende Freude überdauert freilich die verwelklichen Sinne. Sie übersteigt und übertrifft das Nur-Sinnliche. Nie aber ist echte Lebensfreude dem Sinnlichen entfremdet, so weit sie auch darüber hinauswächst.

Entfremdung von den Sinnen widerspricht so völlig echter Menschlichkeit und echter Christlichkeit, dass wir uns wundern müssen, wie wir uns je da hinein verirren konnten. Die Möglichkeit für eine solche Verirrung ist aber in unserem menschlichen Grundbewusstsein vorgegeben. Dieses ist nämlich zweifach. Einerseits erleben wir uns selbst als leiblich. Wir schauen in den Spiegel und sagen: »Das bin ich.« Andererseits sagen wir aber: »Ich habe einen Körper«, weil unser Selbst doch irgendwie über das rein Körperliche, das wir im Spiegel sehen, hinausgeht. Der Geschmack von Walderdbeeren, unsere Zahnschmerzen oder das Wohlbefinden nach dem Bad, das sind offenbar körperliche Erfahrungen. Von Reue, Heimweh oder heiliger Scheu können wir das nicht mit derselben Überzeugung behaupten. Weil also sowohl Sinnliches wie Übersinnliches zu unserem Erleben gehört, besteht die Gefahr, das wirklich Menschliche ausschließlich in einem dieser beiden Bereiche zu suchen. Aber wir Menschen sind Überbrücker. Unsere große Aufgabe ist es, zwischen den beiden Bereichen menschlichen Bewusstseins keinen Zwiespalt aufkommen zu lassen. Ein Mensch, der das Übersinnliche nicht anerkennt und pflegt, sinkt tief unter das Tier. Wer aber das Sinnliche vernachlässigt oder verleugnet, kann sich gerade deshalb nicht darüber erheben. Ein solcher Mensch bleibt – das Bild stammt von Christopher Frei – ein schwachsinniger Engel, der einem Maultier aufgeschnallt ist.

Zur vollen Menschenwürde gehören Leib und Geist, Sinnlichkeit und Sinnfindung. Rainer Maria Rilke will uns an unsere hohe Aufgabe erinnern, in drei Zeilen, die hier für uns von großer Bedeutung sind:

Sei in dieser Nacht aus Übermaß
Zauberkraft am Kreuzweg deiner Sinne,
ihrer seltsamen Begegnung Sinn.

Kreuzweg unserer Sinne ist das Herz. Herz bedeutet den Schnittpunkt unserer geistigen und unserer leiblichen Wirklichkeit. Herz bedeutet jenen Mittelpunkt unserer individuellen Innerlichkeit, wo wir zugleich eins sind mit allen anderen Menschen, Tieren, Pflanzen – mit dem ganzen Kosmos. In unserem Herzen ist Gott uns näher, als wir uns selber sind. Der heilige Augustinus versichert uns dies aus seiner mystischen Erfahrung, und wir ahnen es aus unserer eigenen. Zugleich weiß Augustinus aber auch (und wir wissen es), dass unser Herz ruhelos sei, bis es heimfinde zu seinem Ausgangspunkt, heim zur göttlichen Mitte. Vom Ursprung unserer Ruhelosigkeit sagt Rilke:

Gott spricht zu jedem nur, eh er ihn macht,
dann geht er schweigend mit ihm aus der Nacht.
Aber die Worte, eh jeder beginnt,
diese wolkigen Worte, sind:
Von deinen Sinnen hinausgesandt,
geh bis an deiner Sehnsucht Rand;
gieb mir Gewand.

Hinter den Dingen wachse als Brand,
dass ihre Schatten, ausgespannt,
immer mich ganz bedecken.

Lass dir Alles geschehn: Schönheit und Schrecken.
Man muss nur gehn: Kein Gefühl ist das fernste.
Lass dich von mir nicht trennen.
Nah ist das Land,
das sie das Leben nennen.

Du wirst es erkennen
an seinem Ernste.
Gieb mir die Hand.

»Von deinen Sinnen hinausgesandt, geh bis an deiner Sehnsucht Rand ...« Was aber ist diese Sehnsucht? Ist sie nicht letztlich Heimweh? Heimweh nach jenem Urquell von Sinn, den wir Gott nennen. Und der quillt in unserem innersten Herzen auf. Die Sinne senden uns hinaus. Und nur so können wir dahin kommen, wo wir immer schon sind. Unsere Ausfahrt zum äußersten Rand unserer Sehnsucht ist Heimkehr zur Herzmitte. Sinn finden wir, wenn wir mit dem Herzen horchen lernen.

Das Menschenherz ist das Organ der Sinnfindung. Mit dem Herzen horchen wir. Mit dem Herzen können wir aber auch schauen. Mit dem Herzen können wir wie Spürhunde Wind bekommen und einer Fährte folgen; können im Dunkeln tasten; können dankbar kosten vom Festmahl, das uns bereitet ist. Das Herz ist wahrhaft Kreuzweg all unserer Sinne.

Besonnenheit und Maß:

Das Philosophenglück

So erweist sich denn das Glück als etwas Vollendetes,
für sich allein Genügendes: es ist das letzte Ziel des
uns möglichen Handelns.
Aristoteles

Demokritos
Das Maß des Lebens

Die Menschen erwerben innere Heiterheit *(euthymía)* durch Maßhalten im Genuss und durch Ausgeglichenheit in ihrer Lebensführung. Denn sowohl Mangel wie Überfluss sind gern dem Wechsel ausgesetzt und pflegen starke Erschütterungen der Seele hervorzurufen. Seelen aber, die von extremen (Erregungen) bewegt werden, sind weder (in sich) beständig noch wohlgemut. Man soll also sein Denken auf das Erreichbare einstellen und an dem Genüge haben, was vorhanden ist, ohne sich viel um die zu bekümmern, die (wegen ihrer Glücksumstände) beneidet und bewundert werden, oder gar sein Denken und Trachten auf sie abzustellen. Vielmehr soll man sich die Lebensschicksale der von Trübsal Beladenen vor Augen führen und sich recht stark ihre Leiden vergegenwärtigen, so dass dir dann deine gegenwärtige Lage groß und beneidenswert erscheint und es dir nicht begegnet, deine Seele zu vergiften mit der Gier nach mehr. Denn wer die Wohlhabenden und von den anderen Menschen selig Gepriesenen bewundert und die ganze Zeit sein Denken nur auf sie richtet, der zwingt sich selbst dazu, ständig etwas Neues auszusinnen und wegen seiner Begierde darauf zu verfallen, etwas Unsühnbares von dem zu begehen, was die Gesetze verbieten.

Daher ist es Pflicht, einesteils dem einen nicht nachzujagen, andrerseits es sich bei dem (Vorhandenen) wohl sein zu lassen; sein eigenes Leben mit dem Leben derer zu vergleichen, denen es schlechter geht, und in Beherzigung ihrer Leiden sich selbst glücklich zu preisen, um wie viel besser man es hat und treibt. Wenn du dich an diese Einsicht hältst, wirst du wohlgemuter dein Leben verbringen und nicht wenige Dämonen aus deinem Leben vertreiben: Neid, Missgunst und verbitterten Groll.

Platon
Besonnenheit bewirkt Glückseligkeit

Ist es aber wahr, dann muss offenbar jemand, der glücklich sein will, nach der Besonnenheit streben und sie üben, die Zügellosigkeit dagegen fliehen, so schnell einen jeden von uns die Füße tragen; und vor allem muss er danach trachten, dass er keiner Strafe bedarf. Hat er aber eine Strafe nötig, entweder selbst oder sonst einer von denen, die ihm nahe stehen, sei es ein Einzelner oder ein ganzer Staat, dann soll er sich die Strafe auferlegen und sich züchtigen lassen, wenn er glücklich sein will.

Das ist nach meiner Ansicht das Ziel, das wir in unserem Leben vor Augen haben sollen; und danach müssen wir in unserem Tun alles richten, in unserem eigenen und im öffentlichen Leben, damit Gerechtigkeit und Besonnenheit in dem wohne, der glücklich sein will. Auch dürfen wir unsere Begierden nicht zügellos gewähren lassen und sie zu befriedigen suchen – das wäre ein Übel ohne Ende und ein Leben, wie ein Räuber es führt.

Denn ein solcher Mensch könnte weder einem anderen Menschen lieb sein noch einem Gott, weil er zur Gemeinschaft unfähig ist. Wer aber keinen Gemeingeist in sich hat, kann auch keine Freundschaft besitzen. Die weisen Männer behaupten, Kallikles, dass Himmel und Erde, Götter und Menschen durch die Gemeinschaft und die Freundschaft, durch Ordnung, Besonnenheit und Gerechtigkeit zusammengehalten werden, und dieses Ganze nennen sie deswegen Weltordnung, mein Freund, und nicht Unordnung oder Zuchtlosigkeit.

Aristoteles
Die vollendete Glückseligkeit

Unsere Erörterung über die Tugenden, die Freundschaft und die Lust ist nun zu Ende, und so bleibt noch die Glückseligkeit im Umrisse zu behandeln, da wir sie als das Ziel allen menschlichen Tuns ansetzen. Wir werden uns kürzer fassen können, wenn wir uns auf das Vorausgehende zurückbeziehen.

Wir haben gesagt, die Glückseligkeit sei kein bloßes Verhalten. Sonst könnte ja auch derjenige sie besitzen, der sein Leben lang schläft und wie eine Pflanze lebt, oder auch ein Mensch, den die größten Unglücksfälle träfen. Wenn uns dies nun nicht befriedigt und wir sie vielmehr, wie früher gesagt worden ist, in eine gewisse Tätigkeit setzen müssen und wenn ferner die Tätigkeiten teils notwendig und als Mittel, teils an sich begehrenswert sind, so ist die Glückseligkeit offensichtlich als eine von den Tätigkeiten aufzufassen, die an sich und nicht bloß als Mittel begehrenswert sind. Sie ist ja keines anderen Dinges bedürftig, sondern sich selbst genug. Und an sich begehrenswert sind die Tätigkeiten, bei denen man nichts weiter sucht als die Tätigkeit selbst.

Diesen Charakter scheinen die tugendgemäßen Handlungen zu haben, da es an sich begehrenswert ist, schön und tugendhaft zu handeln; sodann die Unterhaltungen, die dem Genusse dienen, da man auch sie ja nicht als Mittel zu einem Zweck begehrt. Man hat freilich mehr Schaden als Nutzen von ihnen, da man ihretwegen Gesundheit und Vermögen vernachlässigt. Zu solchem Zeitvertreib nimmt die Mehrheit derer, die man glücklich preist, ihre Zuflucht. Darum stehen bei den Fürsten diejenigen, die in solchen Unterhaltungen gewandt sind, in hoher Gunst. Sie machen sich ihnen angenehm in dem, wonach jene streben; und gerade solcher Leute bedürfen sie.

So gewinnt es den Anschein, als ob Derartiges die Glückseligkeit ausmache, da die Machthaber ihre Muße damit zubringen. Indessen dürfte das Verhalten solcher Leute nichts beweisen. Denn Tugend und Vernunft, von denen die edlen Tätigkeiten kommen, beruhen nicht auf dem Besitz der Macht. Und wenn jene Menschen, da ihnen der Geschmack für reine und edle Freude fehlt, ihre Zuflucht zu den sinnlichen Genüssen nehmen, so darf man nicht glauben, dass diese darum besonders begehrenswert sind. Glauben doch auch Kinder, was bei ihnen geschätzt werde, sei das Höchste. So ist es begreiflich, dass, wie für Kinder andere Dinge Wert haben als für Erwachsene, so auch schlechte Menschen andere Dinge schätzen als tugendhafte. Wie wir schon oft wiederholt haben, ist also wertvoll und genussreich zugleich das, was dem Tugendhaften solches ist. Nun ist jedem diejenige Tätigkeit am liebsten, die seiner eigentümlichen Art entspricht. Dies kann für den Tugendhaften nur die der Tugend gemäße Tätigkeit sein.

Die Glückseligkeit besteht also nicht im Spiel. Es wäre ja unsinnig, wenn unser Ziel das Spiel wäre und wenn die Mühe und das Leid eines ganzen Lebens das bloße Spiel zum Zweck hätte. Fast alles begehren wir als Mittel, ausgenommen die Glückseligkeit. Denn sie ist das Ziel. Da erscheint es doch als töricht und gar zu kindisch, dem Spiele zuliebe zu arbeiten und sich anzustrengen; dagegen der Satz des Anacharsis: »Spielen, um zu arbeiten«, darf als richtig gelten. Das Spiel ist nämlich eine Art von Erholung, und der Erholung bedürfen wir, weil wir nicht ununterbrochen arbeiten können. Also ist die Erholung nicht Zweck. Der Tätigkeit wegen wird sie gepflegt.

Auch scheint das glückselige Leben ein tugendhaftes Leben zu sein. Dieses ist aber ein Leben des Ernstes und nicht des Spiels. Das Ernste nennen wir ja besser als das Scherzhafte und Spielerische, und die Tätigkeit des besseren Teiles und Menschen nennen wir immer auch ernster. Nun ist aber die Tätigkeit des Besseren vorzüglicher und so denn auch glückseliger.

Auch kann die sinnliche Lust jeder Beliebige genießen, der Sklave nicht minder als der ausgezeichnetste Mensch. Die Glückseligkeit aber erkennt niemand einem Sklaven zu, außer es müsste auch seine Lebensform dem entsprechen. Denn die Glückseligkeit besteht nicht in solchen Vergnügungen, sondern in den tugendgemäßen Tätigkeiten, wie wir schon früher erklärt haben.

Ist aber die Glückseligkeit eine der Tugend gemäße Tätigkeit, so muss sie vernünftigerweise der vorzüglichsten Tugend gemäß sein, und diese ist wieder die Tugend des Besten in uns. Mag dies der Geist oder etwas anderes sein, was seiner Natur nach als das Herrschende und Leitende auftritt und das Schöne und Göttliche zu erkennen vermag, oder sei es selbst göttlich oder das Göttlichste in uns: Immer wird die seiner eigentümlichen Tugend gemäße Tätigkeit die vollendete Glückseligkeit sein.

Dass diese Tätigkeit eine betrachtende ist, haben wir bereits gesagt. Dies dürfte doch wohl mit unsern früheren Ausführungen wie mit der Wahrheit übereinstimmen.

Denn zunächst ist diese Tätigkeit die beste. Der Geist nämlich ist das Beste in uns, und die Objekte des Geistes sind wieder die besten im ganzen Bereich der Erkenntnis. Sodann ist sie die anhaltendste. Anhaltend denken können wir leichter als irgendetwas anderes anhaltend tun.

Ferner glauben wir, dass der Glückseligkeit Lust beigemischt sein muss. Nun ist aber unter allen tugendgemäßen Tätigkeiten die der Weisheit zugewandte eingestandenermaßen die genussreichste. Und in der Tat bietet die Philosophie Genüsse von wunderbarer Reinheit und Beständigkeit; natürlich ist aber die Tätigkeit und das Leben noch genussreicher, wenn man schon weiß, als wenn man erst sucht.

Auch was man Autarkie nennt, findet sich am meisten bei der Betrachtung. Was zum Leben erforderlich ist, dessen bedarf der Weise wie der Gerechte und die Übrigen. Sind sie aber mit dergleichen ausreichend versehen, so bedarf der Gerechte noch solcher, gegen die und mit denen er gerecht handeln kann, und dasselbe gilt von dem Mäßigen, dem Tapferen und jedem anderen; der Weise dagegen kann, auch wenn er für sich ist, betrachten, und je weiser er ist, desto mehr. Vielleicht kann er es besser, wenn er Mitarbeiter hat, aber immerhin ist er sich selbst am meisten genug.

Von der Betrachtung lässt sich behaupten, dass sie ihrer selbst wegen geliebt wird. Sie bietet uns außer dem Betrachten nichts; vom praktischen Handeln dagegen haben wir noch einen größeren oder kleineren Gewinn außer der Handlung.

Die Glückseligkeit scheint weiterhin in der Muße zu bestehen. Wir opfern unsere Muße, um Muße zu haben, und wir führen Krieg, um in Frieden zu leben. Die praktischen Tugenden äußern ihre Tätigkeit in der Politik oder im Kriege. Die Aktionen auf diesen Gebieten aber dürften sich mit der Muße kaum vertragen, die kriegerische Tätigkeit schon gar nicht. Niemand will Krieg und Kriegsrüstungen des Krieges wegen. Denn man müsste als ein ganz blutdürstiger Mensch erscheinen, wenn man sich seine Freunde zu Feinden machte, nur damit es Kampf und Blutvergießen gäbe. Aber auch die Politik verträgt sich nicht mit der Muße und verfolgt neben den öffentlichen Angelegenheiten als solchen den Besitz von Macht und Ehren oder die Glückseligkeit für die eigene Person und die Mitbürger als ein Ziel, das von der Politik verschieden ist und das wir auch als ein von der Politik verschiedenes zu erreichen suchen. Wenn also nun zwar unter den tugendhaften Handlungen diejenigen, die sich um Staat und Krieg drehen, an Schönheit und Größe oben anstehen und sie trotzdem mit der Muße unvereinbar und auf ein außer ihnen liegendes Ziel gerichtet sind, also nicht ihrer selbst wegen begehrt werden, und wenn dagegen die betrachtende Tätigkeit des Geistes an Ernst hervorzuragen scheint und keinen andern Zweck hat als sich selbst, auch eine eigentümliche Lust in sich schließt, die die Tätigkeit steigert, so sieht man klar, dass in dieser Tätigkeit, soweit es menschenmöglich ist, die Autarkie, die Muße, die Freiheit von Ermüdung und alles, was man sonst noch dem Glückseligen beilegt, sich finden wird. Somit wäre dies die vollendete Glückseligkeit des Menschen, wenn sie auch noch die volle Länge eines Lebens dauert. Denn nichts, was zur Glückseligkeit gehört, darf unvollkommen sein.

Aber ein solches Leben ist höher als es dem Menschen als Menschen zukommt. Denn so kann er nicht leben, sofern er Mensch ist, sondern nur sofern er etwas Göttliches in sich hat. So groß aber der Unterschied ist zwischen diesem Göttlichen selbst und dem aus Leib und Seele zusammengesetzten Wesen, so groß ist auch der Unterschied zwischen der Tätigkeit, die von diesem Göttlichen ausgeht, und allem sonstigen tugendgemäßen Tun. Ist nun der Geist im Vergleich mit dem Menschen etwas Göttliches, so muss auch das Leben nach dem Geiste im Vergleich mit dem menschlichen Leben göttlich sein.

Man darf aber nicht auf jene Mahnung hören, die uns anweist, als Menschen nur an Menschliches und als Sterbliche nur an Sterbliches zu denken, sondern wir sollen, soweit es möglich ist, uns bemühen, unsterblich zu sein und alles zu tun, um nach dem Besten, was in uns ist, zu leben. Denn mag es auch klein an Umfang sein, ist es doch an Kraft und Wert das bei weitem über alles Hervorragende. Ja, jeder Einzelne ist wohl gerade dieses, wenn anders es unser vornehmster und bester Teil ist. Also wäre es auch unsinnig, wenn einer nicht sein eigenes Leben leben wollte, sondern das eines anderen. Und was wir oben gesagt haben, passt auch hieher. Was einem Wesen von Natur eigentümlich ist, ist auch für es das Beste und Genussreichste. Für den Menschen ist dies das Leben gemäß dem Geiste, da ja dieses am meisten der Mensch ist. Also ist dieses Leben auch das glückseligste.

Epikur
Vom lustvollen Leben

Epikuros grüßt den Menoikeus

Wer jung ist, soll nicht zögern zu philosophieren, und wer alt ist, soll nicht müde werden im Philosophieren. Denn für keinen ist es zu früh und für keinen zu spät, sich um die Gesundheit der Seele zu kümmern. Wer behauptet, es sei noch nicht Zeit zu philosophieren oder die Zeit sei schon vorübergegangen, der gleicht einem, der behauptet, die Zeit für die Glückseligkeit sei noch nicht oder nicht mehr da. Darum soll der Jüngling und der Greis philosophieren, der eine, damit er im Alter noch jung bleibe an Gütern durch die Freude am Vergangenen, der andere, damit er gleichzeitig jung und alt sei durch die Furchtlosigkeit vor dem Künftigen. Wir müssen uns also kümmern um das, was die Glückseligkeit schafft: wenn sie da ist, so besitzen wir alles, wenn sie aber nicht da ist, dann tun wir alles, um sie zu besitzen.

Wozu ich dich dauernd gemahnt habe, das tue auch und kümmere dich darum und begreife es als Elemente des guten Lebens. (...)

Ferner ist zu beachten, dass die Begierden teils natürliche, teils nichtige sind. Von den natürlichen wiederum sind die einen notwendig, die anderen bloß natürlich. Von den notwendigen endlich sind die einen notwendig zur Glückseligkeit, die anderen zur Ungestörtheit des Leibes, die dritten zum Leben überhaupt. Eine unverwirrte Betrachtung dieser Dinge weiß jedes Wählen und Meiden zurückzuführen auf die Gesundheit des Leibes und die Beruhigtheit der Seele; denn dies ist die Erfüllung des seligen Lebens. Um dessentwillen tun wir nämlich alles: damit wir weder Schmerz noch Verwirrung empfinden. Sobald einmal dies an uns geschieht, legt sich der ganze Sturm der Seele. Das Lebewesen braucht sich dann nicht mehr aufzumachen nach etwas, was ihm noch fehlte, und nach etwas anderem zu suchen, durch das das Wohlbefinden von Seele und Leib erfüllt würde. Dann nämlich bedürfen wir der Lust, wenn uns die Abwesenheit der Lust schmerzt. Wenn uns aber nichts schmerzt, dann bedürfen wir der Lust nicht mehr.

Darum nennen wir auch die Lust Anfang und Ende des seligen Lebens. Denn sie haben wir als das erste und angeborene Gut erkannt, von ihr aus beginnen wir mit allem Wählen und Meiden, und auf sie greifen wir zurück, indem wir mit der Empfindung als Maßstab jedes Gut beurteilen. Und eben weil sie das erste und angeborene Gut ist, darum wählen wir auch nicht jede Lust, sondern es kommt vor, dass wir über viele Lustempfindungen hinweggehen, wenn sich für uns aus ihnen ein Übermaß an Lästigem ergibt. Wir ziehen auch viele Schmerzen Lustempfindungen vor, wenn uns auf das lange dauernde Ertragen der Schmerzen eine größere Lust nachfolgt. Jede Lust also, da sie eine uns angemessene Natur hat, ist ein Gut, aber nicht jede ist zu wählen; wie auch jeder Schmerz ein Übel ist, aber nicht jeder muss natürlicherweise immer zu fliehen sein. Durch wechselseitiges Abmessen und durch die Beachtung des Zuträglichen und Abträglichen vermag man dies alles zu beurteilen. Denn zu gewissen Zeiten gehen wir mit dem Gut um wie mit einem Übel und mit dem Übel wiederum wie mit einem Gute.

Wir halten auch die Selbstgenügsamkeit für ein großes Gut, nicht um uns in jedem Falle mit Wenigem zu begnügen, sondern damit wir, wenn wir das Viele nicht haben, mit dem Wenigen auskommen, in der echten Überzeugung, dass jene den Überfluss am süßesten genießen, die seiner am wenigsten bedürfen, und dass alles Naturgemäße leicht, das Sinnlose aber schwer zu beschaffen ist und dass bescheidene Suppen ebenso viel Lust erzeugen wie ein üppiges Mahl, sowie einmal aller schmerzende Mangel beseitigt ist, und dass Wasser und Brot die höchste Lust zu verschaffen vermögen, wenn einer sie aus Bedürfnis zu sich nimmt. Sich also zu gewöhnen an einfaches und nicht kostspieliges Essen verschafft nicht nur volle Gesundheit, sondern macht den Menschen auch unbeschwert gegenüber den notwendigen Verrichtungen des Lebens, bringt uns in eine zufriedenere Verfassung, wenn wir in Abständen uns einmal an eine kostbare Tafel begeben, und erzeugt Furchtlosigkeit vor den Wechselfällen des Zufalls. Wenn wir also sagen, dass die Lust das Lebensziel sei, so meinen wir nicht die Lüste der Wüstlinge und das bloße Genießen, wie einige aus Unkenntnis und weil sie mit uns nicht übereinstimmen oder weil sie uns missverstehen, meinen, sondern wir verstehen darunter, weder Schmerz im Körper noch Beunruhigung in der Seele zu empfinden. Denn nicht Trinkgelage und ununterbrochenes Schwärmen und nicht Genuss von Knaben und Frauen und von Fischen und allem anderen, was ein reich besetzter Tisch bietet, erzeugt das lustvolle Leben, sondern die nüchterne Überlegung, die die Ursachen für alles Wählen und Meiden erforscht und die leeren Meinungen austreibt, aus denen die schlimmste Verwirrung der Seele entsteht.

Für all dies ist der Anfang und das größte Gut die Einsicht. Darum ist auch die Einsicht noch kostbarer als die Philosophie. Aus ihr entspringen alle übrigen Tugenden, und sie lehrt, dass es nicht möglich ist, lustvoll zu leben, ohne verständig, schön und gerecht zu leben, noch auch verständig, schön und gut, ohne lustvoll zu leben. Denn die Tugenden sind von Natur verbunden mit dem lustvollen Leben, und das lustvolle Leben ist von ihnen untrennbar.

Denn schließlich, wen könntest du höher stellen als jenen, der über die Götter fromme Gedanken hat und der hinsichtlich des Todes vollkommen ohne Furcht ist, der das Endziel der Natur begriffen hat und der verstanden hat, dass die oberste Grenze des Guten leicht zu erfüllen und leicht zu beschaffen ist, dass aber die oberste Grenze des Übels entweder der Zeit oder dem Schmerze nach nur schmal ist?

Die Notwendigkeit aber, die einige als Herrin von allem einführen, (verwirft er als leere Meinung). Denn besser wäre es, sich dem Mythos von den Göttern anzuschließen, als sich zum Sklaven der Schicksalsnotwendigkeit der Naturphilosophen zu machen. Denn der Mythos deutet die Hoffnung an, dass die Götter durch die ihnen erwiesenen Ehren beeinflussbar seien; das Schicksal aber hat eine unerbittliche Notwendigkeit.

Den Zufall aber hält der Weise weder für eine Gottheit, wie es die Menge tut – denn Gott tut nichts auf ungeordnete

Weise –, noch hält er ihn für eine unstete Ursache; denn er glaubt nicht, dass durch ihn Gutes und Übles zum glückseligen Leben den Menschen gegeben werde, wohl aber, dass er den Ausgangspunkt großer Güter und Übel bilde. Für besser hält er es, mit vernünftiger Überlegung Unglück zu haben als ohne Überlegung Glück zu haben. Denn schöner ist es, wenn beim Handeln der rechte Entschluss (nicht zur rechten Erfüllung kommt, als wenn ein unrechter Entschluss) durch den Zufall zu rechter Erfüllung gelangt.

Dieses und was dazu gehört, überdenke Tag und Nacht in dir selber und zusammen mit dem, der deinesgleichen ist. Dann wirst du niemals, weder im Wachen noch im Schlafen, beunruhigt werden, und du wirst unter den Menschen leben wie ein Gott. Denn keinem sterblichen Wesen gleicht der Mensch, der inmitten unsterblicher Güter lebt.

Plutarch
Von der Heiterkeit der Seele

Einem Würfelspiel hat Platon das Leben verglichen: es reicht nicht hin, glückliche Würfe zu tun, man muß sie auch zu nutzen wissen. Das Werfen steht freilich nicht in unserer Gewalt. Aber daß man die Gaben des Geschicks auf eine gute Art annehme und einer jeden den Platz anweise, an dem sie unsere Eigenart am stärksten fördern kann, an der das Nichtgewollte uns am wenigsten schaden mag, das ist allerdings unser Werk, wenn uns Klugheit leitet. Wer törichten Sinnes dem Leben gegenübersteht, der gleicht den Kranken, die nicht Hitze und nicht Kälte vertragen können. Das Glück hebt sie empor, das Unglück stürzt sie wieder. Glück wie Unglück bringen ihnen nur Unruhe, die meiste Unruhe aber schaffen sie sich selbst im Glück wie im Unglück, und am meisten in dem, was die Menschen Glück nennen. Theodoros, den man den Gottesleugner hieß, sagte, seine Zuhörer nähmen die Lehren, die er ihnen mit der Rechten reichte, mit der Linken entgegen. So machen es auch die Toren. Wenn das Glück zu ihrer Rechten tritt, so greifen sie unschicklich genug mit der Linken nach ihm. Aber wie der Thymian trotz seiner herben Schärfe den Bienen Honig schenkt, so weiß auch der Weise aus den größten Verdrießlichkeiten oft Gutes und Nützliches zu gewinnen.

In solcher Haltung sollte man sich also mit Sorgfalt üben, wie ein Junge, der nach einem Hund werfen wollte und statt dessen seine Stiefmutter traf, sagte: »So war es ja auch nicht übel!« Ebenso steht es auch uns frei, dem Geschick, das uns wider Erwarten trifft, eine andere Wendung zu geben. Diogenes wurde aus seiner Vaterstadt verbannt. »So war es ja auch nicht übel!«; denn nach der Vertreibung begann er, sich der Philosophie zu widmen. Zenon von Kition besaß nur noch ein einziges Handelsschiff. Als die Nachricht kam, es sei im Sturm mitsamt der Ladung untergegangen, rief er aus: »Schicksal, du meinst es gut mit mir, daß du mich zum Philosophenmantel und zur Stoa führst!« Warum solltest Du nicht solchen Vorbildern folgen? Hast Du etwa bei der Bewerbung um ein Amt einen Mißerfolg gehabt? Nun, so lebe auf dem Lande und sorge für Dich und die Deinen! Hat Dich vielleicht ein Fürst, dessen Huld Du suchtest, zurückgestoßen? Dann wirst Du in behaglicher Muße Dein Leben führen können ohne alle Gefahren. Bist Du wieder in mühsame und sorgenvolle Geschäfte verwickelt worden?

Selbst nicht warmes Wasser macht so sehr wohlig
Den Gliedern,

nach Pindars Wort, wie Ruhm und Ehre im Glanze der Macht die »Mühe versüßt und die Müdigkeit verscheucht«. Oder haben Verleumdung und Neid Dir Mißgeschick und schimpfliche Behandlung gebracht? Was macht's? Zu den Musen führt Dich solch günstiger Wind zurück und zur Akademie, wie einst Platon, als seine Freundschaft mit Dionysios gescheitert war.

Auch das fördert uns in der Heiterkeit der Seele, wenn wir auf große Männer zurückschauen, ob auch sie in ihrem Leben ähnliche Schicksale gehabt haben. Wie tief schmerzt Dich die Kinderlosigkeit? Schau auf die Könige von Rom, von denen keiner seinem Sohn das Reich hinterlassen hat. Drückt Dich die Armut? Möchtest Du nicht doch von allen Boiotern am liebsten Epameinondas, von den Römern Fabricius sein? »Aber meine Frau ist mir untreu geworden.« Hast Du nicht in Delphi die Inschrift gelesen

Agis widmet mich, der König der Länder und Meere,

und hast Du nicht auch gehört, daß seine Gemahlin Timaia sich von Alkibiades hatte verführen lassen und »Alkibiades« als Namen ihres Kindes ihren Frauen ins Ohr flüsterte? Selbst dieses Geschick hinderte Agis nicht, zu Ruhm und Größe emporzusteigen unter den Hellenen. (...)

Des Diogenes Wort gefällt mir, das er sprach, als er einst in Lakedaimon einen fremden Gast sich voll Eifer auf ein Fest rüsten sah: »Ist denn für den guten Menschen nicht jeder Tag ein Festtag?« und wahrhaftig ein herrlicher, wenn nur unser Urteil klar ist. Denn der heiligste, einer Gottheit würdigste

Tempel ist die Welt. In diesen Tempel wird der Mensch hineingeleitet bei seiner Geburt, nicht um Gebilde von Menschenhand, unbewegliche Götterbilder zu schauen, sondern um die sinnlichen Dinge zu betrachten, die der göttliche Geist, wie Platon sagt, als die Bilder der geistigen geschaffen hat. In sie hat er den Ursprung des Lebens und der Bewegung gelegt, die Sonne, den Mond und die Gestirne, die Quellen, die immer frisches Wasser hervorsprudeln lassen, und die Erde, die den Tieren und den Pflanzen Nahrung spendet. Daher soll denn das Leben als des heiligsten Geheimnisses ehrwürdige Weihe sich erfüllen mit Seelenruhe und fröhlicher Heiterkeit, aber nicht nach dem Geschmack der Massen, die auf die Feste des Kronos, Zeus oder der Athena nur warten, um sich der Freude und dem Genuss hinzugeben im erkauften Gelächter, das Schauspielern und Tänzern teuer genug bezahlt werden muß. Bei solchen Schauspielen sitzen wir wenigstens ruhig und schweigend da. Niemand jammert, wenn er sich in die heiligen Geheimnisse einweihen läßt, niemand weint, wenn er bei den pythischen Spielen zuschaut oder an den Festen des Kronos trinkt. Aber die Feste, die ein Gott selbst uns schenkt und heiligt, entweihen wir ohne Scheu und verbringen sie wieder und wieder in schwermütigen Klagen und leidigen Sorgen. Wenn die Instrumente jubeln und die Vögel lieblich singen, wenn die Tiere mutwillig spielen und springen, dann schauen wir mit Wohlgefallen zu, und wenn sie heulen, mit den Zähnen fletschen und mürrisch dreinschauen, fühlen wir uns belästigt. Allein wenn wir sehen, wie unser eigenes Leben freudeleer und traurig dahinfließt, wie es ohne Ende von den unerfreulichsten Leiden, Taten und Gedanken zu Boden gedrückt wird, so denken wir doch nicht daran, uns Erholung und Erleichterung zu schaffen. Selbst wenn andere uns mit Ratschlägen und Vorstellungen zur Seite treten, lehnen wir alles ab. Wollten wir uns doch nur nach ihnen richten, so würden wir gern uns in die Gegenwart fügen, uns der Vergangenheit mit Dank erinnern und voll heller, froher Hoffnung auf die Zukunft ein Leben ohne Furcht und Bangen leben.

Horaz
Carpe diem

Du frage nicht – zu wissen wäre Frevel –, was mir, was
dir
als Ziel die Götter gesetzt, Leukonoë, auch nicht
babylonische
Sternzeichen prüfe! Wie viel besser: Was auch geschieht,
zu tragen.
Ob viele Winter noch, ob gewährt hat Jupiter schon
den letzten,
der jetzt an widerstrebenden Klippen bricht das Meer
Tyrrhenias – weise sei, kläre den Wein, auf kurze Dauer
lang währende Hoffnung bemiss! Da wir noch sprechen,
ist schon entflohen die neidische
Zeit: Greif diesen Tag, nimmer traue dem nächsten!

Seneca
Seelische Harmonie

Leben, mein Bruder Gallio, wollen alle im Glück, doch um zu erkennen, was das Leben glücklich macht, dafür sind sie blind. Und es ist derart schwierig, ein glückliches Leben zu erlangen, dass jedermann sich von diesem Ziel desto weiter entfernt, je leidenschaftlicher er es verfolgt – wenn er den falschen Weg eingeschlagen hat. Sobald ihn dieser in die entgegengesetzte Richtung führt, ist gerade seine Hast die Ursache dafür, dass der Abstand immer größer wird.

Daher müssen wir uns zunächst darüber klar werden, was überhaupt unser Ziel ist, und uns dann Gedanken machen, wie wir am raschesten dorthin gelangen können. Sind wir erst einmal auf dem rechten Weg, werden wir merken, wie viel davon täglich zu schaffen ist und um wie viel wir dem näher gekommen sind, dem uns ein natürliches Verlangen entgegentreibt. Solange wir aber in alle Richtungen schweifen und keinem Führer folgen, sondern dem Geflüster und verworrenen Geschrei von Leuten, die uns da- und dorthin rufen, verrinnt unser Leben, kurz wie es ist, auf Irrwegen, selbst wenn wir uns Tag und Nacht um die rechte innere Einstellung bemühen. Demnach muss eine Entscheidung darüber fallen, wohin wir eilen und auf welchem Weg, und zwar nicht ohne irgendeinen Ortskundigen, der das, was wir vor uns haben, gründlich erforscht hat. Die Dinge liegen hier ja nicht so wie bei sonstigen Reisen: Auf ihnen lassen uns der eingeschlagene Pfad und die Einheimischen, die wir fragen, nicht fehlgehen; hier aber führt uns gerade ein ausgetretener, viel begangener Weg am ehesten in die Irre.

Vor nichts sollten wir uns folglich mehr in Acht nehmen als davor, wie Schafe der Herde zu folgen, die vor uns dahinzieht, und nicht die Richtung einzuschlagen, in die man gehen müsste, sondern die, in die man geht. Nichts lässt uns ja in größeres Unheil geraten, als dass wir uns nach dem Gerede der Leute richten und für das Beste halten, was mit lauter Zustimmung aufgenommen wird, dass wir viele Vorbilder haben und nicht nach der Vernunft, sondern in der Bereitschaft leben, uns anzupassen.

Daher stürzen wir auch zuhauf ins Verderben, einer über den anderen. Was bei einem großen Menschenauflauf geschieht, wo die Leute sich gegenseitig voranstoßen – keiner stürzt, ohne zugleich einen anderen mit sich zu reißen, und die Vordersten bringen die Nachdrängenden zu Fall –, das kann man im Leben allenthalben beobachten: Niemands Fehltritt schadet nur ihm allein, sondern verursacht und bewirkt fremde Verfehlung. In der Tat ist es schädlich, sich eng an die zu halten, die vorangehen, und solange es ein jeder vorzieht, zu glauben statt zu entscheiden, fällt nie eine Lebensentscheidung, man glaubt nur immer, und es treibt uns ins jähe Verderben der von Geschlecht zu Geschlecht sich forterbende Wahn.

Das Beispiel anderer ist unser Verhängnis; wir werden gerettet, wenn wir uns nur von der Masse absondern. Heutzutage stellt sich in der Tat der Vernunft als Verteidiger seiner Fehler der große Haufe entgegen. So geht es ebenso zu wie bei Wahlen, wo sich dieselben Leute darüber wundern, dass einer Prätor wurde, die ihn gewählt haben, sobald die wetterwendische Volksgunst umgeschlagen ist. Ein und dasselbe finden wir gut und finden wir schlecht – das ist das Resultat jeder Entscheidung, bei der man sich der Mehrheit fügt. (...)

Wir wollen also etwas suchen, das nicht dem Anschein nach gut ist, sondern wahrhaftig und insgesamt gut und da, wo man es kaum wahrnimmt, noch schöner. Das lass uns entdecken! Es ist nicht weit weg, es lässt sich finden; man muss nur wissen, wohin man die Hand ausstrecken soll. Noch gehen wir wie im Finstern an etwas vorbei, das doch nahe ist, selbst wenn wir uns immer wieder an dem Gesuchten stoßen.

Um dich nun nicht auf Umwegen da- und dorthin zu führen, werde ich die Ansichten anderer übergehen, denn sie aufzuzählen wäre ebenso langwierig wie sie zu widerlegen. Vernimm die unsere! Doch wenn ich von der unsrigen spreche, halte ich mich nicht sklavisch an einen der großen Stoiker. Auch ich habe das Recht, mir eine eigene Meinung zu bilden.

Daher werde ich manchem folgen, manchem nahe legen, seine Gedanken zu differenzieren, und vielleicht auch, wenn man mich nach ihnen allen zur Stellungnahme auffordert, keine von den Aussagen meiner Vorgänger missbilligen und nur sagen: »Das meine ich außerdem noch.« Bei alledem – darin sind sich ja sämtliche Stoiker einig – folge ich der Natur. Von ihr nicht abzuweichen und sich von ihrem Gesetz, von ihrem Vorbild leiten zu lassen, das ist Weisheit.

Glücklich ist also ein Leben, das seiner natürlichen Bestimmung entspricht. Das kann uns aber nur zuteil werden, wenn zuerst der Geist gesund und sich dieser Gesundheit auf Dauer sicher, wenn er ferner tapfer und dynamisch, sodann in edelster Weise leidensfähig und misslichen Umständen gewachsen ist, wenn er sich um den Leib und was damit zu tun hat, sorgt, doch nicht angstvoll, und wenn er die anderen Dinge, die das Leben angenehm machen, zu schätzen weiß, ohne doch sein Herz an etwas zu hängen, und wenn er bereit ist, die Gaben des Glücks zu genießen, ohne ihnen zu frönen.

Du siehst ein, auch wenn ich dich nicht darauf hinweise, dass beständiger Seelenfrieden auf solche Freiheit folgt, sobald wir uns dessen entledigt haben, was uns lockt oder schreckt. Denn statt jener Lustgefühle, die nichtig und flüchtig sind und gerade durch ihre Verwerflichkeit schaden, stellt sich eine ungeheure stille Freude ein, die völlig unerschütterlich ist, dazu Gemütsruhe, innere Ausgeglichenheit und Seelengröße zusammen mit Sanftmut. Nur der Schwäche entstammt nämlich jede Gewalttätigkeit. (...)

Was hindert uns denn daran, glückliches Leben so zu umschreiben: Frei ist der Geist und erhaben und unerschrocken, dazu standhaft, der Furcht und dem Verlangen entrückt, so dass es für ihn nur *ein* Gut gibt, das Rechte, und nur *ein* Übel, die Schande; das Übrige, eine Vielzahl von Dingen, gilt ihm nichts, denn es kann sein Lebensglück weder schmälern noch vergrößern; ohne Mehrung und Minderung des höchsten Gutes kommt es und geht es.

Ist ein so fester Grund gelegt, dann muss sich unweigerlich fortwährende Heiterkeit und eine innige Freude einstellen, die aus dem Innersten kommt, da sie an dem Vergnügen findet, was ihr eigen ist, und darüber hinaus nichts Höheres verlangt.

Warum sollte diese nicht reichlich die dürftigen und albernen und auch nicht lange anhaltenden Leidenschaften des armseligen Leibes aufwiegen? An dem Tag, an dem man der Lust unterliegt, unterliegt man auch dem Schmerz. Du begreifst aber, wie schlimme und verderbliche Sklaverei ein Sklave ertragen muss, über den Sinnenlust und Schmerzen ihre völlig unberechenbare und zügellose Herrschaft ausüben. Also muss man sich losmachen, um zur Freiheit zu gelangen. Dazu verhilft aber nur Verachtung des Schicksals. Erst dann wird uns jenes unschätzbare Gut zuteil, die sicher gegründete Ruhe des Geistes, der über den Dingen steht und, wenn erst die Ängste vertrieben sind, dank der Erkenntnis der Wahrheit große, unerschütterliche Freude und Freundlichkeit und ein heiterer Sinn, woran einer sich nicht wie an guten Gaben freut, sondern wie an Früchten des ihm eigenen Gutes. (...)

Doch wieso empfinden sowohl Gute als auch Schlechte Vergnügen, erfreut schändliche Menschen ihr schimpfliches Tun ebenso wie anständige das Edle? Gerade deshalb verlangten die alten Philosophen, man solle nach dem besten und nicht nach dem angenehmsten Leben trachten, damit ein Mensch, der das Rechte und Gute will, sich von der Lust nicht leiten, sondern begleiten lasse. Die Natur nämlich muss man als Führerin haben; auf sie achtet die Vernunft, von ihr holt sie sich Rat. Dasselbe ist also ein glückliches und ein naturgemäßes Leben. Was damit gemeint ist, will ich gleich erklären: Wenn wir unsere körperlichen Anlagen und, was uns die Natur sonst mitgegeben hat, bewahren – sorgsam, aber nicht ängstlich, eben wie etwas, das uns auf Zeit geschenkt und vergänglich ist, wenn wir uns nicht in Abhängigkeit davon begeben und uns nicht etwas beherrscht, was außerhalb von uns ist, wenn das, was dem Leib lieb ist und uns zufällt, bei uns denselben Stellenwert hat wie im Heer Hilfstruppen und Leichtbewaffnete – sie sollen ihren Dienst tun, nicht befehlen –, dann erst sind sie für den Geist von Nutzen.

Nicht verführen lasse sich ein Mann von Äußerlichem und nicht bezwingen; er sehe nur auf sich selbst, vertraue auf sich und sei auf beides, auf Gutes und Schlechtes, vorbereitet – kurz, er soll sein Leben meistern; sein Selbstvertrauen sei nicht ohne Einsicht, seine Einsicht nicht ohne Beständigkeit. Von

Dauer sei, wofür er sich einmal entschied, und bei seinen Entscheidungen darf es keine Retuschen geben. Es versteht sich, auch wenn ich es nicht noch hinzufüge, dass ein solcher Mann mit sich völlig im Reinen ist und in allem, was er tut, zugleich freundlich und großmütig.

Die Vernunft untersuche die Sinneswahrnehmungen, und wenn sie da einen Ausgangspunkt findet – sie hat ja sonst nichts, wo sie ansetzen und von wo aus sie um die Erkenntnis des Wahren ringen könnte –, dann kehre sie zu sich selbst zurück.

Auch das Weltall, das alles umfasst, und der Lenker des Universums, Gott, neigt dazu, sich weiter zu entfalten, und findet doch von überall her nach innen, zu sich selbst, zurück. Dasselbe muss unser Geist tun: Wenn er sich von seinen Wahrnehmungen leiten ließ und mit ihrer Hilfe in die Außenwelt vorstieß, sollte er die Kontrolle über jene Wahrnehmungen und sich selbst behalten.

Auf diese Weise entsteht eine starke einheitliche Kraft, und jene verlässliche Denkweise entwickelt sich, die sich nicht in Zweifel zieht und nicht in Vermutungen und Annahmen verheddert, auch nicht im Vorurteil. Wenn diese erst Gestalt gewonnen, in ihren Teilbereichen Übereinstimmung erzielt und, wenn ich so sagen darf, zur Harmonie gefunden hat, dann hat sie das höchste Gut erreicht. Nichts Falsches, nichts Unberechenbares bleibt mehr übrig, nichts, woran sie Anstoß nehmen oder wo sie straucheln könnte. Alles wird sie tun nach eigener Weisung, und nichts Unverhofftes wird ihr begegnen. Was immer geschieht, wird zum Guten ausschlagen, und zwar leicht und schnell und ohne dass der handelnde Mensch unschlüssig würde; denn Entschlusslosigkeit und Zaudern weisen auf innere Konflikte und Inkonsequenz. Darum darf man unumwunden erklären, das höchste Gut sei die seelische Harmonie.

Epiktet
Wege zum glücklichen Handeln

Was in unserer Macht steht und was nicht

Das eine steht in unserer Macht, das andere nicht. In unserer Macht stehen: Annehmen und Auffassen, Handeln-Wollen, Begehren und Ablehnen – alles, was wir selbst in Gang setzen und zu verantworten haben. Nicht in unserer Macht stehen: unser Körper, unser Besitz, unser gesellschaftliches Ansehen, unsere Stellung – kurz: alles, was wir selbst nicht in Gang setzen und zu verantworten haben.

Was sich in unserer Macht befindet, ist von Natur aus frei und lässt sich von einem Außenstehenden nicht behindern oder stören; was sich aber nicht in unserer Macht befindet, ist ohne Kraft, unfrei, lässt sich von außen behindern und ist fremdem Einfluss ausgesetzt. Denk daran: Wenn du das von Natur aus Unfreie für frei und das Fremde für dein Eigentum hältst, dann wirst du dir selbst im Wege stehen, Grund zum Klagen haben, dich aufregen und aller Welt Vorwürfe machen; hältst du aber nur das für dein Eigentum, was wirklich dir gehört, das Fremde aber für fremd, dann wird niemand jemals Zwang auf dich ausüben, niemand wird dich behindern, du brauchst niemandem Vorwürfe zu machen oder die Schuld an etwas zu geben, wirst nichts gegen deinen Willen tun, keine Feinde haben, und niemand kann dir schaden; denn es gibt nichts, was dir Schaden zufügen könnte.

Wenn du nach einem so hohen Ziel strebst, dann sei dir bewusst, dass dies mit erheblicher Anstrengung verbunden ist: Du musst auf manches ganz verzichten und manches zeitweilig aufgeben.

Wenn du aber nicht nur dieses willst, sondern auch noch der Macht und dem Reichtum nachjagst, dann wirst du wahrscheinlich nicht einmal hierin Erfolg haben, weil du zugleich das andere haben willst. Auf keinen Fall aber wirst du das bekommen, wodurch allein Freiheit und Glück möglich sind. Bemühe dich daher, jedem unangenehmen Eindruck sofort mit den Worten zu begegnen: »Du bist nur ein Eindruck und ganz und gar nicht das, was du zu sein scheinst.« Dann prüfe und beurteile den Eindruck nach den Regeln, die du beherrschst, vor allem nach der ersten Regel, ob sich der Eindruck auf die Dinge bezieht, die in unserer Macht stehen oder nicht; und wenn er sich auf etwas bezieht, was nicht in unserer Macht steht, dann sag dir sofort: »Es geht mich nichts an.«

Was man begehren und was man ablehnen soll

Merke dir: Begehren zielt darauf, dass man das, was man begehrt, auch bekommt; Ablehnung zielt darauf, dass einem das, was man ablehnt, nicht zuteil wird, und wer sein Begehren nicht befriedigen kann, ist unglücklich; unglücklich ist aber auch, wem das zuteil wird, was er vermeiden möchte. Wenn du also nur von den Dingen, die in deiner Macht stehen, das ablehnst, was gegen die Natur ist, dann wird dir auch nichts von dem zustoßen, was du ablehnst. Wenn du aber Krankheit, Tod oder Armut zu entgehen suchst, dann wirst du unglücklich sein. Hüte dich also vor Abneigung gegenüber allen Dingen, die nicht in unserer Macht stehen, und gib ihr nur nach gegenüber den Dingen, die in unserer Macht stehen, aber gegen die Natur sind. Das Begehren aber lass für den Augenblick ganz sein. Denn wenn du etwas begehrst, was nicht in unserer Macht steht, dann wirst du zwangsläufig unglücklich, und von den Dingen, die in unserer Macht stehen und die du gern begehren könntest, weißt du noch nichts. Beschränke dich auf den Willen zum Handeln und auf den Willen, nicht zu handeln, doch nicht verkrampft, sondern mit Zurückhaltung und Gelassenheit.

Sei dir über das Wesen der Dinge im Klaren

Bei allem, was dir Freude macht, was dir nützlich ist oder was du gern hast, denke daran, dir immer wieder zu sagen, was es eigentlich ist. Fang bei den unbedeutendsten Dingen an. Wenn du zum Beispiel an einem Topf hängst, dann sage dir: »Es ist ein einfacher Topf, an dem ich hänge.« Dann wirst du dich nämlich nicht aufregen, wenn er zerbricht. Wenn du dein Kind oder deine Frau küsst, dann sage dir: »Es ist ein Mensch, den du küsst.« Dann wirst du deine Fassung nicht verlieren, wenn er stirbt.

Boethius
Trost der Philosophie

Was also ist es, o Mensch, was dich in Schmerz und Trauer gestürzt hat? Etwas ganz Neues und Ungewohntes, glaube ich, hast du gesehen. Du meinst, das Glück habe sich dir gegenüber gewandelt: du irrst! Dies sind immer seine Sitten, dies ist seine Natur. Es hat vielmehr gerade in seiner Veränderlichkeit dir gegenüber seine ihm eigentümliche Beständigkeit bewahrt. So war es, als es schmeichelte, als es vor dir mit den Lockungen falscher Glückseligkeit gaukelte. Du hast das zweideutige Antlitz der blinden Gottheit nun entdeckt; während sie sich andern noch verhüllt, ist sie dir völlig bekannt geworden. Wenn du sie billigst, so halte dich an ihren Charakter und klage nicht. Wenn du ihre Treulosigkeit verabscheust, so verschmähe und verwirf ihr verderbliches Spiel.

Denn eben sie, die dir jetzt Anlass zu so großer Trauer gibt, hätte dir zur Beruhigung dienen sollen. Sie hat dich verlassen, sie, bei der niemand je sicher sein kann, dass sie ihn nicht verlassen werde. Oder meinst du etwa, dass ein Glück wertvoll ist, das von dir gehen wird? Und ist dir ein augenblickliches Glück teuer, das im Verharren nicht treu ist und im Verschwinden Trauer bringt? Wenn es sich also nicht nach Belieben zurückhalten lässt und fliehend Unglückliche schafft, was ist dann das Flüchtige anderes als eine Art Ankündigung zukünftigen Unglücks? Es darf nicht genügen, nur zu schauen, was vor den Augen liegt; die Klugheit ermisst den Ausgang der Dinge, und gerade die Veränderlichkeit nach beiden Seiten macht weder die Drohungen des Glückes furchtbar noch sein Schmeicheln begehrenswert. Schließlich musst du mit Gleichmut ertragen, was innerhalb des Bereiches des Glückes geschieht, wenn du einmal deinen Nacken seinem Joche unterworfen hast. Wenn du ihm das Gesetz des Bleibens und Gehens vorschreiben willst, ihm, das du dir freiwillig als Herrn erlesen hast, bist du dann nicht im Unrecht und verbitterst dir durch

Ungeduld ein Los, das du nicht ändern kannst? Wenn du die Segel dem Winde überließest, so würdest du nicht dahin gelangen, wohin dein Wille strebt, sondern wohin sein Hauch dich treibt; wenn du den Fluren Samen anvertrautest, so müsstest du ertragreiche und unfruchtbare Jahre gegeneinander abwägen. Du hast dich dem Regiment der Fortuna anvertraut. Nun musst du den Sitten der Herrin gehorchen. Du versuchst den Schwung des rollenden Rades aufzuhalten? Aber, törichtester aller Sterblichen, wenn sie anfängt zu beharren, hört sie auf, Zufall zu sein. (...)

Ich kann deine Verzärtelung nicht dulden, die dich so trauervoll und ängstlich beklagen lässt, was dir zu deiner Glückseligkeit fehlt. Denn wer besitzt ein so wohl geordnetes Glück, dass er nicht nach irgendeiner Richtung mit der Beschaffenheit seines Zustandes haderte? Eine ängstliche Sache ist es um das Los menschlicher Güter; entweder kommen sie nie voll zur Geltung oder sie dauern nicht beständig. Dieser hat überreiches Vermögen, aber er schämt sich seines unedlen Blutes. Jenen macht sein Adel bekannt, aber durch kümmerliches Vermögen beengt, möchte er lieber unbekannt sein. Dieser, der an beidem Überfluss hat, vertrauert in Ehelosigkeit sein Leben. Jener in beglückter, aber kinderloser Ehe pflegt seinen Reichtum für fremde Erben. Ein anderer, der sich einer Nachkommenschaft erfreut, beweint traurig die Vergehen seines Sohnes oder seiner Tochter. Deshalb lebt niemand so leicht mit dem Zustande seines Schicksals in Einklang. Jedes trägt etwas in sich, was der nicht kennt, der es nicht erfahren hat, und vor dem der schaudert, der es erfahren hat. Füge hinzu, dass gerade die Glücklichsten auch die empfindlichsten Sinne haben, und wenn ihnen nicht alles auf den Wink gehorcht, ungewohnt jeder Widerwärtigkeit, gerade vom Geringfügigsten niedergeworfen werden. Überaus klein ist das, was den Beglücktesten ihre höchste Glückseligkeit entzieht. Wie viele, meinst du wohl, würden sich dem Himmel nahe glauben, wenn ihnen nur der geringste Teil von den Überresten deines Glückes zuteil würde? Dieser Ort selbst, den du Verbannung nennst, ist seinen Bewohnern Vaterland. Nichts ist elend, als wenn man es dafür hält, und andererseits ist jedes Los glücklich dem, der es mit Gleichmut trägt. Wer ist so glücklich, dass er seinen Zustand nicht zu ändern wünschte, sobald er der Ungeduld nachgibt? Mit wie viel Bitterkeit ist die Süßigkeit menschlichen Glückes überstreut! Wenn es auch beim Genusse angenehm erscheint, so lässt es sich doch nicht daran hindern, zu verschwinden, sobald es will. Einleuchtend also ist, wie elend die Glückseligkeit aus vergänglichen Dingen ist, da sie auch bei den Gleichmütigen nicht beständig dauert, die Ängstlichen nicht ganz ergötzt.

Was also, ihr Sterblichen, sucht ihr draußen das Glück, das in euch liegt?

Innere Freiheit:

Das Glück des Weisen

Der Mensch strebt nach Glück, nicht weil Glück sein Leben erhält, sondern weil sein ureigenstes Wesen Glückseligkeit ist.
HAZRAT INAYAT KHAN

Dalai Lama
und Howard C. Cutler
Die Schulung des Geistes für das Glück

Der Weg zum Glück

Indem man seinen eigenen Geisteszustand als Hauptfaktor zum Erlangen von Glück erkennt, leugnet man natürlich nicht, dass unsere grundlegenden körperlichen Bedürfnisse nach Essen, Kleidung und Unterkunft erfüllt werden müssen. Aber sobald dies geschehen ist, lautet die klare Botschaft: *Wir brauchen nicht noch mehr Geld, wir benötigen keinen weiteren Erfolg oder Ruhm, wir brauchen keinen perfekten Körper oder den vollkommenen Partner – jetzt, in genau diesem Moment, haben wir einen Geist, der die gesamte Ausrüstung darstellt, die wir benötigen, um vollständiges Glück zu erlangen.*

Seine Herangehensweise an die Bewusstseinsarbeit schilderte der Dalai Lama folgendermaßen: »Wenn von ›Geist‹ oder ›Bewusstsein‹ die Rede ist, gibt es viele verschiedene Varianten. Genau wie im Fall von äußeren Bedingungen oder Objekten sind manche Dinge sehr nützlich, einige sehr schädlich und andere wiederum neutral. So werden wir im Umgang mit äußerer Materie gewöhnlich zunächst herauszufinden versuchen, welche dieser verschiedenen Substanzen oder Chemikalien hilfreich sind, damit wir uns dann bemühen können, diese zu kultivieren, zu vermehren und zu gebrauchen. Und der schädlichen Substanzen werden wir uns entledigen. Wenn wir vom Geist sprechen, gibt es in ähnlicher Weise Tausende von unterschiedlichen Gedanken oder ›Geistesarten‹. Unter ihnen sind einige sehr hilfreich; diese sollten wir pflegen. Andere sind negativ, sehr schädlich; diese sollten wir abzubauen versuchen.

So ist der erste Schritt im Streben nach Glück das Lernen. Zunächst müssen wir begreifen, wie sich negative Emotionen und Verhaltensweisen schädlich und wie sich positive förderlich für uns auswirken. Und wir müssen erkennen, wie diese negativen Emotionen nicht nur für uns persönlich sehr schlecht und schädigend sind, sondern ebenso für die Gesellschaft und die Zukunft der gesamten Welt. Solche Art der Einsicht erhöht unsere Entschlossenheit, ihnen entgegenzutreten und sie zu überwinden.

Hinzu kommt die Erkenntnis der vorteilhaften Aspekte der positiven Emotionen und Verhaltensweisen. Mit der Erkenntnis dieser Vorteile wächst unsere Entschlossenheit, die positiven Empfindungen unter allen Umständen zu hegen, zu entfalten und zu vermehren. Es tritt eine Art innerer spontaner Bereitschaft auf. So entwickeln wir durch das Lernen und die Analyse dessen, welche Gedanken und Emotionen uns zuträglich und welche für uns schädlich sind, schrittweise eine feste Entschlusskraft zum Wandel in dem Gefühl: ›Jetzt befindet sich das Geheimnis meines eigenen Glücks, meiner eigenen guten Zukunft in meinen eigenen Händen. Diese Gelegenheit darf ich nicht verpassen!‹

Im Buddhismus gilt das Prinzip der Kausalität als ein Naturgesetz. Wenn Sie sich mit der Wirklichkeit befassen, müssen Sie dieses Gesetz in Betracht ziehen. Wenn Sie beispielsweise bei Ihren alltäglichen Erfahrungen bestimmte Ereignisse nicht wünschen, dann lässt sich am besten sicherstellen, dass diese Ereignisse nicht eintreten, wenn Sie die ursächlichen Bedingungen, die gewöhnlich dazu Anlass geben, ausräumen. Gleichermaßen ist es nur logisch, wenn Sie das Auftreten besonderer Ereignisse oder Erfahrungen wünschen, die Ursachen und Bedingungen, die dazu führen, zu verstärken und zu vermehren.

Das verhält sich genauso auf dem Gebiet der Geisteszustände und geistigen Erfahrungen. Wenn Sie nach Glück verlangen, dann sollten Sie die Ursachen, die dazu Anlass geben, anstreben; und wenn Sie kein Leid wünschen, müssen Sie gewährleisten, dass die Ursachen und Bedingungen, die dazu führen, nicht länger auftreten. Es ist wichtig, dieses kausale Prinzip anzuerkennen.

Wir haben von der überragenden Bedeutung des geistigen Faktors für das Erlangen von Glück gesprochen. Unsere nächste Aufgabe besteht nun darin, die Vielfalt unserer mentalen Zustände zu untersuchen. Wir müssen die verschiedenen Geisteszustände klar identifizieren und eine Unterscheidung vornehmen, indem wir sie danach klassifizieren, ob sie zu Glück führen oder nicht.«

»Können Sie einige spezifische Beispiele unterschiedlicher Geisteszustände geben und beschreiben, wie Sie diese klassifizieren?«, fragte ich.

Der Dalai Lama erläuterte: »Nun, zum Beispiel sind Hass, Eifersucht, Zorn und so weiter schädlich. Wir betrachten sie als negative Zustände des Bewusstseins, weil sie unsere geistige Gesundheit zerstören. Wenn Sie jemand anderem gegenüber Hassgefühle oder negative Emotionen hegen, sind Sie selbst erst einmal von Hass oder negativen Gefühlen erfüllt, und auch andere Personen werden Ihnen als feindselig erscheinen. Und in der Folge werden immer größere Angst, eine stärkere Hemmung, ein Zögern und ein Gefühl von Unsicherheit auftreten. All das wird anwachsen, ebenso wie die Einsamkeit inmitten einer Welt, die als feindselig wahrgenommen wird. Diese negativen Faktoren werden aufgrund von Hass aufkommen. Auf der anderen Seite sind solche Geisteszustände wie Güte und Mitgefühl gewiss sehr positiv und nützlich ...«

»Da bin ich neugierig«, unterbrach ich ihn. »Sie erwähnten, es gebe Tausende von verschiedenen Zuständen des Bewusstseins. Was wäre Ihre Definition einer psychisch gesunden oder ausgeglichenen Person? Wir könnten eine solche Definition vielleicht als Richtlinie für die Bestimmung derjenigen Geisteszustände, die zu pflegen, und jener, die zu eliminieren sind, verwenden.«

Er lachte und antwortete dann mit seiner charakteristischen Bescheidenheit: »Als Psychiater können Sie vielleicht mit einer besseren Definition für eine geistig gesunde Person aufwarten.«

»Aber ich möchte Ihren Standpunkt wissen.«

»Nun, ich erachte eine mitfühlende und gutherzige Person als gesund. *Wenn Sie Mitgefühl und liebende Güte pflegen, öffnet sich automatisch Ihre innere Tür. Dadurch können Sie viel leichter mit anderen Leuten kommunizieren. Und das*

Gefühl der Wärme schafft eine Art Offenheit. Sie werden feststellen, dass alle menschlichen Wesen genauso sind wie Sie; so werden Sie fähig sein, sich mit ihnen auf einfachere Weise zu verbinden. Das beschwört einen Geist der Freundschaft herauf, und es gibt weniger Anlass dazu, Dinge zu verbergen. Infolgedessen zerstreuen sich automatisch Gefühle der Furcht, des Selbstzweifels und der Unsicherheit. Zudem wird es in anderen ein Gefühl des Vertrauens erzeugen.

Sonst könnte man eine sehr kompetente Person finden und zwar wissen, dass man ihrer Kompetenz vertrauen kann, aber spüren, dass diese Person keine Güte besitzt und dass man etwas vor ihr verbergen muss. Man denkt: ›Oh, ich weiß, dass diese Person vieles vollbringen kann, aber kann ich ihr wirklich trauen?‹ So wird man immer eine bestimmte Angst beibehalten, die eine Art Distanz den anderen gegenüber hervorruft.

Wie dem auch sei, ich glaube, das Kultivieren von positiven Geisteszuständen wie Güte und Mitgefühl führt unweigerlich zu einer besseren geistigen Gesundheit und zu Glück.«

Geistige Disziplin

Während der Dalai Lama sprach, empfand ich seine Methode, Glück zu erlangen, als sehr anziehend. Sie war absolut pragmatisch und rational: Bestimme und entfalte positive Geisteszustände; bestimme und eliminiere negative Geisteszustände. Obgleich mir sein Vorschlag, die Vielfalt der Geisteszustände, die wir erfahren, systematisch zu analysieren, zunächst ein wenig trocken vorkam, ließ ich mich allmählich von der Kraft seiner Logik und Argumentation überzeugen. Und mir gefiel die Tatsache, dass er Emotionen einfach danach als positiv oder negativ unterschied, ob sie letztlich zu unserem Glück führen, statt Geisteszustände, Emotionen oder Wünsche auf der Grundlage äußerlicher, aufgesetzter Moralurteile wie »Gier ist eine Sünde« oder »Hass ist böse« zu klassifizieren.

Als wir unsere Unterhaltung am folgenden Nachmittag fortsetzten, fragte ich den Dalai Lama: »Wenn Glück eine Angelegenheit der Pflege von positiven Geisteszuständen wie

Güte und so weiter ist, warum sind dann so viele Menschen unglücklich?«

»Das Erlangen von echtem Glück kann eine Veränderung unserer Einstellung, unserer Denkweise erfordern, und das ist keine einfache Sache«, sagte er. »Es setzt die Anwendung so vieler verschiedener Faktoren aus unterschiedlichen Bereichen voraus. Man sollte bloß nicht meinen, es bedürfe nur eines einzigen Schlüssels oder der Entdeckung eines Geheimnisses, und schon wäre alles in Ordnung. Es verhält sich eher so wie im Falle der richtigen Versorgung des physischen Körpers: Man benötigt eine Vielfalt von Vitaminen und Nährstoffen, nicht nur ein oder zwei. Um Glück zu erreichen, bedarf es in ähnlicher Weise einer Vielfalt von Vorgehensweisen und Methoden, um mit den unterschiedlichen und komplexen negativen Geisteszuständen umzugehen und sie zu überwinden. Und wenn Sie versuchen, eine bestimmte negative Denkungsart zu bezwingen, ist dies nicht einfach dadurch zu erreichen, dass Sie ein- oder zweimal einen speziellen Gedanken aufgreifen oder eine Technik ein- oder zweimal anwenden. Wandel braucht Zeit.

Selbst körperlicher Wandel braucht Zeit. Wenn Sie beispielsweise von einem Klima in ein anderes wechseln, benötigt der Körper Zeit, um sich an die neue Umgebung zu gewöhnen. Und in derselben Weise nimmt auch die Transformation Ihres Bewusstseins Zeit in Anspruch. Es gibt eine Menge von negativen geistigen Zügen, und Sie müssen jedem davon entgegenwirken. Das ist nicht einfach. Es erfordert die wiederholte Anwendung vielfältiger Techniken, und es bedarf Zeit, um sich mit diesen Praktiken vertraut zu machen. Es ist ein Prozess des Lernens.

Aber ich glaube, Sie können im Laufe der Zeit positive Veränderungen erzielen. Jeden Tag können Sie direkt nach dem Aufstehen eine aufrichtige, positive Motivation entwickeln, indem Sie denken: ›Ich werde diesen Tag auf positivere Weise nutzen. Ich sollte den heutigen Tag nicht vergeuden.‹ Und dann, bevor Sie zu Bett gehen, überprüfen Sie, was Sie getan haben, indem Sie sich selbst befragen: ›Habe ich diesen Tag meinen Plänen entsprechend genutzt?‹ Wenn ja, sollten Sie sich darüber freuen. Wenn es falsch gelaufen ist, bedauern

Sie Ihr Tun, und betrachten Sie den Tag kritisch. Durch derartige Methoden können Sie schrittweise die positiven Aspekte des Bewusstseins stärken.

Als buddhistischer Mönch vertraue ich auf den Buddhismus, und durch meine eigenen Erfahrungen weiß ich, dass die buddhistischen Übungen sehr hilfreich für mich sind. Allerdings können aufgrund von Gewöhnung während vieler vorheriger Lebenszeiten gewisse Dinge wie Zorn oder Verfestigung auftreten. Was ich dann tue, ist Folgendes: Zunächst studiere ich den positiven Wert der Praktiken; dann stärke ich meine Entschlossenheit, und daraufhin versuche ich, die entsprechenden Gegenmittel anzuwenden. Zu Beginn ist die Auswirkung der positiven Übungen sehr gering, während die negativen Einflüsse stark bleiben. Aber schließlich, wenn man die positiven Praktiken allmählich stärkt, wird sich das negative Verhalten automatisch verringern. So ist die Übung von Dharma ein steter innerer Kampf darum, frühere negative Konditionierungen oder Gewohnheiten durch neue, positive Verhaltensmuster zu ersetzen.«

Er fuhr fort: »Ganz gleich, welche Aktivität oder Praxis wir verfolgen, es gibt nichts, das nicht durch stete Übung und Vertrautheit leichter würde. Durch Übung können wir uns ändern; wir können uns selbst umwandeln. Innerhalb der buddhistischen Praxis gibt es vielfältige Methoden, um beim Auftreten störender Vorkommnisse einen ruhigen Geist zu bewahren. Durch wiederholte Übung dieser Methoden können wir einen Punkt erreichen, an dem einige Störungen auftreten mögen, während die negativen Auswirkungen auf unseren Geist an der Oberfläche bleiben – wie Wellen, die sich auf der Meeresoberfläche kräuseln, aber in tieferen Schichten ihre Wirkung verlieren. Und obwohl meine Erfahrungen sehr gering sein mögen, habe ich dies während meiner eigenen dürftigen Praxis als wahr erkannt.

Wenn tragische Neuigkeiten an mich herangetragen werden, mag ich anfänglich einige Störungen in meinem Geist erleben, aber diese vergehen sehr schnell wieder. Oder ich bin vielleicht irritiert und werde ein wenig ärgerlich, aber das geht sehr bald vorbei. Es hat keine Wirkung auf die tieferen Ebenen des Bewusstseins. Kein Hass entsteht. Das ist durch allmähliche Übung erzielt worden, es ist nicht über Nacht gekommen.«

Gewiss nicht. Der Dalai Lama beschäftigt sich seit seinem vierten Lebensjahr damit, seinen Geist zu schulen.

Die systematische Schulung des Geistes – die Entfaltung von Glück, die echte innere Wandlung durch die absichtliche Auswahl von positiven Geisteszuständen und die Ausrichtung darauf einerseits sowie das Herausfordern der negativen mentalen Zustände andererseits – ist aufgrund der Struktur und der Funktion des Gehirns möglich. Wir werden mit einem Gehirn geboren, das genetisch eng mit bestimmten instinktiven Verhaltensmustern verknüpft ist; wir sind geistig, emotionell und physisch dazu veranlagt, so auf unsere Umwelt zu reagieren, dass wir überleben können.

Diese grundlegenden Instruktionen sind in zahllose zellinterne Aktivierungsmuster eincodiert, in spezifische Verbindungen von Gehirnzellen, die auf einen Vorfall, einen Gedanken oder eine Erfahrung reagieren. Aber die Vernetzung in unserem Gehirn ist nicht statisch, nicht unwiderruflich festgelegt. Unser Gehirn ist ebenfalls anpassungsfähig. Neurowissenschaftler haben die Tatsache dokumentiert, dass das Gehirn neue Muster, neue Kombinationen von Nervenzellen und Neurotransmittern (chemische Verbindungen, die Botschaften zwischen den Nervenzellen vermitteln) als Antwort auf neue Reize entwerfen kann. Unser Gehirn ist formbar; es kann sich stets verändern, seine Vernetzung infolge neuer Gedanken und Erfahrungen umgestalten. Als Resultat des Lernens verändert sich die Funktion der individuellen Neuronen und erlaubt somit elektrischen Signalen, sich noch schneller an ihnen entlangzubewegen. Wissenschaftler nennen die dem Gehirn innewohnende Fähigkeit zur Veränderung *Plastizität.*

Diese Fähigkeit, die Vernetzung des Gehirns zu ändern und neue neurale Verknüpfungen entstehen zu lassen, ist durch Experimente wie das von Dr. Avi Karni und Leslie Underleider am National Institute of Mental Health nachgewiesen worden. In diesem Experiment haben die Wissenschaftler die Versuchspersonen eine einfache motorische Aufgabe ausführen lassen, nämlich eine Fingerübung, und die daran beteiligten Gehirnteile identifiziert, indem sie eine MRI-Gehirn-Ultraschalluntersuchung vornahmen. Die Kandidaten führten diese Übung vier Wochen lang täglich durch und wurden dabei schrittweise immer effizienter und schneller.

Am Ende der vierwöchigen Zeitspanne wurde die Ultraschalluntersuchung wiederholt; sie zeigte, dass sich der an der Aufgabe beteiligte Abschnitt im Gehirn vergrößert hatte. Dies deutete darauf hin, dass die regelmäßige Übung und Wiederholung neue Nervenzellen vereinnahmt und die neuralen Verbindungen, die ursprünglich an der Aufgabe beteiligt waren, verändert hatte.

Dieser bemerkenswerte Grundzug des Gehirns scheint die physiologische Basis für die Möglichkeit darzustellen, unseren Geist zu verändern. Indem wir unsere Gedanken mobilisieren und neue Denkweisen praktizieren, können wir unsere Nervenzellen neu formen und die Arbeitsweise unseres Gehirns ummodeln. Das ist auch die Grundlage für die Vorstellung, dass innerer Wandel mit Lernen (neuer Input) beginnt und die Disziplin einschließt, allmählich unsere »negativen Konditionierungen« (entsprechend unseren gegenwärtigen Mustern zur Aktivierung der Nervenzellen) durch »positive Konditionierungen« (Formung von neuen Nervenverbindungen) zu ersetzen. So wird die Idee, den Geist im Hinblick auf Glück zu schulen, eine sehr reale Möglichkeit.

Ethische Disziplin

In einer späteren Diskussion, die sich auf die Geistesschulung zur Erlangung von Glück bezog, stellte der Dalai Lama fest:

»Ich glaube, dass ethisches Verhalten eine weitere Facette der inneren Disziplin darstellt, die zu einer glücklicheren Existenz führt. Man kann dies ›ethische Disziplin‹ nennen. Große spirituelle Lehrer wie der Buddha haben uns angewiesen, heilsame Handlungen zu vollführen und unheilsame Handlungen zu vermeiden. Welche unserer Handlungen heilsam oder unheilsam sind, hängt davon ab, ob die Aktion aus einem disziplinierten oder undisziplinierten Geisteszustand hervorgeht. Man nimmt an, dass ein disziplinierter Geist zu Glück und ein undisziplinierter zu Leid führt, und es heißt sogar, dass es *die Essenz der Lehren des Buddha sei, im eigenen Geist Disziplin aufzubringen.*

Wenn ich von Disziplin spreche, beziehe ich mich auf Selbstdisziplin, nicht auf eine von außen auferlegte Disziplin. Weiterhin beziehe ich mich auf die Disziplin, die angewendet wird, um negative Eigenschaften zu überwinden. Eine Gaunerbande mag Disziplin zum Ausführen eines erfolgreichen Raubs benötigen, aber diese Disziplin ist nutzlos.«

Der Dalai Lama hielt einen Moment inne, um seine Gedanken zu sammeln. Vielleicht suchte er aber auch nur nach einem englischen Wort. Ich wusste es nicht. Aber während er an jenem Nachmittag eine Zeit lang schwieg und ich über unsere Unterhaltung nachdachte, empfand ich all diese Reden über die Bedeutung des Lernens und der Disziplin als langweilig, verglichen mit den erhabenen Zielen des wahren Glücks, des spirituellen Wachstums und des vollständigen inneren Wandels. Mir schien, dass die Suche nach Glück ein spontaner Prozess zu sein habe.

Ich griff diesen Punkt auf: »Sie beschreiben die negativen Emotionen und Verhaltensweisen als ›unheilsam‹ und die positiven als ›heilsam‹. Des Weiteren sagen Sie, ein ungeübter, undisziplinierter Geist führe gemeinhin zu einem negativen oder unheilsamen Verhalten, weshalb wir lernen und uns darin üben müssten, unsere positiven Verhaltensweisen zu mehren. So weit, so gut.

Aber mich stört, dass Ihre Definition von negativem und unheilsamem Verhalten lautet: Es ist ein Verhalten, das zu Leid führt. Und Sie definieren ein heilsames Verhalten als eines, das zu Glück führt. Zudem gehen Sie von der Prämisse aus, dass alle Wesen von Natur aus Leid meiden und Glück erlangen wollen. Dieser Wunsch sei angeboren, er müsse nicht erlernt werden.

Damit stellt sich die Frage: Wenn es in unserer Natur liegt, Leiden meiden zu wollen, warum werden wir dann mit fortschreitendem Alter nicht zunehmend auf spontane und natürliche Weise von den negativen und unheilsamen Verhaltensweisen abgestoßen? Und wenn wir natürlicherweise Glück erlangen möchten, warum werden wir dann nicht auf spontane und natürliche Weise immer stärker zu heilsamen Verhaltensweisen hingezogen und so im Verlauf unseres Lebens immer glücklicher? Ich meine, wenn diese heilsamen Verhaltensweisen naturgemäß zu mehr Glück führen und wir uns Glück wünschen, sollte dies dann nicht im Rahmen eines natürlichen Prozesses auftreten? Warum sollten wir für den Prozess so viel Ausbildung, Übung und Disziplin benötigen?«

Der Dalai Lama schüttelte den Kopf und entgegnete: »Selbst nach herkömmlichen Begriffen – in unserem alltäglichen Leben – betrachten wir die Ausbildung als einen sehr wichtigen Faktor für ein erfolgreiches und glückliches Leben. Und Wissen ergibt sich nicht automatisch. Wir müssen üben und ein systematisches Ausbildungsprogramm durchlaufen. Und wir halten die herkömmliche Ausbildung und die Übung für recht schwierig. Warum sonst sehnen sich Studenten so sehr nach den Ferien? Und doch wissen wir, dass diese Form der Ausbildung entscheidend für ein glückliches und erfolgreiches Leben ist.

Auf ähnliche Weise mögen heilsame Handlungen nicht natürlich gegeben sein, sondern müssen bewusst geübt werden. Das trifft besonders auf moderne Gesellschaften zu, denn dort gibt es eine Tendenz, die Frage nach heilsamen und unheilsamen Taten – danach, was zu tun und was zu unterlassen sei – dem Aufgabenbereich der Religion zuzuordnen. Traditionell wird es als Pflicht der Religion betrachtet, vorzuschreiben, welche Verhaltensweisen heilsam seien und welche nicht.

In der heutigen Gesellschaft hat die Religion einerseits einiges von ihrem Ansehen und Einfluss verloren. Andererseits ist sie durch keine Alternative, etwa eine säkulare Ethik, ersetzt worden. Darum scheint man der Notwendigkeit einer heilsamen Lebensführung weniger Aufmerksamkeit zu schenken. Daher denke ich, dass wir einige besondere Anstrengungen auf uns nehmen und bewusst darauf hinarbeiten sollten, ein derartiges Wissen zu erlangen. Obwohl ich zum Beispiel persönlich davon überzeugt bin, dass unsere menschliche Natur grundsätzlich freundlich und mitfühlend ist, reicht das nicht aus. *Wir müssen zudem eine Wertschätzung und Wahrnehmung dieser Tatsache entwickeln. Und das Lernen und Verstehen der Art und Weise, wie wir uns selbst betrachten, kann einen sehr direkten Einfluss darauf haben, wie wir aufeinander einwirken und unser tägliches Leben gestalten.«*

Ich spielte den Advocatus Diaboli und konterte: »Sie benutzen immer noch den Vergleich mit einer konventionellen akademischen Ausbildung. Und wenn Sie von bestimmten Verhaltensweisen sprechen, die Sie als ›heilsam‹ oder ›positiv‹ bezeichnen und die zu Glück führen, und von anderen, die zu Leid führen, warum bedarf es dann einer so gründlichen Schulung, um die positiven Verhaltensweisen anzuwenden und die negativen auszuschalten? Ich meine, wenn man die Hand ins Feuer legt, verbrennt man sich. Man zieht die Hand zurück und hat gelernt, dass dieses Verhalten zu Leid führt. Man benötigt kein ausführliches Studium oder Übungsprogramm, um das Feuer nicht wieder anzurühren.

Warum sind also nicht alle Verhaltensweisen und Emotionen, die zu Leid führen, von derselben Art? Sie behaupten beispielsweise, dass Zorn und Hass eindeutig negative Emotionen seien und letztendlich zu Leid führen. Aber warum muss man über die schädlichen Auswirkungen von Zorn und Hass unterrichtet werden, um sie auszuschalten? Da Zorn sofort eine unangenehme emotionale Verfassung verursacht und es leicht ist, dieses Unbehagen direkt zu empfinden, warum vermeidet man es dann in Zukunft nicht spontan und ganz natürlich?«

Während der Dalai Lama meinen Ausführungen konzentriert zuhörte, weiteten sich seine intelligenten Augen ein wenig, als wäre er erstaunt oder sogar belustigt über die Naivität meiner Fragen. Dann sagte er mit einem kräftigen, wohlwollenden Lachen:

»Wenn Sie von Wissen sprechen, das zur Befreiung und zur Lösung eines Problems führt, müssen Sie verstehen, dass es viele verschiedene Ebenen gibt. Nehmen wir an, die Menschen der Steinzeit wussten noch nicht, wie man Fleisch kocht; da sie aber biologisch zum Essen gezwungen waren, aßen sie einfach wie wilde Tiere. Als sich die Menschen weiterentwickelten, lernten sie zunächst zu kochen und später, wie man verschiedene Gewürze hinzugibt, um das Essen schmackhafter zu machen. Nun konnten sie mit einer größeren Vielfalt von Gerichten aufwarten. Und selbst bis in unser gegenwärtiges Zeitalter hinein wissen wir aufgrund unserer Erfahrung, welche Nahrung uns bei einer bestimmten Krankheit nicht gut tut, weshalb wir darauf verzichten, auch wenn wir den Wunsch verspüren, sie zu uns zu nehmen. So wird deutlich: Je höher der Grad unseres Wissens ist, desto effektiver wird unser Umgang mit der natürlichen Welt.

Man benötigt auch die Fähigkeit, die kurz- und langfristigen Konsequenzen unseres Verhaltens zu beurteilen und sie gegeneinander abzuwägen; zum Beispiel in Bezug auf das Überwinden von Zorn. Obwohl Tiere Zorn empfinden, können sie nicht verstehen, dass er destruktiv ist. Im Falle des Menschen jedoch gibt es eine andere Ebene, eine Wahrnehmung, die ihn zu reflektieren und zu beobachten befähigt, dass Zorn ihm schadet. Daher gelangt er zu dem Urteil, dass Zorn destruktiv ist. Man muss fähig sein, diese Schlussfolgerung zu ziehen.

Das ist nicht einfach so, als würde man die Hand ins Feuer legen, sich verbrennen und daraus für die Zukunft lernen, es nie wieder zu tun. Je höher der Grad an Bildung und an Wissen darüber ist, was zu Glück führt und was Leid verursacht, desto geschickter wird man beim Erlangen von Glück sein. Deshalb halte ich Ausbildung und Wissen für entscheidend.«

Wahrscheinlich bemerkte der Dalai Lama meinen anhaltenden Widerstand gegen die Vorstellung, dass die Ausbildung ein Mittel zum inneren Wandel sei, und er setzte hinzu: »Ein Problem der heutigen Gesellschaft besteht darin, dass wir die Ausbildung als etwas betrachten, das uns einfach nur klüger und findiger macht. Manchmal sieht es so aus, als wären diejenigen, die keine so hohe Ausbildung genossen haben und deren Schulung nicht so weit fortgeschritten ist, unschuldiger und ehrlicher. Selbst wenn unsere Gesellschaft dies nicht betont, sollen Kenntnisse und Ausbildung uns in erster Linie verstehen helfen, wie wichtig es ist, heilsamer zu handeln und unseren Geist zu disziplinieren. Der angemessene Gebrauch unserer Intelligenz und unseres Wissens besteht darin, von innen her Güte zu entwickeln.«

Gotama Buddha
Das höchste Glück

Glück ist die Einsamkeit des Zufriedenen,
der die Lehre gehört (und) erschaut hat.
Nichtschädigen ist Glück in der Welt;
gegenüber den Lebewesen (Selbst-) Zügelung.
Glück ist Leidenschaftslosigkeit in der Welt,
der Begierden Überwindung.
Des Ichbewusstseins Beseitigung
ist fürwahr das höchste Glück.

Erich Fromm
Vom Sinn des Lebens

In meinem Buch [›Haben oder Sein‹] war ich bemüht, die Existenzweise der Orientierung am Haben und am Sein zu beschreiben wie auch die Folgen, welche sich durch das Vorherrschen der einen oder anderen Art für das Wohl-Sein *(well-being)* des Menschen ergeben. So bin ich zu dem Schluss gekommen, dass die vollständige Humanisierung des Menschen den Durchbruch von einer Orientierung am Besitz zu einer Orientierung am Tätigsein erfordert und ebenso den Durchbruch von Selbstsucht und Egoismus zu Solidarität und Altruismus. Im Folgenden unterbreite ich einige praktische Vorschläge, die dem behilflich sein können, der sich bemüht, dieses Ziel zu erreichen.

Wer sich auf den Weg macht, die Orientierung am Sein einzuüben, muss zunächst die alles entscheidende Frage beantworten: Warum wollen wir leben?

Gibt es wirklich einen Grund, weshalb wir leben wollen? Würden wir lieber nicht leben wollen, wenn wir keinen Grund dazu hätten? Es ist eine Tatsache, dass alle Lebewesen, Mensch und Tier, leben wollen und dass dieser Wunsch nur unter außerordentlichen Umständen – wie bei unerträglichem Schmerz – lahm gelegt wird. Beim Menschen können Leidenschaften wie Liebe, Hass, Stolz und Treue stärker sein als der Wunsch zu leben. Es scheint, dass die Natur oder – wenn man so will – der Evolutionsprozess jedem Lebewesen den Wunsch zu leben mitgegeben hat. Welche Gründe der Mensch auch immer dafür findet, es sind nur sekundäre Gedanken, die diesen biologisch verankerten Impuls erklären wollen.

Wir müssen nicht auf theoretische Vorstellungen über die Evolution zurückgreifen. Meister Eckhart (...) hat das Gleiche auf eine einfachere, poetische Art und Weise betont:

»Wer einen guten Menschen fragte:
›Warum minnest du Gott?‹,
der würde die Antwort erhalten:
›Ich weiß es nicht – weil er eben Gott ist.‹
›Warum minnest du Wahrheit?‹
›Der Wahrheit wegen.‹
›Warum minnest du Gerechtigkeit?‹
›Der Gerechtigkeit wegen.‹
›Warum minnest du Güte?‹
›Der Güte wegen.‹
›Und warum lebst du?‹
›Meiner Treu, ich weiß es nicht – ich lebe gerne!‹«

Dass wir leben wollen, dass wir gerne leben, ist eine Tatsache, welche keine Erklärung braucht. Wenn wir hingegen fragen, wie wir leben wollen, was wir vom Leben erwarten, was uns das Leben sinnvoll macht, dann beschäftigen wir uns in der Tat mit – mehr oder weniger identischen – Fragen, auf welche Menschen viele verschiedene Antworten gegeben haben. Manche werden sagen, sie suchen Liebe, andere Macht, andere Sicherheit, andere sinnliche Freuden und Bequemlichkeit, wieder andere Ruhm; aber die meisten werden wahrscheinlich der Aussage zustimmen, dass sie Glück suchen. Auch die meisten Philosophen und Theologen haben das Glück als Ziel des menschlichen Strebens angesehen. Wenn aber unter Glück, wie wir eben gesehen haben, derart Verschiedenes und meist Unvereinbares verstanden wird, wird der Begriff eine Abstraktion und daher nutzlos. Wir sollten untersuchen, was gewöhnliche Menschen und was Philosophen mit dem Begriff Glück meinen.

Mögen die Vorstellungen von Glück auch sehr verschieden sein, so ist doch den meisten ein Aspekt gemeinsam: Wir sind glücklich, wenn unsere Wünsche erfüllt werden oder – um es anders auszudrücken – wenn wir haben, was wir wollen. Die Unterschiede zwischen den verschiedenen Ansichten ergeben sich aus der Antwort auf die Frage: Welches sind denn diese Bedürfnisse, deren Erfüllung uns Glück bringt? Die Frage nach Sinn und Ziel des Lebens führt uns deshalb zur Frage nach der Natur der menschlichen Bedürfnisse.

Im Großen und Ganzen gibt es zwei gegensätzliche Standpunkte in dieser Frage. Der erste, heute fast ausschließlich gültige Standpunkt definiert ein Bedürfnis als etwas völlig Subjektives, als das Streben nach etwas, was ich mir so sehr wünsche, dass ich es als Bedürfnis erlebe und dessen Erfüllung mir Vergnügen bereitet. Bei diesem Definitionsversuch wird nicht nach dem Ursprung dieses Bedürfnisses gefragt: Hat das Bedürfnis ähnlich wie Hunger und Durst eine physiologische Wurzel? Oder wurzelt es, wie das Bedürfnis nach besonders feinem Essen und Trinken, nach Kunst und theoretischem Denken in der gesellschaftlichen und kulturellen Entwicklung des Menschen? Oder ist es ein von der Gesellschaft hervorgebrachtes Bedürfnis, wie das nach Zigaretten, Autos oder unzähligen kleinen praktischen Gegenständen? Oder ist es ein krankhaftes Bedürfnis, wie das nach sadistischer und masochistischer Befriedigung?

Bei dieser Betrachtungsweise wird auch nicht nach der Wirkung gefragt, welche die Befriedigung der Bedürfnisse auf einen Menschen hat. Bereichert sie sein Leben und ist sie seinem Wachstum förderlich, oder schwächt und erstickt sie ihn, verhindert Wachstum und ist selbstdestruktiv? Ob jemand sich freut, weil er die Erfüllung seines Wunsches genießt, Musik von Bach zu hören, oder ob jemand sich freut, weil er mit seinem Sadismus hilflose Menschen kontrolliert oder verletzt, wird als reine Geschmackssache angesehen. Solange dies etwas ist, wonach ein Mensch ein Bedürfnis hat, besteht Glück in der Befriedigung dieses Bedürfnisses. Ausnahmen werden nur dann akzeptiert, wenn die Befriedigung eines Bedürfnisses anderen Menschen schweren Schaden zufügt oder die gesellschaftliche Nützlichkeit des Betreffenden in Frage steht. Auf diese Weise werden die Bedürfnisse, zu zerstören oder Drogen zu nehmen, im Allgemeinen nicht als Bedürfnisse anerkannt, die ihre Berechtigung aus der Tatsache beziehen, dass ihre Befriedigung Lust bereitet.

Der entgegengesetzte Standpunkt geht von einer grundsätzlichen Unterscheidung aus: Trägt ein Bedürfnis zu Wachstum und »Wohl-Sein« des Menschen bei, oder behindert und schadet es ihm? Diese Sichtweise befasst sich mit solchen Bedürfnissen, die in der Natur des Menschen wurzeln und zu Wachstum und Selbsterfüllung führen. Sie ersetzt die rein subjektive

Auffassung von Glück durch eine objektive, normative. Nur die Erfüllung von Wünschen, die im Interesse des Menschen liegen, führt zu Glück. Im ersten Fall sage ich: »Ich bin glücklich, wenn ich möglichst viel Lust erlebe.« Bei der zweiten Betrachtungsweise sage ich: »Ich bin glücklich, wenn ich das bekomme, was gut für mich ist und mir zu einem Optimum an Wohl-Sein verhilft.«

Es braucht nicht betont zu werden, dass der zuletzt genannte Standpunkt für das herkömmliche wissenschaftliche Denken unannehmbar ist, denn er führt eine Norm, das heißt ein Werturteil ein und scheint so seine objektive Gültigkeit zu verlieren. Es stellt sich aber die Frage, ob es wahr ist, dass eine Norm keine objektive Gültigkeit haben kann. Können wir nicht von einer Natur des Menschen sprechen? Will der Mensch nicht wie alle lebendigen Wesen möglichst gut im Leben zurechtkommen und seine Potenziale optimal verwirklichen? Ist das nicht die objektiv definierbare Natur des Menschen? Folgt daraus dann nicht, dass gewisse Normen zu diesem Ziel führen, andere hingegen es behindern?

Auch von einem Rosenstock kann man sagen, dass er alle in ihm liegenden Möglichkeiten verwirklichen will, dass seine Blätter sich gut entwickeln und dass eine möglichst schöne Blüte aus seinem Wurzelstock wächst. Der Gärtner weiß, dass er – will er dieses Ziel erreichen – gewisse, empirisch gefundene Regeln befolgen muss. Der Rosenstock braucht eine besondere Erde, Feuchtigkeit, Temperatur, Sonnenschein und Schatten. Es ist dem Gärtner überlassen, dem Rechnung zu tragen. Aber auch ohne seine Hilfe versucht der Rosenstock, sich selbst so gut wie möglich zu versorgen. Er kann – was die Feuchtigkeit und Erde anbelangt – nichts tun, aber er kann – was das Sonnenlicht betrifft – etwas tun, indem er »krumm« in die Richtung der Sonne wächst. Warum sollte das Gleiche nicht für den Menschen gelten?

Selbst wenn wir kein theoretisches Wissen über die Gründe für die Normen hätten, welche zu größtmöglichem Wachstum und Gelingen des Menschen führen, so sagt uns doch die Erfahrung genauso viel, wie sie dem Gärtner oder Tierzüchter sagt. Darin liegt auch der Grund, warum alle großen Lehrer der Menschheit zu grundsätzlich den gleichen Normen für das

Leben gelangt sind. Diese zielen darauf hin, Gier, Illusionen und Hass zu überwinden. Liebe und Mitgefühl sind die Voraussetzungen, um Wohl-Sein *(optimal being)* zu erlangen. Schlussfolgerungen aus dem, was evident ist, zu ziehen, ist völlig zulässig und keineswegs »unwissenschaftlich«, selbst dann, wenn wir den Beweis theoretisch nicht erbringen können – obschon es das Ideal des Wissenschaftlers bleiben wird, die Gesetze hinter dem, was evident ist, zu entdecken.

Jene, die darauf beharren, dass alle so genannten Werturteile in Bezug auf das Glück des Menschen keine theoretische Grundlage haben, erheben bei einem physiologischen Problem nicht die gleichen Einwände, obwohl es logischerweise um nichts anderes geht. Isst jemand zum Beispiel leidenschaftlich gerne Süßigkeiten und Kuchen, wird dick und gefährdet somit seine Gesundheit, dann wird nicht gesagt: Wenn Essen sein größtes Glück ist, sollte er so weitermachen und sich selbst nicht überreden oder überreden lassen, auf dieses Vergnügen zu verzichten. Sie beurteilen dieses leidenschaftliche Verlangen nicht als »normalen« Wunsch, weil es dem Organismus schadet. Weil man den Zusammenhang zwischen übermäßigem Essen und Gesundheit kennt, wird diese Beurteilung nicht als subjektives oder unwissenschaftliches Werturteil angesehen. Heute weiß man auch viel über psychische Zusammenhänge, über die pathologische Eigenart und schädliche Wirkung von irrationalen Leidenschaften wie dem Hunger nach Ruhm, Macht, Besitz, Rache und Herrschaft. Deshalb können auch diese Bedürfnisse sowohl theoretisch wie klinisch als schädlich bezeichnet werden. Man denke nur an die »Manager-Krankheit«, an die Magengeschwüre, die die Folge einer falschen Lebensweise sind, oder an den »Stress«, hervorgerufen durch übermäßigen Ehrgeiz, bei dem jemand nicht aus sich lebt, sondern vom Erfolg abhängig ist. Es gibt viele Hinweise, die über den Zusammenhang zwischen »falschen« Einstellungen und somatischen Erkrankungen hinausgehen. In den letzten Jahrzehnten haben verschiedene Neurologen, wie C. von Monakow, R. B. Livingston, Heinz von Foerster aufgezeigt, dass der Mensch mit einem neurologisch eingebauten »biologischen« Gewissen versehen ist, in dem Normen wie Kooperation und Solidarität, das Streben nach Wahrheit und Freiheit wurzeln. Diese Auffassungen ergeben sich auf Grund evolutionstheoretischer Überlegungen. (...) Ich selbst habe versucht aufzuzeigen, dass die grundlegenden menschlichen Normen die Voraussetzungen für das volle Wachstum des Menschen sind, währenddessen viele der rein subjektiven Wünsche objektiv schädlich sind. (...)

Meine Auffassung vom Ziel des Lebens kommt der von Spinoza und Thomas von Aquin nahe. Mit Spinoza lässt sich der Sinn des Lebens definieren als eine Entwicklung, bei der der Mensch dem *Modell der menschlichen Natur* am nächsten kommt. Das Ziel des Lebens ist es also, entsprechend den Bedingungen der menschlichen Existenz optimal zu wachsen und vollständig das zu *werden*, was man potenziell ist, und sich von der Vernunft oder Erfahrung zum Verständnis jener Normen führen zu lassen, die zum Wohl-Sein beitragen, geht man mit Thomas von Aquin davon aus, dass die Vernunft zur Natur des Menschen gehört und uns zu einem solchen Verstehen befähigt.

Ein ganz bedeutender Versuch, das Ziel und den Sinn des Lebens auszudrücken, findet sich in den Traditionen des Fernen und Nahen Ostens, einschließlich Europas: die Vorstellung von der *Großen Befreiung* als Befreiung von der Herrschaft der Gier (in all ihren Ausdrucksweisen) und als Befreiung von den Fesseln der Illusionen. Dieser zweifache Begriff von Befreiung findet sich in den indischen Veden, im Buddhismus und im chinesischen und japanischen Zen-Buddhismus. Wir finden ihn auch – mythologischer ausgedrückt – in der Vorstellung von Gott als dem obersten König im Judentum und Christentum. Seine krönende Entfaltung findet dieses Verständnis von Befreiung in der christlichen und islamischen Mystik, bei Spinoza und bei Marx. In all diesen Lehren ist die innere Befreiung, die Freiheit von den Fesseln von Gier und Illusionen, untrennbar verbunden mit der optimalen Entwicklung der Vernunft. Mit Vernunft *(reason)* meine ich das Denken, das die Welt erkennen will, wie sie ist, im Gegensatz zur instrumentellen Vernunft, mit der wir Bedürfnisse befriedigen.

Der Zusammenhang zwischen Freisein von Gier und Primat der Vernunft ist ein wesensnotwendiger. Wir können nur vernünftig sein, wenn wir nicht von Gier überflutet werden. Wer Gefangener seiner irrationalen Leidenschaften ist, verliert die Fähigkeit zu Objektivität und ist gezwungenermaßen seinen Leidenschaften ausgeliefert. Er glaubt zwar, die Wahrheit auszusagen, doch in Wirklichkeit unterliegt er seinen Rationalisierungen.

Die beiden Aspekte von Befreiung als Ziel des Lebens gingen in der industriellen Gesellschaft verloren oder wurden vielmehr verzerrt. Befreiung bedeutete ausschließlich die Befreiung von äußeren Mächten: für die Mittelschicht vom Feudalismus, für die Arbeiterklasse vom Kapitalismus, für die Völker in Afrika und Asien vom Imperialismus. So war die einzige Art von Befreiung, welche betont wurde, die Befreiung von äußeren Kräften; es war im Grunde eine *politische Befreiung.* Ich beziehe mich hier vorrangig auf die landläufigen Auffassungen. Wenn wir dagegen an die Philosophie der Aufklärung mit ihrem Motto *sapere aude* [wage zu wissen] denken und an das Bemühen der Philosophen um innere Freiheit, wird deutlich, dass Freiheit nicht nur als politische Freiheit verstanden wird.

Tatsächlich ist die Befreiung von äußerer Herrschaft notwendig, weil sie – mit seltenen Ausnahmen – den inneren Menschen zum Krüppel macht. Aber die einseitige Betonung der äußeren Befreiung richtete auch großen Schaden an. Erstens, weil die Befreier oft selbst zu neuen Herrschern wurden und nur von den Freiheitsidealen sprachen; zweitens aber konnte die politische Befreiung die Tatsache verbergen, dass sich neue Unfreiheit in verborgener und anonymer Form entwickelte. Dies trifft auf die westlichen Demokratien zu, wo die politische Befreiung die Tatsache der Abhängigkeit auf vielfältige Weise verschleiert (während in den Ostblockländern die Herrschaftsverhältnisse offensichtlicher sind). Man vergaß dabei vollständig, dass der Mensch zum Sklaven werden kann, ohne in Ketten zu liegen. Diese Tatsache ist die Umkehrung der oft behaupteten religiösen Aussage, der Mensch könne frei sein, selbst wenn er in Ketten liege. Mag diese Behauptung auch in ganz seltenen Fällen zutreffen, so ist sie doch keine Feststellung, die für uns heute von Bedeutung ist.

Für unsere jetzige Situation ist es von eminenter Bedeutung, dass der Mensch auch ohne Ketten ein Sklave sein kann. Die äußeren Ketten werden einfach nach innen verlegt. Die Wünsche und die Gedanken, die ihm von der Gesellschaft suggeriert werden, fesseln ihn stärker als äußere Ketten. Die äußeren Ketten nimmt der Mensch wenigstens wahr, der inneren Fesseln aber wird er sich viel weniger bewusst, so dass er mit der Illusion, frei zu sein, gefangen lebt. Er kann versuchen, die äußeren Ketten abzuwerfen, aber wie kann er sich von den Ketten befreien, derer er nicht einmal gewahr ist? Jeder Versuch, die möglicherweise fatale Krise des industrialisierten Teils der Welt, ja der ganzen menschlichen Rasse zu überwinden, muss dabei ansetzen, die Eigenart nicht nur der äußeren, sondern gerade auch der inneren Ketten verstehen zu lernen. Dieses Verstehen muss ausgehen von der Befreiung des Menschen im klassisch-humanistischen wie auch im modernen politischen und sozialen Sinn.

Noch redet die Kirche mehr oder weniger nur von innerer Befreiung; die fortschrittlichen politischen Parteien von den Liberalen bis zu den Kommunisten sprechen nur von der äußeren Befreiung. Die Geschichte aber hat klar gezeigt, dass das eine ohne das andere nur zu Ideologien fuhrt und den Menschen abhängig und verkrüppelt zurücklässt. Das einzig realistische Ziel ist die *totale* Befreiung; dies ist das Ziel des *radikalen* (oder *revolutionären*) *Humanismus.*

Nicht nur der Begriff der Befreiung wurde in der industrialisierten Gesellschaft entstellt, sondern auch der der Vernunft. Seit dem Beginn der Renaissance war die Natur das bevorzugte Objekt, welches die Vernunft zu erfassen versuchte. Die Wunder der Technik waren die Früchte einer neuen Wissenschaft. Der Mensch aber hörte dabei auf, Gegenstand des Interesses zu sein, sieht man einmal von den entfremdeten Formen in der Psychologie, Anthropologie und Soziologie der jüngeren Zeit ab. Der Mensch wurde mehr und mehr zu einem reinen Werkzeug für ökonomische Zwecke. In den knapp 300 Jahren seit Spinoza war Freud der Erste, der den »inneren Menschen« wieder zum wissenschaftlichen Gegenstand erhob, auch wenn er hierbei durch den engen Rahmen des bürgerlichen Materialismus behindert war.

Meiner Meinung nach kommt heute alles darauf an, dass

wir die klassische Auffassung von innerer *und* äußerer Befreiung wieder entdecken und das zweifache Verständnis von Vernunft, das sowohl auf die Natur (in den Wissenschaften) wie auf den Menschen selbst (als Gewahrwerden seiner selbst) Anwendung findet. (...)

Eigentlich könnte ich dieses Kapitel hier bereits beenden und sagen: Lies die Werke der Meister des Lebens, versuche, die wahre Bedeutung ihrer Worte zu verstehen, bilde dir deine eigene Überzeugung über das, was du mit deinem Leben anfangen willst, überwinde die naive Idee, dass du keinen Meister, keinen Führer, kein Modell brauchst und dass du während deines kurzen Lebens herausfinden könntest, was die Großen der Menschheit in vielen tausend Jahren entdeckt haben (wobei jeder von ihnen auf dem aufbauen konnte, was die Vorgänger hinterlassen hatten)! Einer der größten Meister des Lebens, Meister Eckhart, hat gesagt: »Wie kann einer überhaupt leben, ohne in der Kunst des Lebens und des Sterbens unterrichtet worden zu sein?«

Janwillem van de Wetering
Nur ein Spiel

Du bist acht Jahre alt. Es ist Sonntagabend. Du darfst eine Stunde länger aufbleiben.

Die Familie spielt Monopoly. Man hat dir erlaubt, mitzuspielen.

Du verlierst. Du verlierst immer mehr. Dein Magen krampft sich vor Angst zusammen. Du bist fast deinen ganzen Besitz los. Der Geldhaufen vor dir ist auf ein Nichts zusammengeschmolzen. Deine Brüder schnappen sich alle Häuser von deinen Straßen. Die letzte Straße wird verkauft. Du musst aufgeben. Du hast verloren. Der Schweiß steht auf deiner Stirn.

Und plötzlich weißt du, dass es nur ein Spiel ist. Du springst vor Freude auf und wirfst die große Lampe um. Sie fällt auf den Boden und reißt eine Teekanne mit sich. Die anderen sind böse auf dich, aber du lachst, als du die Treppe hinaufgehst. Du weißt, dass du nichts bist, und du weißt, dass du nichts hast. Und du weißt, dass Nichtssein und Nichtshaben dir eine unermessliche Freiheit geben.

Später verschwindet das Gefühl, aber du erinnerst dich, dass du es gehabt hast. Du weißt, dass du einmal, als du acht Jahre alt warst, Freiheit kennen gelernt hast.

Geshe Michael Roach
»Stell dir vor …«

Ich trat meine nächste Reise zum Garten an, sobald ich es einrichten konnte. Es war bereits im folgenden Frühjahr. In der Wüste ist dies eine Zeit, in der die Natur sich im Fluss befindet – nicht wie in Ländern mit großen Bäumen und viel Grün, wo die Frühlingslüfte die Zweige wecken, die dann Knospen zu treiben beginnen; in der Wüste herrscht zu dieser Jahreszeit tagsüber eine angenehme Mischung aus Wärme und Frische, die nachts zu einer fast frostigen Kühle wird, in der aber noch die Wärme des Tages nachklingt, und die sanften Pastelltöne nehmen allmählich, Grad um Grad, an Intensität zu.

Als ich diesmal durch das Tor des Gartens trat, bewegte mich etwas dazu, mich nicht wie gewohnt auf die Bank zu setzen, sondern auf den geliebten Rasen, der durch das zarte junge Frühlingsgras jetzt noch weicher als sonst war. Ich setzte mich hin, zog die Knie an, legte das Kinn darauf und betrachtete erst eine Weile das kristallene Wasser, das sich über den Rand des Brunnens ergoss, und schloss zuletzt die Augen und träumte – es war tatsächlich eher ein Traum als ein aktiver Wunsch –, dass Sie jetzt endlich kommen möge.

Kein Laut war zu hören, aber mit der Zeit spürte ich etwas Eigenartiges, eine strahlende Wärme an meiner Seite, und roch dann einen köstlichen Duft, den ich kaum beschreiben kann, etwas wie Gardenie oder Flieder, mit Honig vermischt. Von den Dingen, die ich, seit ich erwachsen war, an diesem Ort erlebt hatte, kam es Ihr am nächsten, und mit einem stummen Gebet neigte ich den Kopf, legte die rechte Wange auf das Knie und öffnete langsam die Augen.

Obwohl ich ein solches Wesen noch nie gesehen hatte – oder falls doch, ich mir dessen nicht bewusst war –, wusste ich sofort, dass dies Maitreya war, der Erleuchtete, der, wie es heißt, als Nächster auf diesem Planeten wandeln wird. Ich erkannte ihn von den alten Rollbildern her wieder, die ihm allerdings trotz ihrer großen Schönheit nicht annähernd gerecht wurden. Ich könnte mir vorstellen, dass die Maler im Laufe der letzten sechzehnhundert Jahre, seit er zum letzten Mal einem Menschen leibhaftig begegnet war, schier verzweifelt sein müssen beim Versuch, seine Herrlichkeit getreu wiederzugeben. (...)

»Mehr als alles andere möchte ich, dass du findest, was du suchst; nichts würde mich glücklicher machen«, sagte er mit einem Ton vollkommener Aufrichtigkeit. (...) »In der Welt, in der du jetzt lebst, in der Art Leben, die du jetzt gezwungen bist zu führen, ist nichts von Bestand. Ist dir das noch nicht aufgefallen? Du kannst dich auf nichts verlassen, nichts bleibt so, wie es war. Die Kräfte, die deine Welt bestimmen, die Kräfte, die dich und deine Welt hervorgebracht haben und die den Ablauf der Zeit und aller Ereignisse in deinem Leben festlegen, sind von einer unsteten Beschaffenheit, von einem gewissen Schwanken gekennzeichnet, und dies macht es unmöglich, dass ein beliebiges Ding deiner Welt für dich längere Zeit das bleibt, was es war.

Und am meisten schmerzt es mich«, sagte er mit einem leisen Seufzer, »wenn ihr Menschen endlich jemanden gefunden habt, den ihr auf eure Weise lieben könnt und der euch seinerseits liebt. Und dann schlägt etwas um, und die Kräfte verschieben sich, und ohne es zu wollen – ihr könnt wirklich nichts dafür –, angetrieben von Kräften, die unabhängig von euch wirken, verändert ihr euch beide, und aus der Liebe wird Mögen, und das Mögen verkümmert zu Gleichgültigkeit, und die Gleichgültigkeit verkehrt sich in Abneigung, und die Abneigung steigert sich schließlich zu Hass, und so geschieht es in eurer Welt, kraft der Natur eurer Welt, immer wieder, dass ihr zuletzt das Ding hasst, das ihr anfangs geliebt habt, und die Menschen, die euch am nächsten stehen, am Ende gerade diejenigen sind, für die ihr nichts empfindet.«

Die Wahrheit seiner Worte, die durch mein ganzes Leben bestätigt wurde, löste einen tiefen Schmerz aus mir heraus, und der Schmerz strahlte von mir fort, ihm entgegen – wo ihm auf halbem Wege dieses goldene Licht begegnete, und es war ein Gefühl, als umarmte eine Mutter ein Kind, das sich wehgetan hat, und tröstete es durch ihr bloßes Da-Sein.

Er hielt inne, als widerstrebte es ihm, fortzufahren, aber ich nickte stumm, bat ihn wortlos weiterzusprechen, als wüssten wir beide, dass ich alles wissen musste, um endlich frei sein zu können – ja um überhaupt nur den Wunsch verspüren zu können, frei zu sein.

Er blickte mir direkt ins Gesicht, wie um mir mit diesen liebevollen Augen Kraft zu geben. »Und es gibt noch ein weiteres Leiden, das euch Menschen verfolgt, das Grausamste von allen, und ich erzähle dir davon nur, weil ich dich liebe. In eurem gegenwärtigen Zustand seid ihr alle absolut und vollkommen unfähig, Zufriedenheit zu empfinden. Eure Begehrlichkeit ist unendlich. Wie eine gewaltige Geißel treibt sie euch an, peitscht euch erbarmungslos vor sich her, treibt euch dazu, euch mehr und mehr anzueignen, mehr und mehr zu wollen, immer mehr als ihr gerade habt. Ihr ringt hoffnungslos wie kleine Insekten darum, der Welt und euren Mit-Insekten irgendeine kleine, bedeutungslose Freude abzutrotzen, und kaum habt ihr sie errungen, zwingt euch eure Unzufriedenheit, aufzuspringen und wieder loszustürzen und einer zweiten, ebenso bedeutungslosen Freude nachzujagen, die euch, sollte sie euch durch irgendeinen dummen Zufall tatsächlich zuteil werden, ebenso wenig befriedigen kann, so dass die Jagd aufs Neue losgeht …« Er hielt inne, als bereitete es ihm Schmerzen, sich vorstellen zu müssen, wie unser Geist funktionierte.

»Stell dir vor«, sagte er dann und starrte jetzt durch mich hindurch, auf irgendeinen Punkt im Raum hinter mir, »stell dir vor, was für ein Gefühl es ist, dazusitzen und mit einem Geist, der alles weiß, eine unendliche Kette von Sternen und Planeten zu betrachten und auf einer unendlichen Anzahl dieser Planeten Lebewesen zu sehen. Stell dir weiter vor, diese unendlichen Zahlen von Wesen jeden Morgen, wenn ihr jeweiliger Planet sich im täglichen Rhythmus seinem nächstgelegenen Stern zuwendet, aufwachen und dann durch die wenigen kostbaren Stunden ihres Lebens hetzen zu sehen, von ihrer Unzufriedenheit unbarmherzig dazu getrieben, nach sinnlosen Freuden zu haschen, die immer schwerer und schwerer zu erlangen sind und, einmal erlangt, einfach nicht aufrechtzuerhalten sind. Stell dir vor, dann zusehen zu müssen, wie diese armen Kreaturen, am Ende ihrer körperlichen und geistigen Kräfte, zusammenbrechen und an diesen vergeblichen Anstrengungen sterben – und das alles nur, weil sie sich nicht mit dem zufrieden geben können, was sie schon haben und was in den allermeisten Fällen alles ist, was sie bräuchten, um wahres Glück zu erlangen, so wie ich es erlangt habe.«

Und Maitreya verstummte und schwieg diesmal lange Zeit, ein Schweigen, das die pure Grausamkeit war – die vollkommen unbeabsichtigte Grausamkeit eines Wesens, das zu nichts als reiner Liebe fähig war –, denn ich konnte nicht umhin zu erkennen, dass er mit diesen Worten mein Leben geschildert hatte und das Leben aller Menschen um mich herum. (...)

Wir schwiegen wieder kurz, aber ich spürte, dass er mit der Schilderung meiner Existenz noch nicht fertig war. Er änderte wieder seine Haltung, wieder mit dieser sinnlich geschmeidigen Bewegung, legte sich auf den Rücken und starrte in den Sternenhimmel, sichtlich erfüllt von einer vollkommenen Seligkeit, die mich an Sie erinnerte.

»Solche Sterne, solche hohen Sterne! Weißt du, vielleicht würde es dich ein wenig glucklich machen, zu erfahren, dass du, während ich dich im Laufe des Werdens und Vergehens ganzer Galaxien beobachtet habe, unglaubliche Höhen erreicht hast. Ich habe gesehen, wie du von den Bewohnern eines ganzen Planeten zu ihrem unumschränkten Herrscher erhoben wurdest; ich habe gesehen, wie du als erster und einziger Mensch den höchsten Berg deines Planeten bestiegst; ich habe dich als die bei weitem schönste Frau, den reichsten Kaufmann, das bewunderteste, berühmteste, begabteste, intelligenteste und gefeiertste Wesen deines ganzen jeweiligen Planeten gesehen.

Doch jedes Mal – und du kennst dies aus deinem eigenen, jetzigen Leben – hast du irgendwann nachgelassen: Die Dinge haben sich geändert, du bist ein bisschen weniger schön geworden oder ein bisschen weniger schnell oder ein bisschen weniger stark, und dann war jemand anders da, und die Zeit hat dich unerbittlich hinuntergezogen, bis du wieder ganz unten warst, tiefer unten als zu Beginn, schlimmer dran als am Anfang, nicht nur ein Nichts, sondern ein vergessenes und vernachlässigtes Nichts. Es gibt keinen Ruhm, kein Glück, keinen Wohlstand, kein Behagen, keine Gemeinschaft mit Freunden oder Angehörigen – nichts, was nicht mit der Zeit zum niedersten Stadium des Verfalls herabsänke und schließlich zu Staub zerfiele. Glaube mir, denn ich habe es gesehen, und du weißt, dass es wahr ist, denn ich liebe dich.

Und das alles wäre erträglicher«, sagte er in einem abschließenden Ton, »wenn wir unseren Weg gemeinsam gehen könnten; wenn wir unser Leiden erkennen und uns zusammenschließen würden, alle Lebendigen, zu einer einzigen Schar, um unsere Schmerzen vereint auf uns zu nehmen, einander zu lieben und zu unterstützen. Doch auch dies lassen die Kräfte, die unser Dasein bestimmen, nicht zu. Diese Kräfte stoßen uns durch die Zeit, treiben uns vor sich her durch ein kurzes, besinnungsloses Leben und gestatten uns nur allerkürzeste Pausen, um mit anderen zusammen zu sein. Wir ziehen durchs Leben, wir verbinden uns mit Freunden oder Geliebten oder Ehepartnern oder Angehörigen, finden ineinander Trost und Gesellschaft und Unterstützung, und dann reißen uns diese Kräfte unweigerlich wieder auseinander. Es gibt niemanden hier in deiner Welt, mit dem du für immer zusammenbleiben könntest, niemanden, der mehr als nur einige wenige Schritte des Weges mit dir gehen könnte – und dann wirst du unerbittlich in eine Zukunft vollkommenen Alleinseins geworfen. Du bist immer allein. Du wirst allein geboren, du wanderst allein durch diese Welt, und dann stirbst du, immer allein.« Er seufzte, schloss die Augen und legte sich rücklings ins Gras, für sich in vollkommenem Frieden, wegen meines Lebens und meiner Welt von abgrundtiefem Leid gequält.

Stunden schienen zu vergehen, während wir da im Gras lagen und ich versuchte, seine Worte zu begreifen – so schwierig es auch war: die traurigste aller möglichen Welten, vom glücklichsten aller Wesen beschrieben. Dann begann ein sanftes Licht den Raum, in dem wir lagen, zu erfüllen, bis die ganze Fläche unter den Ästen des Johannisbrotbaums in einen weichen goldenen Schimmer getaucht war. Ich erinnere mich, dass ich dachte, die Dämmerung breche an, und dass ich eigentlich sehr müde sein müsste, es aber gar nicht war, bis ich erkannte, dass es Maitreya war, der so leuchtete, eine fast weiß glühende Helligkeit verbreitete und den Pflanzen und Bäumen ein neues Sonnenlicht spendete.

Langsam, genüsslich öffneten sich seine Augen, aber nur halb, wodurch sie mich an Sie erinnerten, die sich stets in einem geheimnisvollen Zustand der Freude befunden zu haben schien, der über meinen Verstand ging. Er lächelte ein strahlendes Lächeln und flüsterte: »Die Frage, die du gerade stellen wolltest – bitte.«

Es kam mir ein wenig absonderlich vor, mit einem Wesen, das alles wusste, was ich je gesagt hatte oder jemals sagen würde, sprechen zu wollen, aber die Frage – die wichtigste Frage überhaupt – drängte übermächtig aus mir heraus: »Aber was ist die Ursache all dieser Dinge? Was sind die Kräfte, von denen du dauernd sprichst? Warum müssen wir so leiden? Was treibt uns zum Leiden? Muss es immer so sein?«, fragte ich drängend.

Da streckte er die Arme aus und setzte sich mit gekreuzten Beinen auf, mir direkt gegenüber. Er nahm meine Hand, legte sie in seinen Schoß und begann wie selbstverständlich, sie zu streicheln. Ich verspürte eine leichte Befangenheit und versuchte, meinen Arm unauffällig zurückzuziehen, aber seine Hände waren stark. Ich wunderte mich selbst ein wenig über meinen Widerstand, und ich dachte, dass ich nicht einmal genügend lieben konnte, um mich von der vollkommenen Liebe lieben zu lassen. Er streichelte meine Hand.

»Stell dir vor«, sagte er, und das Licht schien um einen weiteren Grad heller zu werden und tauchte mein ganzes Gesicht und meine Brust in warmes Gold, »stell dir vor, wie es wäre, wenn du jedes Mal von vollkommener Seligkeit erfüllt würdest, wenn jemand in deiner Umgebung etwas bekommt, was er sich gewünscht hat. Stell dir vor, wie es wäre, ganz genauso glücklich zu sein wie er, wenn er ein Wort des Lobes erhält oder ein kostbares, lange ersehntes Gut empfängt oder einen neuen lieben Freund oder Gefährten findet. Und stell dir vor, du könntest sogar dann so empfinden, wenn du eigentlich gehofft hattest, selbst dieses Gut oder diesen Freund zu bekommen. Stell dir vor, du könntest so restlos und vollkommen an der Freude anderer teilhaben, dass du sie nicht mehr von deiner eigenen unterscheiden kannst. Was ich meine, ist –

stell dir vor, wie es wäre, für den Rest deines Lebens frei zu sein vom Gefühl des ...« Er hielt inne, als suchte er nach einem Wort, das ihm entfallen war, weil er seit Jahrhunderten nicht einmal mehr daran gedacht hatte. »... des *Neids.*«

Und damit löste er eine seiner Hände von meiner und streckte sie aus und zog mit einem Finger sanft eine senkrechte Linie über meine Stirn, die am Haaransatz anfing und unmittelbar über dem Punkt zwischen meinen Augenbrauen endete. Bei dieser sanften Berührung wallte in mir ein Gefühl übermächtiger Erleichterung auf, ich spürte eine große Befreiung von einer großen Sorge, und die Haut meiner Stirn entspannte sich auf eine Weise, wie sie es nicht mehr getan hatte, seit der Neid, dessen Opfer ich seit meiner Kindheit gewesen war, dort erstmals seine Furche eingegraben hatte. In dem Moment konnte ich mir wahrhaftig vorstellen, den Rest meiner Tage ohne Neid zu verbringen, und es kam mir in den Sinn, wie viel Zeit ich dadurch sparen würde, wie viel von meinem begrenzten geistigen Raum dadurch für andere, glücklichere Gedanken frei werden würde. Ich fühlte mich so, als hätte mich jemand aus einem engen Verschlag befreit und in einen großen goldenen Saal eingelassen, der dem anmutigsten, schlichtesten und freudigsten Tanz vorbehalten war.

»Und jetzt stell dir vor«, mittlerweile war sein Antlitz ein einziges strahlendes, schönes Lächeln, »du hättest ein vollkommenes Verständnis der allergrundlegendsten Kräfte der Wirklichkeit und wüsstest daher genau, wie du die Dinge, die du dir wünschst – was auch immer es sein mag –, herbeiführen kannst, so dass du dich nie wieder blindlings abzumühen, nie wieder nach Dingen zu jagen und zu haschen bräuchtest, sondern einfach gelassen und zufrieden auf die sicheren Resultate deiner Güte warten könntest. Was ich zu sagen versuche – und es bereitet mir gewisse Schwierigkeiten, es so auszudrücken, dass du es verstehst –, ist dies: Was, wenn du vollkommen frei von dieser Emotion wärst, die euch Geschöpfen so sehr zu schaffen macht, der Emotion, die euch so unglücklich und unerfüllt macht ... Was, wenn du nicht länger«, hier hielt er wieder inne, um die richtigen Worte zu suchen, »*Dinge wolltest?*«

Diese Vorstellung war für mich unendlich schwieriger zu fassen, aber ich wusste dennoch augenblicklich (vielleicht mehr durch die Liebkosung seiner Hand als durch seine Worte) genau, was er meinte. Er redete nicht vom Wollen oder Wünschen schlechthin – ich spürte zum Beispiel, dass er durchaus wünschte, dass ich ihn verstand, und dass er durchaus wünschte, dass ich glücklich würde –, er sprach vielmehr von der Art von Wollen, die mir Tag für Tag, Minute für Minute das Leben vergällte, die mein Herz rastlos machte, mir jeglichen Seelenfrieden raubte, mich gewaltsam daran hinderte, gerade die Befriedigung und Freude zu empfinden, deren Herbeiführung das Wollen zu bezwecken meinte. Da erhielt ich eine kurze Kostprobe des Gefühls, von dem er sprach, und ich gelangte vom goldenen Tanzsaal in einen blassblauen Himmel: Mein Geist war ebenso frei und grenzenlos wie dieser Himmel, und als ich an das noch vor mir liegende Leben dachte, da schien es mir, als müsste es ein einziges stilles und gewisses Glück sein. Ich spürte seine Hand kaum. Sie lag flach auf meiner Stirn, wie die Hand einer Mutter, die einem fiebernden Kind ein kühlendes, feuchtes, linderndes Tuch an die Wange drückt.

»Und das Gegenteil«, sagte er dann, und seine Stimme klang jetzt wie alle Vögel des Gartens, da mit dem Ende der Nacht die Sonne nahte, »stell dir jetzt dich selbst vor, und sieh etwas Unerfreuliches dir widerfahren oder jemand, der unangenehm ist, dir begegnen: Stell dir solch ein Ereignis, stell dir solch einen Menschen vor. Etwas läuft nicht so wie geplant. Jemand sagt etwas Verletzendes zu dir. Und jetzt stell dir vor, dass du vollkommen gleichmütig reagierst; dir sind die letztendlichen Ursachen dieser Ereignisse vollkommen klar, du weißt, was sie hervorbringt, du weißt, wie sie enden werden, und für den Augenblick beobachtest du sie bloß – traurig vielleicht, aber ohne dieses Gefühl der ... *Abneigung.*«

Wieder wurde mir die ungeheure Kluft vor Augen geführt, die die Denkweise dieses goldenen Wesens von der Art und Weise trennte, wie ich nur zu denken imstande war. Ich versuchte mir vorzustellen, wie ich wäre, wenn ich absolut nichts und niemandem mit Abneigung begegnete. Und wieder begriff ich instinktiv die genauere Bedeutung seiner Worte, erkannte, dass er auf seine erleuchtete Art durchaus Abneigung gegen die Tatsache verspürte, dass ich und alle übrigen Wesen meiner Welt litten, wusste aber, dass seine Abneigung eher eine Form von Mitgefühl war, dass seine Sorge um uns sich in seinem Herzen nur süß und gesund anfühlen konnte und dass er unfähig war, die Verwirrung und den Widerwillen zu empfinden, der uns erfüllte, wenn wir Abneigung gegenüber einem unangenehmen Menschen oder einer unerwünschten Situation empfanden.

Mir war klar, dass er nicht sagte: »Stell dir vor, wie es wäre, keinen Schmerz zu empfinden« oder: »Stell dir vor, wie es wäre, wenn es dir gleichgültig wäre, dass du Schmerz empfindest.« Er sagte vielmehr: »Stell dir vor, wie es wäre, wenn du – wenn Schmerz dich heimsuchte – mit aller Klarheit die in der Natur der Wirklichkeit begründeten Ursachen für diesen Schmerz erkennen und in einem tiefen, unerschütterlichen Zustand des Seelenfriedens verharren würdest, während du dich freudig daranmachen würdest, dem jeweiligen Schmerz ein für alle Mal ein Ende zu bereiten.«

Und tatsächlich schenkte dieser Gedanke meinem Geist eine noch tiefere, noch weiter gehende Freiheit, als könnte er nun gar das Himmelsblau verlassen und sich zu den Sternen des Himmels aufschwingen. Man stelle sich nur vor: ein ganzes Leben vor mir, völlig frei von diesen Gedanken und Empfindungen, die meinen Geist zu einem derart unerfreulichen Ort machten – und jetzt so viel freier Raum, so viel freie Zeit für den Geist, zu lieben, zu erschaffen und anderen zu geben. Selbstvergessen starrte ich zur Krone des Johannisbrotbaums empor, hingerissen, ekstatisch, sogar Maitreyas Gegenwart vergessend.

»Warte ein Momentchen«, lachte er sanft, entzückt über mein Entzücken, »es kommt noch besser.« Und ich richtete Blick und Herz wieder auf ihn.

»Stell dir jetzt«, sagte er lächelnd, »gemeinsam mit mir eine Welt vor, in der du einfach ein Kind bist, ein unschuldiges, lachendes, erwartungsvolles, glückliches Kind. Du läufst offen und empfänglich durchs Leben, glücklich, von jedem Wesen in deiner Umgebung zu lernen. Jedes Mal, wenn du jemandem begegnest, entdeckst du etwas, was du von ihm lernen kannst, irgendeine süße und wertvolle Lehre – du beherrschst die Kunst, aufmerksam zuzuhören, als lauschtest du auf die Stimme eines einzelnen Singvogels in der Wüste, und unfehlbar wird dir ein Diamant oder Rubin der Erkenntnis zuteil, der dein schon überfließendes Herz noch weiter füllt. Jeder ist dein geliebter Lehrmeister, jeder beschenkt dich mit dem einen oder anderen Lebens-Juwel. Wieder fällt es mir schwer, dies in Worte zu fassen, die du verstehen kannst, aber was ich meine ist … stell dir dich selbst vor, deinen Geist, als für den Rest deines Lebens restlos frei vom Gefühl des – wie nennt ihr das noch mal?« Er sah mich verschmitzt an, als müsste ich jetzt das Wort erraten, aber dessen Gegenteil, so wie er es beschrieben hatte, war mir so fremd, dass ich einfach nicht darauf kam, und so sprach er es zuletzt doch selbst aus: »… *Stolzes*!«

Wenn ich mir gegenüber ehrlich war, konnte ich kaum hoffen, diesen teuren ständigen Begleiter hinter mir zu lassen, wohl aber schaffte ich es, den Begriff der kindlichen Offenheit zu fassen, und dieser Gedanke fühlte sich an wie ein verborgenes kostbares Geschenk, das ich eines Tages vielleicht irgendwo entlang meinem Lebensweg aus eigener Kraft entdecken könnte. Maitreya war ansteckend. Ich war … nun ja, glücklich.

»Schließ jetzt die Augen«, fuhr er fort, und ich spürte auf Gesicht und Augenlidern die leichte Berührung seiner warmen Fingerkuppen, »und stell dir vor, du seiest zum vollkommenen Verständnis der innersten Gesetze des Daseins gelangt: Nichts ist dir mehr ein Rätsel, du kennst die wahren Ursachen jedes einzelnen Ereignisses, du weißt um die tiefen, verborgenen Beziehungen zwischen allen existierenden Dingen. Du weißt, was die Menschen, so lange es schon Welten gibt, zu wissen erstrebt haben, du weißt, warum jedes einzelne Ereignis sich ereignet, du weißt, warum jeder Gedanke gedacht wird, du weißt, warum jeder Schmerz empfunden wird. Und du kennst die vollkommene Lösung für jedes Leiden – oder besser gesagt: Du hast ein vollkommenes Verständnis der Grundgesetze, die wahrhaft alle Sphären und Welten bewegen, und kein Ereignis ist dir unerklärlich, kein Problem für dich ohne eine Lösung.

Kurz gesagt: Du weißt genau, wie du handeln musst, um das alltägliche *und* das höchste Glück zu verwirklichen, für dich selbst ebenso wie für die Menschen in deiner Umgebung.

Dein Geist ist völlig frei von der Verfassung ... wie sollen wir sie nennen? Sie ist das große Unvermögen alles Lebendigen, das Leben an sich zu verstehen, sie ist der Geisteszustand, der denkt, man müsse nehmen und nicht geben, um zu empfangen. Sie ist der Geisteszustand, der denkt, man müsse die eigenen Bedürfnisse befriedigen und nicht diejenigen der anderen, um wahrhaft glücklich zu werden. Sie ist dieses vollkommene Verkennen der Natur der Wirklichkeit, das die Menschen dazu treibt, ihr ganzes Leben lang eben das Glück systematisch und restlos zu zerstören, dessen Erlangung sie ihr Leben geweiht haben. Es ist, mit einem Wort ...«, und dann stieß er es hervor, als speie er darauf, »... die *Unwissenheit,* das Nichtwissen darum, wie die Wirklichkeit wirklich funktioniert.«

Da ich schwerlich wusste, wie die Wirklichkeit wirklich funktionierte, und einräumen musste, dass die Wissenschaft zur Erklärung dieser Wirklichkeit in meiner Welt noch sehr unterentwickelt war, konnte ich nur raten, wovon Maitreya sprach. Denn es würde mir wohl jeder Mensch bestätigen, dass wir alle auf der Suche nach dem Geheimnis des Glücks waren, dass aber unser derzeitiger Wissensstand uns nichts anderes als Krieg, Hass und Elend bescherte. Doch wieder hatte ich das Gefühl, dass mir die Berührung seiner Fingerspitzen ein gewisses Verständnis schenkte: die Ahnung, dass tatsächlich gewisse Gesetze der Wirklichkeit existieren könnten, die sich – sofern wir sie irgendwann vollständig begriffen – dazu benutzen ließen, uns von allem Leiden zu befreien. Blitzartig erfüllte mich diese Erkenntnis gleichzeitig mit großer Zuversicht und großer Verwunderung, und ein übermächtiges Verlangen erfasste mich, wenn irgend möglich mehr von diesen Gesetzen zu erfahren. (...)

»Es ist gut, mein Lieber, es ist gut, denn heute Nacht ist dir aufgegangen, was wahre Freiheit ist; nämlich, wie du selbst sagst, das Freisein von diesen Giften des Geistes, die Freiheit, in dir die vollkommene, niemals endende Gelassenheit zu finden und in ihr zu wohnen immerdar. Aber diese Gifte als das, was sie sind, zu erkennen, zu begreifen, dass diese Gedanken – die wir paradoxerweise in unserem Herzen wie wahre

Schätze hegen und pflegen – in Wahrheit die Ursache all unseres Leidens sind, ist noch nicht genug.

Morgen wirst du, schon eher als du glaubst, entdecken, dass du diese negativen Empfindungen nicht einfach dadurch ausreißen kannst, indem du den Entschluss dazu fasst, ja nicht einmal durch ein gewisses Maß an ehrlichen Bemühungen. Ehe du dich versiehst, wirst du wieder aus Unwissenheit Dinge wollen, wirst wieder gegen andere Dinge aus Unwissenheit Abneigung empfinden. Du wirst neidisch sein, du wirst stolz sein, und du wirst viele Aspekte des Weges in Zweifel ziehen – sogar diese Begegnung, mich selbst und deine holde Dame. Oh, du wirst Fortschritte machen, und selbst hier, heute Nacht, hast du bereits Fortschritte gemacht, und ich freue mich darüber, denn ich sehe dich immer näher und näher kommen.

Aber letzten Endes gibt es nur einen Weg, diese Feinde, diese Gedanken, für immer aus deinem Geist zu verbannen.« Ich wusste, dass dieses Lichtwesen, Maitreya, sich anschickte, mir das Geheimnis der Erlangung der Freiheit zu offenbaren, und natürlich war dies der Zweck meines ganzen Daseins. Aber wie es in solchen Augenblicken, an den entscheidendsten Wendepunkten unseres Lebens, meist geschieht, war ich in dem Moment fast völlig abwesend, eingelullt von der großen goldenen Sphäre, die den Garten ebenso wie meine Gedanken umgab, und so hörte ich ihn ganz leise – *dachte,* ich hörte ihn – sagen: »Du musst – bitte, Lieber! – du *musst* dahin kommen, ihn selbst zu erfahren, den heiligen Zustand der Leere!«

Bhagavadgītā
Worte des Erhabenen

Arjuna sprach:
Welche sind die Kennzeichen
eines in Weisheit und Versenkung Gefestigten,
o Keśava?
Was spricht ein in Andacht Gefestigter,
wie sitzt, wie wandelt er?

Der Erhabene sprach:
Wenn er alle im Sinn befindlichen Begierden
aufgibt, o Pṛthā-Sohn,
zufrieden im Selbst und durch das Selbst,
dann wird er in Weisheit gefestigt genannt.
Im Unglück unverstörten Geistes,
im Glück begierdefrei,
frei von Leidenschaft, Furcht und Zorn,
voll fester Andacht – (ein solcher) wird ein Weiser
genannt.
Wer allenthalben unberührt (bleibt),
wenn er auf dies und jenes trifft, auf Schönes und
Unschönes,
nicht begehrt und nicht hasst,
dessen Weisheit ist fest gegründet.
Und wenn er, wie die Schildkröte
die Glieder, allseits
die Sinne abzieht von den Sinnesobjekten,
dessen Weisheit ist fest gegründet.
Die Sinnesobjekte wenden sich ab
von einer enthaltsamen Seele
mit Ausnahme der Neigung (für sie).
Doch auch die Neigung verschwindet, wenn man das
Höchste geschaut hat.

Denn auch einem strebsamen,
verständigen Menschen, o Kuntī-Sohn,
rauben die aufregenden Sinne
gewaltsam den Verstand.
Diese alle zügelnd sitze er
gesammelten Geistes mir zugewandt.
Bei dem, der die Sinne in seiner Gewalt hat,
ist ja der Verstand fest gegründet.
Der an Sinnesobjekte denkende Mann
entwickelt die Neigung zu solchen.
Aus der Neigung entsteht Verlangen;
aus dem Verlangen geht der Zorn hervor.
Aus dem Zorn entsteht Verblendung,
aus der Verblendung die Gedächtnisverwirrung,
aus der Gedächtnisverwirrung Schwund des Verstandes.
Am Verstandesschwund geht er zugrunde.
Aber wer sich von Leidenschaft und Hass freigemacht hat
und beherrschten Sinnes wandelt,
selbstbeherrscht, dem das Selbst gehorcht,
gelangt zur Ruhe des Gemüts.
In der Ruhe des Gemüts
erfolgt das Weichen aller Übel;
des im Gemüt Ruhigen Verstand
festigt sich ja schnell.
Für einen, der nicht gesammelten Geistes ist,
gibt es nicht Weisheit noch Vorstellungskraft.
Für den Gedankenlosen gibt es keinen Frieden;
woher (soll ihm) das Glück (kommen)?
Denn richtet sich der Geist
auf die umherschweifenden Sinne,
reißen diese ihm seine Einsicht weg
wie der Wind das Schiff im Meer.
Wer daher, o Großarmiger,
allseits abzieht
die Sinne von den Sinnesobjekten,
dessen Verstand ist fest gegründet.
Wenn es für alle Wesen Nacht ist,
da wacht der sich Zügelnde.

Wenn die Wesen wachen,
  ist es Nacht für den seherischen Weisen.
Wer wie das Meer, in das die Wasser strömen,
  das sich füllt (und dennoch) ruhig festbleibt –
in wen so die Wünsche alle eintreten,
  der erlangt Frieden, nicht, wer Begierden frönt.
Der Mann, der alle Wünsche fahren ließ,
  wandelt wunschlos.
Frei von Eigennutz und Selbstsucht,
  gelangt er zum Frieden.
Das ist der Brahman-Zustand, o Pṛthā-Sohn!
  Wer ihn erreicht hat, wird nicht (mehr) betört.
Wer auch in der Todesstunde dabei ausharrt,
  erlangt Seligkeit im Brahman. (...)

Von denen ist schon hier die Schöpfung gewonnen,
  deren Geist auf Gleichmut beruht.
Ohne Fehl und gleichmütig ist ja das Brahman.
  Darum sind sie auf das Brahman gegründet.
Er freue sich nicht, wenn er Liebes erlangt;
  er erschrecke nicht, wenn er Unliebes erlangt,
wenn er starken Geistes, unverstört,
  das Brahman kennend, auf das Brahman gegründet ist.
Mit dem Selbst an keinem Kontakt mit der Außenwelt
  hängend,
  findet er in sich selbst das Glück.
Wer mit dem Selbst um die Vereinigung mit dem
  Brahman bemüht ist,
  erlangt unvergängliches Glück.
Denn die aus dem Kontakt mit der Außenwelt
  herrührenden Genüsse
  sind ja gerade die Quellen des Unglücks.
Sie haben Anfang und Ende, o Kuntī-Sohn!
  Nicht freut sich an ihnen der Weise.
Wer hier, bevor er sich vom Körper löst,
  bezwingen kann
das aus Gier und Zorn entstandene Ungestüm,
  der ist (mit dem Brahman) vereint, der ist ein
  glücklicher Mann.

Wer innerlich glücklich, innerlich freudig
und innerlich erleuchtet ist,
der Fromme erlangt Brahmawesen
und das Aufgehen im Brahman.
Es erlangen das Aufgehen im Brahman die Weisen,
deren Sünden geschwunden sind,
deren Streit beseitigt ist, die ihr Selbst zügeln
und am Heil aller Wesen sich freuen.
Für die von Begierde und Zorn befreiten Asketen,
die gezügelten Geistes sind,
die das Selbst kennen,
ist das Aufgehen im Brahman nahe.
Wer die Berührungen der Außenwelt abgeschüttelt hat,
den Blick zwischen die Augenbrauen richtet,
das Ein- und Ausatmen gleich regelt,
die beide durch das Naseninnere gehen –
Sinne, Geist und Verstand zügelt,
als Weiser die Erlösung als Höchstes ansieht,
befreit von Wünschen, Furcht und Zorn ist –,
er ist für immer erlöst.
Als Empfänger von Opfer und Askese,
als Herrn der ganzen Welt,
als Freund aller Wesen mich erkannt habend,
erlangt er Frieden.

Shrî Ramana Maharshi
Das Gemüt meistern

Alle Geschöpfe verlangen nach Glück ohne Leid und lieben sich selbst am meisten; das beruht darauf, dass Glück ihr innerstes Wesen ist. Um diese eingeborene Seligkeit, die alltäglich in der Seligkeit traumlos tiefen Schlafs erfahren wird, um diese eingeborene Seligkeit des Selbst in ihrer Fülle zu erleben, gilt es, das Selbst zu erkennen. Der beste aller Wege dazu ist das Fragen *»Wer bin ich?«* (...)

Seligkeit ist das eigentliche Wesen des Selbst *(âtma-svarûpa)*, beide sind eins. Sie allein ist wirklich, in keinem der zahllosen Dinge der Welt ist vollkommenes Glück, es ist bares Nichtwissen, es von ihnen zu erwarten. Wenn das Gemüt sich nach außen wendet, hinter den Dingen her, so leidet es Angst und Kummer. Immer wenn unsere Wünsche sich erfüllen, wendet sich im Grunde unser Gemüt zu seinem Quell zurück und erfährt das Glück des Selbst *(âtmasukha)*; das Gleiche erfahren wir im tiefen Schlaf, in Versenkung *(samâdhi)* entrückt und wenn das Bewusstsein schwindet. Wenn Erwünschtes sich erfüllt oder Unerwünschtes vergeht, wendet das Gemüt sich einwärts und genießt das Glück des Selbst. So schweift das Gemüt rastlos vom Selbst ab und kehrt zu ihm heim; dieses Spiel ist sein endloses leidvolles Teil. Der Schatten unterm Baum tut wohl und erquickt, die Sonne draußen ist unerträglich heiß. Der Wanderer im Sonnenglast flieht in den Schatten und genießt seine Kühle, bald aber zieht es ihn wieder in die heiße Sonne hinaus, wieder wird ihm die Hitze unerträglich und er kehrt in den Schatten zurück. So schweift er unablässig hin und her. Seinesgleichen heißt man einen Toren. Ein Weiser rührt sich nicht aus dem Schatten; das Gemüt des erleuchteten Weisen *(jñânin)* schweift nicht vom Unbedingten *(brahman)* ab, es erfährt dessen immer währende Seligkeit. (...)

Alle heiligen Schriften verkünden einhellig: Um Erlösung zu erlangen, muss man das Gemüt meistern. Endloses Studium in Büchern dagegen frommt zu nichts. Zu diesem Ende muss man sich fragen: Wer bin ich? – Helfen Bücher bei diesen Fragen? Du kannst das Selbst nur mit dem Auge der Erkenntnis gewahren. Braucht man einen Spiegel, um sich als sich selbst zu erfahren? Das Selbst ist innen im schichtenreichen Leibe. Bücher sind äußeres Zeug. Um innen zum Selbst vorzudringen, muss man durch die Schichten der Person hinabtauchen und sie durchstoßen – was helfen Bücher außen?

Die Erkenntnis des Selbst, das gebunden scheint, und das Erlebnis seines wahren Wesens *(svarûpa)* ist Erlösung. Die Bemühung, das Gemüt immer wieder auf das Selbst zu sammeln, heißt *âtma-vichâra,* unterscheidende Begründung des Selbst; *dhyâna* oder innere Anschauung ist die Betrachtung des Selbst als Sein, Geist und Seligkeit *(sat-chit-anânda),* d. h. als Brahman. Der Augenblick kommt, wo man alles vergessen muss, was man gelernt hat: Kehricht wird zusammengefegt, um weggeschüttet zu werden, es hat keinen Sinn, darin zu wühlen, was er enthält. So hat es keinen Zweck, im Einzelnen die Elemente *(tattva)* zu erforschen, die das Selbst umhüllen und verschleiern, und ihr Wesen und ihre Eigenschaften zu bestimmen, anstatt sie einfach beiseite zu wischen. Vielmehr betrachte, soweit sie dich angeht, die Welt als Traum. Wohl währt das Wachsein länger, ein Traum nur kurz, und zwischen beiden mögen scheinbar einige Unterschiede walten – das ist aber auch alles. Die Vorgänge im Traum erscheinen, indes sie sich abspielen, so wirklich wie die Tätigkeit, indes du wach bist. Während des Träumens nimmt das Gemüt nur eine andere Gestalt oder einen anderen Zustand an und bewegt sich in einer anderen Schicht des Leibes; aber Vorstellungen einerseits, Namen und Gestalten andererseits sind im Traum wie im Wachen gleichermaßen gegenwärtig.

Es gibt nicht diese zwei verschiedenen Dinge: ein gutes und ein schlimmes Gemüt. Die eingeborenen Triebe und Neigungen *(vâsanâ)* aus früheren Leben erzeugen Wünsche und Reize, die einmal gut, ein andermal schlimm sind. Ist das Gemüt mit den einen oder anderen der beiden verflochten, so scheint es jeweils als gut oder schlimm. So schlimm gesinnt dir mancher zu Zeiten scheinen mag, empfinde keinen Widerwillen mit Hass und Verachtung gegen ihn; nähre kein günstiges

Vorurteil gegen andere, die dir gerade freundlich und wohltätig gesinnt scheinen. Meide beides: Abneigung und Vorliebe. Lass dein Gemüt sich nicht in die Dinge der Welt verlaufen und misch dich nicht in anderes. Wie du zu anderen bist, strahlt irgendwann auf dich zurück; was du anderen bietest, das bietest du dir selber. Wer diese Wahrheit begreift, wie sollte er anderen etwas weigern?

Wenn das Ich aufgeht, geht alles Übrige auf; sinkt es zur Ruhe, so sinkt alles zur Ruhe. Je leiser einer ist, desto besser. Meisterst du dein Gemüt, was kümmert dich, wo du weilst und was dir begegnet?

Jiddu Krishnamurti
Unermessliche Freude

Im letzten Kapitel sprachen wir davon, dass Freude etwas ganz anderes ist als Genuss und Vergnügen. So wollen wir heute herausfinden, was Vergnügen bedeutet und ob es möglich ist, in einer Welt zu leben, in der statt der Vergnügungen Raum ist für ein unsagbares Gefühl der Freude, der Glückseligkeit.

Wir sind alle auf den Genuss in irgendeiner Form aus – auf intellektuellen, sinnenhaften oder kulturellen Genuss. Wir finden Gefallen an Reformen oder daran, anderen zu sagen, was zu tun ist, oder wir wollen die Übel der Gesellschaft mildern und Gutes tun. Wir haben Freude an erweitertem Wissen, größerer körperlicher Befriedigung, größerer Erfahrung, größerem Verständnis des Lebens – an all den klugen, gescheiten Dingen des Geistes –, und der höchste Reiz liegt natürlich darin, Gott zu erleben.

Sinnengenuss ist das Grundelement der Gesellschaft. Von der Kindheit bis zum Tode trachten wir geschickt, heimlich oder offen nach mehr oder weniger flüchtigen Freuden. Welche Art des Genusses wir auch anstreben: Wir sollten das sehr klar sehen, weil unser Leben dadurch gelenkt und geformt wird. Es ist daher für jeden von uns wichtig, eingehend, zögernd und einfühlsam dieses Problem des Genusses zu prüfen; denn sinnenhafte Freude zu finden und sie zu nähren und zu erhalten, ist ein grundlegendes Verlangen des Lebens; ohne sie wird das Dasein träge, stumpfsinnig, einsam und bedeutungslos.

Sie mögen fragen: Warum eigentlich sollte das Leben nicht durch Sinnengenuss bestimmt werden? Aus dem einfachen Grunde, weil aus der Lust Leid, Enttäuschung, Kummer und Furcht kommen, und aus der Furcht entsteht die Gewalt. Wenn Sie auf diese Art zu leben wünschen, tun Sie es; die meisten Menschen tun es irgendwie. Wenn Sie aber vom Leid frei sein möchten, müssen Sie verstehen, was dem Verlangen nach Genuss zugrunde liegt.

Den Sinnengenuss zu verstehen heißt nicht, ihn abzulehnen. Wir verurteilen ihn nicht, wir sagen nicht, er sei richtig oder falsch. Aber wenn wir schon danach trachten, wollen wir es mit offenen Augen tun, wissend, dass ein Mensch, der zu jeder Zeit Genuss und Vergnügen sucht, unvermeidlich seinem Schatten begegnen muss, dem Leid. Lust und Leid können nicht getrennt werden, obgleich wir dem Lustvollen nachlaufen und das Leid zu vermeiden trachten.

Warum verlangt der Mensch immer nach Genuss? Wie kommt es, dass wir edle und unedle Dinge immer mit einer lustbetonten Unterströmung tun? Warum opfern wir uns und leiden mit einem leisen Lustgefühl? Was ist Lustgefühl, und wie entsteht es? Ich möchte wissen, ob einer von Ihnen sich diese Fragen gestellt hat und der Antwort wirklich bis zum Schluss nachgegangen ist.

Das Verlangen nach Genuss entwickelt sich in vier Stufen: Wahrnehmung, Empfindung, Berührung und Begehren. Ich sehe ein schönes Auto, nehmen wir einmal an. Durch den Anblick habe ich als Reaktion eine Sinnesempfindung. Dann berühre ich den Wagen – entweder tatsächlich oder in der Vorstellung –, und daraus entsteht der Wunsch, ihn zu besitzen und mich darin zur Schau zu stellen. Oder ich sehe eine liebliche Wolke oder einen Berg, der sich klar gegen den Himmel abhebt, oder ein Blatt, das der Frühling gerade hervorgelockt hat, oder ich sehe ein tiefes Tal voller Lieblichkeit und Pracht oder einen strahlenden Sonnenuntergang oder ein schönes Antlitz, das intelligent, lebendig und nicht selbstbewusst ist – dann wäre es ja nicht länger schön. Auf das alles schaue ich mit tiefem Entzücken, und da ich es betrachte, ist kein Beobachter da, sondern nur reine Schönheit – wie in der Liebe. Für einen Augenblick bin ich all meinen Problemen, Ängsten und Kümmernissen entrückt – es ist nur dieses wunderbare Erlebnis da. Ich kann mit Entzücken darauf schauen und es im nächsten Augenblick vergessen, oder aber der Gedanke schaltet sich ein, und damit beginnt das Problem. Mein Gedächtnis erinnert sich daran, was ich gesehen habe, und denkt, wie schön es war. Ich sage mir, dass ich es gerne noch öfter wieder sehen würde. Das Denken beginnt zu vergleichen, zu urteilen und sagt: »Ich muss es morgen wieder haben.« So fördert das Denken das Fortbestehen einer Erfahrung, die für eine Sekunde Entzücken geschenkt hat.

Ebenso ist es mit sexuellen oder anderen Wünschen. Am Wünschen ist nichts verkehrt; zu reagieren ist durchaus normal. Aber dann schaltet sich der Gedanke ein und sinnt über das Entzücken nach und wandelt es in Genuss um. Das Denken wünscht die Erfahrung zu wiederholen, und je öfter Sie etwas wiederholen, umso gewohnheitsmäßiger wird es. Je häufiger Sie daran denken, umso mehr stärkt der Gedanke das Verlangen nach Genuss. So schafft und stützt der Gedanke durch den Wunsch den Genuss und gibt ihm Fortdauer, und so wird die natürliche Wunschreaktion beim Anblick von etwas Schönem durch das Denken verdorben. Das Denken macht es zu einer Erinnerung, und die Erinnerung wird genährt, indem wir ständig daran denken.

Natürlich hat die Erinnerung auf einer bestimmten Ebene ihren Platz. Im Alltagsleben könnten wir nicht ohne sie existieren. Innerhalb ihres Bereichs muss sie gut funktionieren, aber es gibt einen Zustand des Geistes, in dem sie nur wenig Raum hat. Ein Geist, der nicht durch Erinnerung verkrüppelt ist, ist wirklich frei.

Haben Sie je bemerkt, dass die Erinnerung nur schwach ist, wenn Sie sich einer Sache mit ganzem Herzen hingeben? Nur wenn Sie auf eine Herausforderung nicht mit Ihrem ganzen Sein antworten, entstehen Konflikt und Streit, und die Folge ist Verwirrung, verbunden mit Lust oder Leid. Der Kampf erzeugt das Gedächtnis, dem ständig weitere Erinnerungen hinzugefügt werden, und diese Erinnerungen sind es, die antworten. Alles, was aus dem Gedächtnis resultiert, ist alt und daher niemals frei. Es gibt überhaupt keine Freiheit des Denkens – das ist reiner Unsinn.

Das Denken ist niemals neu, denn es ist die Antwort des Gedächtnisses, der Erfahrung, des Wissens. Weil das Denken alt ist, macht es den Gegenstand, auf den Sie für einen Augenblick mit Entzücken geschaut und den Sie zutiefst erlebt haben, alt. Von dem Vergangenen leiten Sie dann Vergnügen und

Genuss ab, niemals aber von dem Neuen. Das Neue hat mit der Zeit nichts zu tun.

Wenn Sie nun auf die Dinge schauen können, ohne zu dulden, dass sich das Verlangen nach Genuss einschleicht – auf ein Gesicht, einen Vogel, auf die Farbe eines Sari, die Schönheit einer weiten Wasserfläche, die in der Sonne glitzert, oder auf irgendetwas anderes, das Entzücken schenkt –, wenn Sie darauf ohne den Wunsch schauen können, dass die Erfahrung sich wiederhole, dann wird es keinen Schmerz, keine Furcht geben, sondern unermessliche Freude.

Das Bemühen, die Freude zu wiederholen und fortdauern zu lassen, verwandelt sie in Leid. Beobachten Sie das in sich selbst. Das Verlangen nach Wiederholung der Freude erzeugt das Leid, denn in der Wiederholung ist das Erlebnis nicht das gleiche, das es zuvor war. Sie kämpfen darum, dasselbe Entzücken wiederzuerlangen, nicht nur als ästhetische Sinnesempfindung, sondern als den gleichen inneren Zustand des Geistes, und Sie sind verletzt und enttäuscht, weil es sich Ihnen verweigert.

Haben Sie beobachtet, was in Ihnen vor sich geht, wenn sich Ihnen eine kleine Freude versagt? Wenn Sie nicht erlangen, was Sie sich wünschen, werden Sie unruhig, neidisch, hasserfüllt. Haben Sie darauf geachtet, welchen Kampf Sie durchzustehen haben, wenn Ihnen der Genuss des Trinkens oder Rauchens oder der Sexualität, oder was es sonst sei, versagt ist? Und das alles ist eine Abwandlung der Furcht, nicht wahr? Sie fürchten sich davor, nicht das zu erlangen, was Sie sich wünschen, oder das zu verlieren, was Sie besitzen. Wenn ein bestimmter Glaube oder eine Ideologie, an der Sie seit Jahren festgehalten haben, erschüttert oder Ihnen durch die Logik oder durch das Leben entrissen wird, fürchten Sie sich dann nicht davor, allein zu stehen? Dieser Glaube hat Ihnen jahrelang Befriedigung und Wohlsein vermittelt, und wenn er fortgenommen wird, bleiben Sie als Gestrandeter zurück, ausgehöhlt – und die Furcht hält an, bis Sie eine andere Form des Wohlseins, einen anderen Glauben finden.

Es erscheint mir so einfach, und eben darum, weil es so unkompliziert ist, sehen wir nicht seine Einfachheit. Wir lieben es, alles zu komplizieren. Wenn Ihnen Ihre Frau davonläuft, sind Sie dann nicht eifersüchtig, sind Sie dann nicht ärgerlich? Hassen Sie dann nicht den Mann, der sie an sich gefesselt hat? Und das alles ist nichts anderes als die Furcht, jemanden zu verlieren, der Ihnen großen Lebensgenuss verschafft hat, der Ihr Gefährte war, der Ihnen ein gewisses Sicherheitsgefühl gegeben und Ihren Besitzerstolz befriedigt hat.

Wenn Sie nun verstehen, dass dort, wo Sie den Genuss suchen, Leid die Folge sein muss, mögen Sie, wenn Sie es wünschen, in dieser Art weiterleben, aber schlittern Sie nicht einfach hinein. Wenn Sie den Wunsch haben, mit den flüchtigen Freuden Schluss zu machen, was zugleich bedeutet, das Leid zu beenden, müssen Sie mit der Freude, in welcher Form sie sich auch bieten mag, äußerst achtsam umgehen. Sie dürfen sie nicht völlig ausschalten, wie die Mönche oder Sannyasis es tun, die niemals eine Frau anschauen, weil sie es für eine Sünde halten, und die dadurch die lebendige Kraft ihres Verstehens zerstören – sondern Sie müssen den tiefen Sinn und die ganze Bedeutung der Sinnenfreude verstehen. Dann werden Sie unermessliche Freude erleben. Sie können über diese Freude nicht nachdenken; sie ist etwas Unmittelbares, und wenn Sie darüber nachdenken, verwandeln Sie sie in Genuss. In der Gegenwart zu leben bedeutet, die Schönheit unmittelbar zu empfinden und das tiefe Entzücken, das damit verbunden ist, ohne daraus weiteren Genuss ableiten zu wollen.

Hingabe an den Augenblick:

Das Glück, sich selbst zu vergessen

FAUST:
Die Gegenwart allein –
HELENA:
Ist unser Glück.
JOHANN WOLFGANG VON GOETHE

Mihaly Csikszentmihalyi
Flow – die optimale Erfahrung

Vor zweitausenddreihundert Jahren kam Aristoteles zu der Schlussfolgerung, dass der Mensch vor allem Glück sucht. Glück wird um seiner selbst willen angestrebt, während jedes andere Ziel – Gesundheit, Schönheit, Geld oder Macht – nur geschätzt wird, weil man erwartet, dass es glücklich machen wird. Seit Aristoteles' Zeiten hat sich vieles verändert. Unser Verständnis von der Welt der Sterne und Atome hat sich stärker erweitert, als wir uns das je hätten vorstellen können. Die Götter der Griechen waren, verglichen mit der heutigen Menschheit und der von ihr innegehaltenen Macht, hilflose Kinder. Aber in diesem wichtigsten Bereich hat sich in den vergangenen Jahrhunderten nur sehr wenig geändert. Was Glück ist, begreifen wir nicht besser als Aristoteles, und was das Lernen angeht, wie man diesen gesegneten Zustand erreicht, so könnte man behaupten, wir hätten überhaupt keine Fortschritte gemacht.

Obwohl wir heute gesünder sind und älter werden, obwohl selbst die Ärmsten unter uns heute von materiellem Luxus umgeben sind, von dem man vor nur wenigen Jahrzehnten nicht einmal träumte (im Palast des Sonnenkönigs gab es nur wenige Badezimmer, und kein römischer Kaiser konnte seinen Fernseher anstellen, wenn er sich langweilte), trotz der ungeheuren wissenschaftlichen Erkenntnisse, die wir auf Knopfdruck abrufen können, verfestigt sich bei vielen Menschen der Eindruck, sie hätten ihr Leben verschwendet und ihre Jahre statt erfüllt von Glück voller Unsicherheit und Langeweile verbracht. Liegt es daran, dass es Schicksal des Menschen ist, unerfüllt zu bleiben und immer mehr zu wollen als man haben kann? Oder ist das alles beherrschende Leiden, das selbst die kostbarsten Augenblicke versauert, die Folge dessen, dass wir am falschen Ort nach dem Glück suchen? Absicht dieses Buches ist es, mit den Methoden der modernen Psychologie der uralten Frage nachzugehen: Wann fühlen sich Menschen am glücklichsten? Wenn wir darauf eine Antwort finden, könnten wir vielleicht irgendwann fähig sein, unser Leben so zu gestalten, dass das Glück eine größere Rolle darin spielt. Fünfundzwanzig Jahre vor dem Niederschreiben dieser Zeilen machte ich eine Entdeckung, doch ich habe die gesamte seitdem verstrichene Zeit gebraucht, um das zu bemerken. Vielleicht ist es irreführend, es eine »Entdeckung« zu nennen, denn der Mensch ist sich seit Anbeginn der Zeit dessen bewusst. Dennoch ist das Wort angemessen, denn meine Entdeckung war zwar an sich wohl bekannt, doch war sie von den entsprechenden Gelehrten, in diesem Fall den Psychologen, noch nicht beschrieben und theoretisch erklärt worden. So verbrachte ich das folgende Vierteljahrhundert damit, dieses flüchtige Phänomen zu untersuchen.

Was ich »entdeckte«, war, dass Glück nicht etwas ist, das einfach geschieht. Es ist keine Folge von angenehmen Zufällen. Es ist nichts, was man mit Geld kaufen oder mit Macht bestimmen kann. Es hängt nicht von äußeren Ereignissen ab, sondern eher davon, wie wir diese deuten – Glück ist vielmehr ein Zustand, für den man bereit sein muss, den jeder Einzelne kultivieren und für sich verteidigen muss. Menschen, die lernen, ihre inneren Erfahrungen zu steuern, können ihre Lebensqualität bestimmen; dies kommt dem, was wir Glück nennen, wohl am allernächsten.

Doch wir können das Glück nicht erreichen, indem wir bewusst danach suchen. »Frage dich, ob du glücklich bist«, schrieb J. S. Mill, »und du hörst auf, es zu sein.« Glück finden wir, wenn wir vollständig eins sind mit jeder Einzelheit unseres Lebens, gleich, ob gut oder schlecht, nicht, indem wir direkt danach suchen. Viktor Frankl, der österreichische Psychologe, fasste es im Vorwort seines Buches *Der Mensch auf der Suche nach Sinn* zusammen: »Peile keinen Erfolg an – je mehr du es darauf anlegst und ihn zum Ziel erklärst, umso mehr wirst du ihn verfehlen. Denn Erfolg kann wie Glück nicht verfolgt werden; er muss erfolgen ... als unbeabsichtigte Nebenwirkung, wenn sich ein Mensch einer Sache widmet, die größer ist als er selbst.«

Wie können wir also dieses flüchtige Ziel erreichen, das nicht auf direktem Weg verfolgt werden kann? Ein Vierteljahrhundert Forschung hat mich überzeugt, dass es einen Weg gibt. Es ist ein gewundener Pfad, der bei der Kontrolle über den Inhalt des eigenen Bewusstseins seinen Ausgang nimmt.

Unsere Wahrnehmung ist das Ergebnis vieler Kräfte, die Erfahrungen prägen, von denen eine jede Einfluss darauf hat, ob man sich gut oder schlecht fühlt. Die meisten dieser Kräfte können nicht kontrolliert werden. Man kann nicht viel an seinem Aussehen, Temperament und der allgemeinen Konstitution ändern. Man kann nicht entscheiden – zumindest bislang nicht – wie groß oder wie klug man wird. Man kann sich weder die Eltern, noch Zeit und Ort seiner Geburt aussuchen, und es liegt weder in Ihrer Macht noch in meiner zu entscheiden, ob es einen Krieg geben wird oder ob wir eine Wirtschaftskrise bekommen. Die Anweisungen in unseren Genen, die Schwerkraft, der Pollengehalt der Luft, die historische Epoche, in die wir hineingeboren wurden – diese und unzählig viele andere Bedingungen bestimmen, was wir sehen, fühlen und tun. Es überrascht daher nicht, wenn häufig geglaubt wird, das Schicksal würde vornehmlich von äußeren Kräften bestimmt. Doch jeder hat schon erlebt, dass man, statt von anonymen Kräften herumgestoßen zu werden, sich in Kontrolle der eigenen Handlungen, als Herr des eigenen Schicksals fühlt. Bei diesen seltenen Gelegenheiten spürt man ein Gefühl von Hochstimmung, von tiefer Freude, das lange anhält und zu einem Maßstab dafür wird, wie das Leben aussehen sollte.

Und genau das ist es, was ich mit *optimaler Erfahrung* meine. Es ist das, was ein Segler auf richtigem Kurs fühlt, wenn der Wind sein Haar peitscht und sein Boot wie ein junges Pferd durch die Wellen prescht – Segel, Kiel, Wind und Meer summen in Harmonie, die in den Adern des Mannes am Steuer vibriert. Es ist das, was der Maler fühlt, wenn die Farben auf der Leinwand eine magnetische Spannung zueinander aufbauen, und etwas Neues, ein lebendiges Wesen, nimmt vor den Augen seines erstaunten Schöpfers Gestalt an. Es ist das Gefühl eines Vaters, wenn sein Kind zum ersten Mal auf sein Lächeln reagiert. Solche Ereignisse finden jedoch nicht nur statt, wenn die äußeren Bedingungen günstig sind: Menschen, die Konzentrationslager überlebten oder fast tödliche Gefahren überstanden, erinnern sich häufig, dass sie mitten in ihrem Leiden ungewöhnlich intensive Freude bei einem schlichten Ereignis erlebten, wie beim Singen eines Vogels im Wald, der Lösung einer schweren Aufgabe oder wenn sie eine Brotkruste mit einem Freund teilten.

Gegen unsere Überzeugung sind solche Momente, die besten Momente im Leben, nicht passiv, rezeptiv, entspannend – obwohl auch solche Erfahrungen nach schwerer Anstrengung erfreulich sein können. Die besten Momente ereignen sich gewöhnlich, wenn Körper und Seele eines Menschen bis an die Grenzen angespannt sind, in dem freiwilligen Bemühen, etwas Schwieriges und etwas Wertvolles zu erreichen. Optimale Erfahrung ist daher etwas, das wir *herbeiführen*. Ein Kind etwa erlebt das, wenn es mit zitternden Fingern die letzten Klötze auf einen Turm legt, der höher als jeder andere ist, den es bislang gebaut hat; für einen Schwimmer ist es vielleicht der Versuch, den eigenen Rekord zu brechen, für einen Geiger, eine komplizierte Passage zu beherrschen. Für jeden Menschen gibt es Tausende von Gelegenheiten – Herausforderungen –, über sich selbst hinauszugehen.

Solche Erlebnisse sind aber nicht notwendigerweise angenehm. Die Muskeln des Schwimmers haben vielleicht in dem denkwürdigen Rennen stark geschmerzt, seine Lungen fühlten sich der Explosion nahe, und ihm war vielleicht schwindlig vor Erschöpfung – dennoch können dies die besten Momente seines Lebens sein. Es ist niemals leicht, Kontrolle über das Leben zu gewinnen, und manchmal ist es sogar eindeutig schmerzhaft. Doch auf längere Sicht geben optimale Erfahrungen einem ein Gefühl von Kontrolle über sich selbst – vielleicht besser ein Gefühl, *teilzuhaben* an der Festlegung dessen, was den Sinn des Lebens ausmacht –, und das ist dem, was wir gewöhnlich unter Glück verstehen, so nahe, wie man ihm jemals gelangen kann.

Ich versuchte bei meinen Untersuchungen so genau wie möglich zu verstehen, wie sich Menschen fühlen, wenn sie größte Freude empfinden, und warum. Meine ersten Arbeiten befassten sich mit ein paar hundert »Experten« – Künstlern, Athleten, Musikern, Schachmeistern und Chirurgen –, mit anderen Worten, Menschen, die ihre Zeit mit genau den Aktivitäten zubrachten, die ihnen am liebsten waren. Aufgrund ihrer

Berichte, was sie dabei empfanden, das zu tun, was sie taten, entwickelte ich eine Theorie der optimalen Erfahrung, die auf der Annahme von *flow* beruht – jenem Zustand, bei dem man in eine Tätigkeit so vertieft ist, dass nichts anderes eine Rolle zu spielen scheint; die Erfahrung an sich ist so erfreulich, dass man es selbst um einen hohen Preis tut, einfach, um *flow* zu erreichen. (...)

Der Zusammenfluss von Handeln und Bewusstsein

Wenn alle wichtigen Fähigkeiten eines Menschen benötigt werden, um die Herausforderungen einer Situation zu bewältigen, ist seine Aufmerksamkeit vollständig von dieser Aktivität gefesselt. Es gibt keine überschüssige psychische Energie, um andere Informationen zu verarbeiten, außer jenen durch die Aktivität gebotenen. Alle Aufmerksamkeit ist auf die wichtigen Reize zentriert.

Daraufhin erlebt man eines der universalsten und charakteristischsten Kennzeichen optimaler Erfahrung: Man ist so in die Tätigkeit vertieft, dass sie spontan, fast automatisch wird. Man nimmt sich nicht mehr als unabhängig von der verrichteten Tätigkeit wahr.

Eine Tänzerin beschreibt, wie sie sich fühlt, wenn ihre Vorstellung gut läuft: »Deine Konzentration ist vollständig. Deine Gedanken wandern nicht herum. Du denkst an nichts anderes: Du bist total in deinem Tun absorbiert ... Deine Energie fließt sehr leicht. Du fühlst dich entspannt, angenehm und energievoll.«

Ein Bergsteiger erklärt, wie er sich fühlt, wenn er eine Felswand durchklettert: »Man ist dermaßen in der Tätigkeit ›drinnen‹, dass einem kein von der unmittelbaren Tätigkeit unabhängiges ›Ich‹ in den Sinn kommt ... Man sieht sich selbst nicht getrennt von dem, was man tut.«

Eine Mutter, die das Zusammensein mit ihrer kleinen Tochter genießt, sagt: »Lesen gehört zu ihren Lieblingsbeschäftigungen, und wir lesen oft zusammen. Sie liest mir vor, und ich lese ihr vor, und dann verliere ich den Kontakt mit dem Rest der Welt. Ich bin völlig in das vertieft, was ich tue.«

Ein Schachspieler beschreibt ein Turnier: »... die Konzentration ist wie das Atmen – man denkt nie daran. Das Dach könnte einstürzen, und man würde es – falls es einen nicht direkt trifft – nicht bemerken.«

Aus diesem Grund nennen wir optimale Erfahrungen *»flow«*. Dieses kurze, einfache Wort beschreibt recht gut das Gefühl scheinbar müheloser Bewegung. Die folgenden Worte eines Dichters und Bergsteigers treffen den Kern tausender Interviews, die wir und andere im Laufe vieler Jahre zusammengetragen haben: »Die Mystik des Kletterns im Fels ist das Klettern; man steht schließlich oben auf dem Fels, ist froh darüber und wünscht sich doch, dass es immer so weiterginge. Der Grund des Kletterns liegt im Klettern, genau wie der Grund für das Dichten im Schreiben selbst liegt; man erobert nichts anderes als Dinge, welche in einem selbst liegen ... Die Handlung des Schreibens rechtfertigt das Dichten. Beim Klettern ist es dasselbe: Erkennen, dass man ein einziges Fließen ist. Der Zweck dieses Fließens ist, im Fließen zu bleiben, nicht Höhepunkte oder utopische Ziele zu suchen, sondern im *flow* zu bleiben. Es ist keine Aufwärtsbewegung, sondern ein kontinuierliches Fließen; aufwärts klettert man nur, um den *flow* in Gang zu halten. Es gibt keine andere Begründung für das Klettern als das Klettern selber; es ist eine Art Selbstkommunikation.«

Flow-Erfahrungen erscheinen einem zwar mühelos, aber das trifft keineswegs zu. Oft bedarf es dazu schwerer körperlicher Anstrengung oder einer hoch disziplinierten geistigen Aktivität. Sie sind ohne Geschicklichkeit und Leistung nicht möglich. Jedes Nachlassen der Konzentration löscht die Erfahrung aus. Doch während sie andauert, arbeitet das Bewusstsein geschmeidig; nahtlos folgen die Tätigkeiten aufeinander. Im normalen Leben unterbrechen wir, was immer wir tun, mit Zweifeln und Fragen. »Warum mache ich das? Sollte ich nicht lieber etwas anderes tun?« Immer wieder stellen wir die Notwendigkeit der Aktivität in Frage und schätzen kritisch die Gründe ein, warum wir sie ausführen. Im *flow* besteht keine Notwendigkeit zur Reflexion, da die Handlung uns wie durch Zauber weiterträgt. (...)

Konzentration auf die anstehende Aufgabe

Eine der am häufigsten erwähnten Dimensionen des *flow*-Erlebnisses ist, dass man dabei alle unangenehmen Aspekte des Lebens vergessen kann. Dieses Kennzeichen von *flow* ist ein wichtiges Nebenprodukt der Tatsache, dass man sich auf Aktivitäten, die Freude bereiten, vollständig konzentrieren muss – und daher im Verstand kein Raum für unwichtige Informationen bleibt.

Im normalen Alltagsleben werden wir die Beute von Gedanken und Sorgen, die ungewollt ins Bewusstsein dringen. Da die meisten Berufe und besonders Hausarbeit nicht die drängenden Herausforderungen der *flow*-Erfahrung stellen, ist die Konzentration selten so stark, dass Belastungen und Ängste automatisch verdrängt werden. Daher gehören zum normalen Geisteszustand unerwartete, häufige Episoden von Entropie, die den glatten Fluss psychischer Energie stören. Das ist ein Grund, warum *flow* die Qualität der Erfahrung auf eine neue Stufe hebt: die deutlich strukturierten Ansprüche der Aktivität schaffen Ordnung und verhindern den störenden Einfluss der Unordnung im Bewusstsein.

Ein Physikprofessor, der leidenschaftlich gern Bergsteigen geht, beschrieb seinen Geisteszustand beim Klettern: »Es ist, wie wenn meine Erinnerung abgeschnitten wäre. Ich habe nur Dinge im Gedächtnis, welche die jeweils letzten dreißig Sekunden betreffen, und das Vorausdenken betrifft jeweils nur die nächsten fünf Minuten.« Jede Aktivität, auf die man sich derart konzentrieren muss, hat übrigens eine ähnlich kurze Zeitperspektive.

Aber nicht nur die zeitliche Konzentration ist wichtig. Bedeutsamer ist, dass nur eine sehr begrenzte Anzahl von Informationen ins Bewusstsein dringen kann. Daher werden alle beunruhigenden Gedanken, die einem normalerweise durch den Kopf gehen, vorübergehend ausgeschlossen. Ein junger Basketballspieler erklärte: »Das Spielfeld – das ist alles, worauf es ankommt ... Manchmal denke ich auf dem Feld an ein Problem, wie z. B. an einen Streit mit meiner Freundin, und ich denke daran, dass dies alles nichts ist im Vergleich zum Spiel. Man kann den ganzen Tag über ein Problem nachdenken, aber sobald man ins Spiel gerät, zum Teufel mit dem Problem!« Und ein anderer meinte: »Jungen in meinem Alter denken viel nach ... aber während man Basketball spielt, gibt es nur dieses eine, Basketball ... alles scheint sich von selbst zu geben.«

Ein Bergsteiger lässt sich über das gleiche Thema aus: »Wenn man klettert, sind einem andere problematische Lebenssituationen nicht bewusst. Es entsteht eine eigene Welt, die nur für sich selbst Bedeutung hat. Es ist eine Angelegenheit der Konzentration. Ist man erst einmal in der Situation drin, wird die Sache unglaublich real und zu einer großen persönlichen Aufgabe. Sie wird für einen zur ganzen Welt.«

Ein ähnliches Gefühl wird von einer Tänzerin berichtet: »Ich erlebe hier einen Gefühlszustand, den ich nirgendwo sonst kennen gelernt habe ... ich habe mehr Selbstvertrauen als zu jeder anderen Zeit. Möglicherweise ist es ein Versuch, meine Probleme zu vergessen. Tanz ist wie Therapie. Wenn mir etwas Sorgen macht, lasse ich es draußen, wenn ich ins Tanzstudio gehe.«

Auch eine Ozeanüberquerung schafft in größerem zeitlichen Rahmen dieses gnädige Vergessen: »Gleich wie viele Unannehmlichkeiten man auf See erlebt, die echten Probleme und Sorgen scheinen mit dem Land am Horizont hinter einem zu versinken. Draußen auf dem Meer hat es keinen Sinn, sich Sorgen zu machen, denn man kann ja nichts gegen die Probleme tun, bis man den nächsten Hafen erreicht ... Das Leben ist für eine Weile ohne Künstlichkeit; (andere Probleme) scheinen unwichtig, verglichen mit der Windrichtung, dem Zustand des Meeres und der täglich zurückgelegten Strecke.«

Edwin Moses, der bekannte Hürdenläufer, beschreibt die Konzentration bei einem Rennen so: »Der Kopf muss absolut klar sein. Die Tatsachen, dass man mit einem Gegner fertig werden muss, mit der Zeitverschiebung nach dem Flug, anderem Essen, dem Schlafen in Hotels und persönlichen Problemen; dies alles muss aus dem Bewusstsein ausgelöscht werden – als existierte es nicht mehr.«

Moses sprach allerdings darüber, was nötig ist, um Weltklasserennen zu gewinnen, aber er hätte auch die Art von Konzentration beschreiben können, die man erreicht, wenn man an irgendeiner anderen Sache Freude hat. Die Konzentration des *flow*-Erlebnisses – verbunden mit deutlichen Zielen und unmittelbarer Rückmeldung – schafft Ordnung im Bewusstsein und leitet den erfreulichen Zustand psychischer Negentropie ein. (...)

Der Verlust des Selbstgefühls

Wir haben bereits beschrieben, dass bei einer Aktivität, die absolut fesselnd ist, keine Aufmerksamkeit auf die Zukunft, die Vergangenheit oder auf andere vorübergehend unwichtige Reize verwendet werden kann. Ein Thema, das dabei aus dem Bewusstsein verschwindet, verdient besondere Beachtung, weil wir im normalen Leben so häufig daran denken: das eigene Selbst. Ein Bergsteiger beschreibt diesen Aspekt der *flow*-Erfahrung: »Es ist das Zen-Gefühl, wie Meditation oder Konzentration. Eines der Ziele, die man anstrebt, ist die Ausrichtung des Geistes. Man kann sein Ego in den verschiedensten Weisen mit dem Klettern in Verbindung bringen, ohne dass die Sache deswegen unbedingt erleuchtend wird. Aber wenn es automatisch zu ›laufen‹ beginnt, wird es gleichsam zu einer egolosen Angelegenheit. Irgendwie tut man das Richtige, ohne darüber nachzudenken oder eine bewusste Anstrengung dazu zu unternehmen ... Es geschieht einfach. Und doch ist man dann konzentrierter.« Mit den Worten eines bekannten Ozeanseglers: »Man vergisst sich selbst, man vergisst alles, sieht nur noch das Spiel des Bootes auf den Wellen und lässt alles andere hinter sich, das für dieses Spiel nicht besonders wichtig ist.«

Der Verlust des Gefühls, das Selbst sei getrennt von der Umwelt, wird manchmal von einem Gefühl des Einsseins mit der Umgebung ersetzt, ob es sich dabei um den Berg handelt, eine Mannschaft oder im Falle dieses Mitglieds einer japanischen Motorradgang, den »Run« Hunderter von Rädern, die über die Straßen Kyotos donnern: »Ich begreife etwas, wenn alle unsere Gefühle übereinstimmen. Am Anfang befinden wir uns nicht in völliger Harmonie, aber wenn es gut läuft, fühlt sich jeder wie der andere. Wie soll ich das ausdrücken? ... Unsere Seelen werden zu einer. Dann macht es wirklich

Spaß ... wenn alle zu einem werden, dann begreife ich etwas ... ganz plötzlich merke ich: ›Oh, wir sind eins‹, und denke: ›Wenn wir so schnell wie möglich fahren, wird das ein echter Run ...‹ Wenn wir merken, dass wir ein Fleisch werden, ist es spitze. Dann werden wir vom Tempo *high*. Dann ist es wirklich super.«

Dieses »ein Fleisch werden«, das der japanische Teenager so lebendig beschreibt, ist ein recht typisches Kennzeichen einer *flow*-Erfahrung. Manche beschreiben es ganz konkret, wie die Linderung von Hunger oder Schmerz. Es ist eine recht lohnende Erfahrung, aber eine, die ihre eigenen Gefahren birgt.

Die Beschäftigung mit dem Selbst verbraucht psychische Energie, weil wir uns im Alltagsleben oft bedroht fühlen. Immer wenn man sich bedroht fühlt, muss man das Bild, das man von sich selbst hat, ins Bewusstsein rücken, um herauszufinden, ob die Bedrohung ernsthaft ist oder nicht und wie wir ihr begegnen sollen. Wenn man beispielsweise über die Straße geht und merkt, dass manche Leute sich umdrehen und einen angrinsen, ist es normal, sich sofort Sorgen zu machen. »Stimmt etwas nicht? Sehe ich anders aus? Gehe ich komisch oder ist mein Gesicht verschmiert?« Hunderte von Malen am Tag wird man an die Verletzlichkeit des Selbst erinnert. Und jedes Mal geht psychische Energie bei dem Versuch verloren, wieder Ordnung im Bewusstsein herzustellen.

Beim *flow* jedoch gibt es keinen Raum für Selbsterforschung. Da erfreuliche Aktivitäten klare Ziele, feste Regeln und Herausforderungen haben, die den Fähigkeiten genau angepasst sind, gibt es für das Selbst nur wenige Möglichkeiten, sich bedroht zu fühlen. Ein Kletterer bei einem schwierigen Aufstieg ist vollständig von der Bergsteigerrolle ausgefüllt. Er ist hundert Prozent Kletterer, sonst würde er nicht überleben. Es gibt für niemanden und nichts eine Möglichkeit, einen anderen Aspekt seines Selbst ins Spiel zu bringen. Ob sein Gesicht verschmiert ist, würde absolut keine Rolle spielen. Die einzig mögliche Bedrohung stammt vom Berg – aber ein guter Bergsteiger ist angemessen für solche Bedrohungen gerüstet und braucht bei diesem Prozess sein Selbst nicht ins Spiel zu bringen.

Die Abwesenheit des Selbst aus dem Bewusstsein bedeutet

nicht, dass jemand in *flow* die Kontrolle über seine psychische Energie aufgegeben hat oder nicht wahrnimmt, was im Körper oder Verstand passiert. Das Gegenteil ist eher der Fall. Wenn man zuerst *flow*-Erfahrungen erlebt, nimmt man manchmal an, das Fehlen des Ichgefühls habe mit der passiven Auslöschung des Selbst zu tun, das »im *flow* schwebt«. Doch optimale Erfahrung bedeutet tatsächlich eine sehr aktive Rolle für das Selbst. Eine Geigerin muss sich jeder Bewegung ihrer Finger bewusst sein wie auch der Töne, die an ihr Ohr dringen; sie muss das Stück als Ganzes im Bewusstsein haben, sowohl analytisch, Note für Note, wie auch als Gesamtstruktur. Ein guter Sprinter ist sich gewöhnlich jedes wichtigen Muskels in seinem Körper gewahr, seines Atemrhythmus' und der Leistung seiner Rivalen innerhalb der Strategie des Rennens. Ein Schachspieler könnte keine Freude am Spiel haben, wenn er unfähig wäre, bewusst vergangene Positionen und vergangene Kombinationen aus dem Gedächtnis abzurufen.

Das Selbstgefühl verlieren bedeutet also nicht, das Selbst zu verlieren und ganz gewiss nicht einen Verlust des Bewusstseins, sondern einen Verlust der Bewusstheit von sich selbst. Die Vorstellung vom Selbst taucht unter die Wahrnehmungsschwelle, die Information, die wir benutzen, um uns als das darzustellen, was wir sind. Und vorübergehend zu vergessen, wer man ist, scheint recht angenehm zu sein. Wenn man nicht mit sich selbst befasst ist, hat man in der Tat die Möglichkeit, die Vorstellung dessen, was man ist, auszuweiten. Der Verlust des Selbstgefühls kann zur Selbsttranszendenz führen, einem Gefühl, dass die Grenzen des Seins ausgedehnt werden können.

Dies ist nicht bloß eine Phantasie, sondern beruht auf konkreter Erfahrung einer engen Interaktion mit etwas anderem, einer Interaktion, die ein seltenes Gefühl von Einheit mit diesen gewöhnlich fremden Entitäten auslöst. Der Matrose auf seiner langen Nachtwache beginnt das Schiff als Ausweitung seiner selbst zu empfinden, das sich im gleichen Rhythmus auf das gemeinsame Ziel hinbewegt. Der Geiger, umfangen vom Strom der Töne, zu denen er beiträgt, empfindet sich als Teil der »Sphärenharmonie«. Der Kletterer, der alle Aufmerksamkeit auf winzige Unregelmäßigkeiten im Fels konzentriert, die sein Gewicht tragen sollen, spricht von einer Art Verwandtschaft zwischen Fingern und Fels, zwischen dem zerbrechlichen Körper und dem Kontext aus Stein, Himmel und Wind. Spieler bei einem Schachturnier, deren Aufmerksamkeit stundenlang auf die logische Schlacht konzentriert bleibt, behaupten, sie fühlten sich in ein starkes »Kraftfeld« einbezogen und träten anderen Kräften von nicht materieller Dimension entgegen. Chirurgen behaupten, bei einer schwierigen Operation das Gefühl zu haben, das Team sei ein einziger Organismus, bewegt vom gleichen Ziel: Sie beschreiben es als ein Ballett, bei dem jeder sich der Gruppenleistung unterwirft und alle an dem Gefühl von Harmonie und Macht teilhaben.

Man könnte diese Zeugnisse als poetische Metaphern abtun. Doch es ist wichtig, zu erkennen, dass sie sich auf Erlebnisse beziehen, die ebenso wirklich sind wie das Hungergefühl, ebenso konkret, wie wenn man gegen eine Wand stößt. Sie haben nichts Geheimnisvolles oder Mystisches. Wenn man alle vorhandene psychische Energie in eine Interaktion steckt – ob mit einem anderen Menschen, einem Schiff, einem Berg oder einem Musikstück –, wird man in der Tat zum Teil eines Systems. Dieses System erhält seine Form durch die Regeln der Aktivität; seine Energie entsteht aus der Aufmerksamkeit des Menschen. Aber es ist ein echtes System – subjektiv ebenso echt wie eine Familie, eine Firma oder eine Mannschaft –, und das Selbst, das Teil davon ist, weitet seine Grenzen aus und wird komplexer als zuvor.

Dieses Wachstum des Selbst findet nur statt, wenn die Wechselwirkung erfreulich ist, das heißt, wenn sie sinnvolle Handlungsmöglichkeiten bietet und eine ständige Perfektionierung der Fähigkeiten fordert. Es ist auch möglich, sich in einem Handlungssystem zu verlieren, das nichts außer Glauben und Ergebenheit verlangt. Fundamentalistische Religionen, Massenbewegungen und extreme politische Parteien schaffen ebenfalls Möglichkeiten zur Transzendierung des Selbst, die Millionen begierig annehmen. Sie bieten zudem eine willkommene Ausweitung der Grenzen des Selbst, ein Gefühl, man gehöre zu etwas Großem, Mächtigem. Der wahre Gläubige wird auch in konkretem Sinne Teil des Systems, weil seine psychische Energie von den Zielen und Regeln seines

Glaubens zentriert und geformt wird. Doch der echte Gläubige tritt nicht wirklich in einen Dialog mit dem Glaubenssystem; gewöhnlich lässt er seine psychische Energie davon aufsaugen. Aufgrund dieser Unterwerfung kann nichts Neues entstehen; das Bewusstsein behält vielleicht seine willkommene Ordnung bei, aber diese wird eher auferlegt sein statt erlangt. Bestenfalls ähnelt der echte Gläubige einem Kristall: stark und wunderbar symmetrisch, aber mit sehr langsamem Wachstum. Es gibt eine sehr wichtige, aber auf den ersten Blick scheinbar paradoxe Beziehung zwischen dem Verlust des Selbstgefühls in einer *flow*-Erfahrung und dem stärkeren Auftauchen danach. Es scheint fast, dass gelegentlich die Aufgabe des Selbstgefühls notwendig ist, um ein starkes Selbstbild aufzubauen. Warum dies so sein sollte, ist recht eindeutig: Beim *flow* wird man herausgefordert, das Beste zu geben, und muss ständig seine Leistungen verbessern. Zugleich hat man nicht die Möglichkeit, darüber nachzudenken, was dies für das Selbst bedeutet – wenn man sich erlauben würde, selbst-bewusst zu werden, kann die Erfahrung nicht sehr tief gehen. Danach jedoch, wenn die Aktivität vorbei ist und die Selbst-Bewusstheit die Gelegenheit hatte, erneut zu entstehen, ist das Selbst nicht mehr das Gleiche wie vor der *flow*-Erfahrung: Es ist nun von neuen Fähigkeiten und neuen Leistungen bereichert.

Thich Nhat Hanh
Im Paradies

Ich muss lachen, wenn ich daran denke, wie ich einst das Paradies als ein Reich außerhalb der Welt von Geburt und Tod gesucht habe. Tatsächlich offenbart sich die wunderbare Wahrheit inmitten der Welt von Geburt und Tod.

In Vietnam gibt es außergewöhnlich heftige Regenfälle. Eines Tages saß ich im Hause eines Freundes am Fenster und beobachtete einen Vorgang, dem ich immerfort hätte zuschauen mögen. Auf der gegenüberliegenden Straßenseite gab es in einem Haus mit tief herabgezogenem Dach einen Kramladen. An den Dachrinnen hingen Rollen mit Tauwerk und Stacheldraht, Töpfe und Pfannen. Hunderte von Artikeln waren ausgestellt: Fischsoße, Sojasoße, Kerzen, Erdnusspralinen und vieles andere. Der Laden war so vollgestopft und schlecht beleuchtet, dass es schwer war, den einen Gegenstand von dem anderen zu unterscheiden, als die Regenwolken den Himmel verdunkelten. Auf einem Hocker auf der Eingangsstufe zum Laden saß ein kleiner Junge, nicht älter als fünf oder sechs Jahre. Er trug einfache kurze Hosen, und seine Haut war vom langen Spielen in der Sonne gebräunt. Vom Vorsprung des Daches geschützt, aß er aus einem Schälchen Reis. Der Regen rann vom Dach herunter und bildete vor dem Platz, an dem er saß, große Pfützen. Er hielt das Schüsselchen mit Reis in der einen Hand und in der anderen seine Ess-Stäbchen. Er aß langsam, seine Augen waren fest auf das vom Dach strömende Wasser gerichtet. Große Tropfen zerplatzten zu Blasen auf der Oberfläche der Pfützen. Obwohl ich von der gegenüberliegenden Straßenseite aus den Jungen beobachtete, war mir klar, dass sein Reis mit Enteneierstückchen und Fischsoße vermengt war. Er führte seine Stäbchen langsam zum Mund hin und genoss sichtlich auch den kleinsten Bissen. Er staunte den Regen an und war offensichtlich vollkommen zufrieden – ein Bild des Wohlbehagens. Ich konnte fühlen, wie sein Herz schlug. Seine Lunge, sein Magen, seine Leber und alle anderen Organe arbeiteten in perfekter Harmonie miteinander. Hätte er Zahnschmerzen gehabt, so hätte er sich des Friedens dieses Augenblicks nicht so erfreuen können. Ich betrachtete ihn so, wie man vielleicht ein kostbares Juwel, eine Blume oder einen Sonnenaufgang bewundert. Die Wahrheit und das Paradies offenbarten sich mir. Ich war völlig gefesselt von dem Anblick des Kindes. Es schien mir ein himmlisches Wesen zu sein, ein junger Gott, der mit jedem Augenaufschlag und jedem Bissen Reis, den er zu sich nahm, seliges Wohlsein verkörperte. Er war vollkommen frei von Angst und Sorgen. Der Gedanke, arm zu sein, war ihm fremd. Er verglich seine einfachen schwarzen Shorts nicht mit den modischen Kleidern anderer Kinder. Er war nicht traurig darüber, dass er keine Schuhe besaß. Es machte ihm nichts aus, auf einem harten Hocker zu sitzen und nicht auf einem Polsterstuhl. Ihn verlangte nach nichts. Er war in völliger Harmonie mit dem Augenblick. Ihn zu betrachten, reichte aus, um meinen Körper vom gleichen Wohlgefühl erfüllt sein zu lassen.

Ein violetter Schatten huschte über die Straße. Aufgeschreckt von der unerwarteten, verschwommen wahrgenommenen Farbimpression, schaute der Junge kurz hoch, um seinen Blick sogleich wieder den auf der Pfütze tanzenden Wasserbläschen zuzuwenden. Achtsam kaute er Reis und Ei, und gebannt beobachtete er den Regen. Zwei vorübergehenden jungen Frauen mit Regenschirmen, in rote und purpurfarbene *ao dai* gekleidet, schenkte er keine Beachtung. Plötzlich drehte er sich um und schaute die Straße hinunter. Er lächelte und war von etwas Neuem so gefangen genommen, dass auch ich mich umdrehte, um zu sehen, was ihn so fesselte. Zwei kleine Kinder zogen einen Leiterwagen, in dem ein drittes Kind saß, durch die Pfützen. Die drei waren splitternackt und juchzten, wenn das Wasser hoch aufspritzte. Ich schaute zurück zum Jungen auf der Eingangsstufe. Er hatte aufgehört zu essen, um die Kinder zu beobachten. Seine Augen strahlten. Ich glaube, meine Augen spiegelten dieses Strahlen wider; ich freute mich genauso wie er. Vielleicht war meine Freude nicht ganz so groß wie die des Knaben, vielleicht aber war sie sogar noch größer, denn ich war mir ja bewusst, wie glücklich ich war.

Alan Watts
Der wunderbare Augenblick

Du lauschst einem Lied. Plötzlich frage ich: »Wer bist du in diesem Augenblick?« Wie wirst du diese Frage sofort und spontan beantworten, ohne nach Worten zu suchen? Wenn dich diese Frage nicht aus dem Zuhören herausreißt, wirst du damit antworten, dass du das Lied summst. Wenn dich die Frage überraschte, wirst du antworten: »Wer bist du in diesem Augenblick?« Wenn du aber zu denken aufhörst, wirst du versuchen, mir nichts über diesen Augenblick, sondern über die Vergangenheit zu erzählen. Ich werde über deinen Namen und Adresse, dein Geschäft und deinen Lebenslauf unterrichtet werden. Ich aber fragte dich, wer du bist, nicht wer du warst. Denn der Wirklichkeit, der lebendigen Gegenwart gewahr zu sein, heißt erkennen, dass in jedem Moment die Erfahrung alles ist. Daneben gibt es nichts – keine Erfahrung von »dir« beim Erfahren der Erfahrung.

Sogar in den Momenten, in denen wir uns scheinbar am meisten unserer selbst bewusst sind, ist das »Selbst«, dessen wir uns bewusst sind, immer irgendein besonderes Gefühl oder eine Empfindung – von Muskelanspannung, Wärme oder Kälte, von Schmerz oder Verwirrung, Atem oder pulsierendem Blut. Es gibt niemals ein Empfinden der Empfindung, die empfindet, ebenso wie es keinen Sinn hätte, zu versuchen, seine eigene Nase zu riechen oder seine eigenen Lippen zu küssen.

In Zeiten von Glück und Freude sind wir leicht bereit, uns des Augenblicks gewahr zu sein und die Erfahrung alles sein zu lassen. In solchen Augenblicken »vergessen wir uns selbst«, und das Denken macht keinen Versuch, sich von sich selbst zu teilen und sich von der Erfahrung abzusondern. Sobald jedoch Schmerzen eintreten, seien sie physisch oder gefühlsbedingt, wirklich oder vorgeahnt, beginnt die Spaltung und damit der ständige Kreislauf.

Sobald es offenbar wird, dass das geistige »ICH« der Wirklichkeit der Gegenwart einfach nicht entfliehen kann, da das geistige »ICH« nichts anderes ist als das, was ich jetzt weiß, wird der innere Aufruhr enden. Es bleibt keine andere Möglichkeit, als sich des Schmerzes, der Furcht, der Langeweile oder des Kummers ebenso vollkommen gewahr zu sein wie der Freude. Der menschliche Organismus besitzt die großartigsten Kräfte, sich sowohl physischen als auch psychologischen Schmerzen anzupassen. Aber dies kann nur voll zur Auswirkung kommen, wenn man den Schmerz nicht ständig durch die innere Anstrengung, sich seiner zu entledigen – das »ICH« vom Gefühl zu trennen –, wieder entfacht. Diese Anstrengung erzeugt einen Zustand der Spannung, in der der Schmerz erst recht gedeiht. Wenn die Spannung aber nachlässt, fangen Geist und Körper an, den Schmerz so zu absorbieren wie das Wasser einen Schlag oder Schnitt.

Eine weitere Geschichte von einem chinesischen Weisen berichtet, wie dieser gefragt wurde: »Wie können wir der Hitze entfliehen?«, womit natürlich die Glut des Erleidens gemeint war. Er antwortete: »Begib dich mitten ins Feuer!« »Wie aber sollen wir dann der sengenden Flamme entfliehen?« »Du wirst keinen Schmerz mehr verspüren!« Wir brauchen nicht bis nach China zu gehen. Die gleiche Idee findet sich in der ›Göttlichen Komödie‹, in der Dante und Virgil feststellen, dass der Weg aus der Hölle genau in deren Mittelpunkt liegt.

In Augenblicken größter Freude hören wir – in der Regel – nicht auf zu denken: »Ich bin glücklich« oder »Was für Freude!« Normalerweise hören wir auch nicht auf, solche Gedanken zu haben, bis die Freude über ihren Höhepunkt hinaus ist, oder eine Angst, dass sie entschwinden könnte, sich einstellt. In solchen Zeiten sind wir derart des Augenblicks gewahr, dass wir keinen Versuch machen, seine Erfahrung mit anderen Erfahrungen zu vergleichen. Aus diesem Grunde geben wir ihm keinen Namen, denn Namen, die nicht reine Ausrufe sind, sind auf Vergleiche gestützt. »Freude« unterscheidet sich von »Sorge« durch Gegensatz, durch Vergleich eines geistigen Zustandes mit dem anderen. Würden wir Freude nie gekannt haben, würde es nicht möglich sein, die Sorge als Sorge zu identifizieren.

In Wirklichkeit aber können wir Freude nicht mit Sorge vergleichen. Vergleichen ist nur möglich durch den sehr raschen Wechsel zweier geistiger Verfassungen, und du kannst zwischen echtem Gefühl der Freude und Sorge nicht so beliebig vor- und zurückschalten, wie deine Augen zwischen einem Hund und einer Katze hin- und herwechseln können, Sorge kann nur mit der »Erinnerung« an Freude verglichen werden, was keineswegs das Gleiche ist wie die Freude selbst.

Ebenso wenig wie Worte können Erinnerungen die Wirklichkeit erfolgreich »erfassen«. Erinnerungen sind irgendwie abstrakt, mehr ein Wissen um Dinge als von Dingen. Erinnerung fängt niemals das Wesentliche ein, weder die gegenwärtige Intensität noch die greifbare Wirklichkeit einer Erfahrung. Sie ist wie der Leichnam einer Erfahrung, aus dem das Leben entschwunden ist. Was wir aus der Erinnerung wissen, kennen wir nur aus zweiter Hand. Erinnerungen sind tot, weil sie feststehend sind. Die Erinnerung an deine verstorbene Großmutter bringt dir nur zurück, was deine Großmutter war. Jedoch könnte die wirkliche, anwesende Großmutter immer irgendetwas Neues tun oder sagen, und du wärest niemals ganz sicher, was sie als Nächstes täte.

Also gibt es zwei Wege, eine Erfahrung zu verstehen. Der erste ist der, sie mit den Erinnerungen anderer Erfahrungen zu vergleichen und sie derart zu benennen und zu bezeichnen. Das heißt, sie in Übereinstimmung mit Totem und Vergangenem auszulegen. Der zweite ist der, sie wahrzunehmen, wie sie ist, wie wenn wir, im Übermaß der Freude, Vergangenheit und Zukunft vergessen, die Gegenwart alles sein lassen und uns dadurch nicht einmal Zeit nehmen zu denken: »Ich bin glücklich.« (...)

Wenn das einmal verstanden ist, so ist es wirklich töricht zu sagen, dass es eine Wahl oder Alternative zwischen diesen beiden Arten des Lebens gibt, zwischen furchtlosem und panischem Schwimmen gegen den Strom und der Erkenntnis einer neuen Welt, umgestaltet und immer voller neuer Wunder. Der Schlüssel ist Verstehen. Zu fragen, wie man das macht, welche Technik oder Methode man anwendet, welches die Spielregeln sind, heißt ganz an der Sache vorbeigehen. Methoden sind da, um Dinge zu schaffen, die noch nicht existieren. Wir befassen uns hier aber mit dem Verstehen von etwas, das ist – dem gegenwärtigen Augenblick. Es handelt sich nicht um eine psychologische oder geistige Lehre zur Selbstvervollkommnung. Es handelt sich nur darum, die gegenwärtige Erfahrung wahrzunehmen und sich klarzumachen, dass du sie weder erklären, noch dich von ihr trennen kannst. Die einzige Regel heißt: »Nimm wahr!«

Es ist nicht nur dichterische Schwärmerei, zu sagen, dass wir mit einem so befreiten Geist in eine neue Welt blicken; neu wie am ersten Tag der Schöpfung, als »die Morgensterne miteinander sangen und alle Geschöpfe Gottes vor Freude jubelten«. Wenn wir versuchen, alles in Begriffen der Erinnerung, der Vergangenheit und in Worten zu verstehen, hätten wir unsere Nasen wirklich den größten Teil unseres Lebens im Reiseführer gehabt und niemals die Ansicht selbst betrachtet.

Michael Ende
Das Geheimnis von Beppo Straßenkehrer

Er fuhr jeden Morgen lange vor Tagesanbruch mit seinem alten, quietschenden Fahrrad in die Stadt zu einem großen Gebäude. Dort wartete er in einem Hof zusammen mit seinen Kollegen, bis man ihm einen Besen und einen Karren gab und ihm eine bestimmte Straße zuwies, die er kehren sollte.

Beppo liebte diese Stunden vor Tagesanbruch, wenn die Stadt noch schlief. Und er tat seine Arbeit gern und gründlich. Er wusste, es war eine sehr notwendige Arbeit.

Wenn er so die Straßen kehrte, tat er es langsam, aber stetig: Bei jedem Schritt einen Atemzug und bei jedem Atemzug einen Besenstrich. Schritt – Atemzug – Besenstrich. Schritt – Atemzug – Besenstrich. Dazwischen blieb er manchmal ein Weilchen stehen und blickte nachdenklich vor sich hin. Und dann ging es wieder weiter – Schritt – Atemzug – Besenstrich – – –.

Während er sich so dahinbewegte, vor sich die schmutzige Straße und hinter sich die saubere, kamen ihm oft große Gedanken. Aber es waren Gedanken ohne Worte, Gedanken, die sich so schwer mitteilen ließen wie ein bestimmter Duft, an den man sich nur gerade eben noch erinnert, oder wie eine Farbe, von der man geträumt hat. Nach der Arbeit, wenn er bei Momo saß, erklärte er ihr seine großen Gedanken. Und da sie auf ihre besondere Art zuhörte, löste sich seine Zunge, und er fand die richtigen Worte:

»Siehst du, Momo«, sagte er dann zum Beispiel, »es ist so: Manchmal hat man eine sehr lange Straße vor sich. Man denkt, die ist so schrecklich lang; das kann man niemals schaffen, denkt man.«

Er blickte eine Weile schweigend vor sich hin, dann fuhr er fort: »Und dann fängt man an, sich zu eilen. Und man eilt sich immer mehr. Jedes Mal, wenn man aufblickt, sieht man, dass es gar nicht weniger wird, was noch vor einem liegt. Und man strengt sich noch mehr an, man kriegt es mit der Angst, und zum Schluss ist man ganz außer Puste und kann nicht mehr. Und die Straße liegt immer noch vor einem. So darf man es nicht machen.«

Er dachte einige Zeit nach. Dann sprach er weiter: »Man darf nie an die ganze Straße auf einmal denken, verstehst du? Man muss nur an den nächsten Schritt denken, an den nächsten Atemzug, an den nächsten Besenstrich. Und immer wieder nur an den nächsten.«

Wieder hielt er inne und überlegte, ehe er hinzufügte: »Dann macht es Freude; das ist wichtig, dann macht man seine Sache gut. Und so soll es sein.«

Und abermals nach einer langen Pause fuhr er fort: »Auf einmal merkt man, dass man Schritt für Schritt die ganze Straße gemacht hat. Man hat gar nicht gemerkt wie, und man ist nicht außer Puste.« Er nickte und sagte abschließend: »Das ist wichtig.«

Hermann Hesse
Glück

Der Mensch, so wie ihn Gott gedacht und wie die Dichtung und Weisheit der Völker ihn manche tausend Jahre lang verstanden hat, ist geschaffen mit einer Fähigkeit, sich zu freuen an Dingen, auch wenn sie ihm nicht nützen, mit einem Organ für das Schöne. An der Freude des Menschen am Schönen haben stets Geist und Sinne in gleichem Maße teil, und solange Menschen fähig sind, sich mitten in den Drangsalen und Gefährdungen ihres Lebens solcher Dinge zu freuen: eines Farbenspieles in der Natur oder im gemalten Bilde, eines Anrufes in den Stimmen der Stürme und des Meeres oder einer von Menschen gemachten Musik, solange ihnen hinter der Oberfläche der Interessen und Nöte die Welt als Ganzes sichtbar oder fühlbar werden kann, worin vom Kopfdrehen einer spielenden jungen Katze bis zum Variationenspiel einer Sonate, vom rührenden Blick eines Hundes bis zur Tragödie eines Dichters ein Zusammenhang, ein tausendfältiger Reichtum an Beziehungen, Entsprechungen, Analogien und Spiegelungen besteht, aus deren ewig fließender Sprache den Hörern Freude und Weisheit, Spaß und Rührung zuteil wird – solange wird der Mensch seiner Fragwürdigkeiten immer wieder Herr werden und seinem Dasein immer wieder Sinn zuschreiben können, denn der »Sinn« ist ja eben jene Einheit des Vielfältigen, oder doch jene Fähigkeit des Geistes, den Wirrwarr der Welt als Einheit und Harmonie zu ahnen. Für den wirklichen Menschen, den heilen, ganzen, unverkrüppelten, rechtfertigt sich die Welt, rechtfertigt sich Gott unaufhörlich durch solche Wunder wie dies, dass es außer dem Kühlerwerden am Abend und dem erreichten Ende der Arbeitszeit auch noch so etwas gibt wie das Erröten der abendlichen Atmosphäre und die zauberisch gleitenden Übergänge vom Rosa ins Violett, oder dass es so etwas gibt wie die Verwandlung eines Menschengesichtes, wenn es in tausend Übergängen gleich dem Abendhimmel überflogen wird vom Wunder des Lächelns, oder dass es so etwas gibt wie die Räume und die Fenster eines Domes, dass es so etwas gibt wie die Ordnung der Staubgefäße im Blumenkelch, etwas wie die aus Brettchen gebaute Violine, etwas wie die Tonleiter, und etwas so Unbegreifliches, Zartes, aus Natur und Geist Geborenes, Vernünftiges und zugleich Übervernünftiges und Kindliches wie die Sprache. Ihre Schönheiten und Überraschungen, ihre Rätsel, ihre scheinbare Ewigkeit, die sie dennoch nicht entfernt und abdichtet von den Anfälligkeiten, Krankheiten, Gefahren, denen alles Menschliche ausgesetzt ist – das macht sie für uns, ihre Diener und Schüler, zu einer der geheimnisvollsten und ehrwürdigsten Erscheinungen auf Erden.

Und nicht nur, dass jedes Volk oder jede Kulturgemeinschaft sich die ihren Herkünften entsprechende und zugleich ihren noch unausgesprochenen Zielen dienende Sprache geschaffen hat, nicht nur dass ein Volk die Sprache des andern lernen, bewundern, belächeln und dennoch niemals ganz und völlig verstehen kann! Nein, es ist auch für jeden einzelnen Menschen, sofern er nicht in einer noch sprachlosen Vorwelt oder in einer zu Ende mechanisierten und damit wieder sprachlos gewordenen Wirklichkeit lebt, die Sprache ein persönliches Eigentum, es haben für jeden Sprachempfänglichen, also für jeden heilen und unzerstückelten Menschen die Worte und Silben, die Buchstaben und Formen, die Möglichkeiten der Syntax ihren besonderen, nur ihm eigenen Wert und Sinn, es kann jede echte Sprache von jedem für sie und mit ihr Begabten auf ganz persönliche und einmalige Weise empfunden und erlebt werden, auch wenn er nichts davon weiß. So wie es Musiker gegeben hat, denen gewisse Instrumente oder gewisse Stimmlagen besonders lieb oder auch besonders verdächtig oder unvertraut waren, so haben die meisten Menschen, sofern sie überhaupt einen Sprachsinn haben, zu gewissen Worten und Klängen, gewissen Vokalen oder Buchstabenfolgen eine eigene Hinneigung, während sie andere eher meiden, und wenn jemand einen bestimmten Dichter besonders liebt oder ablehnt, dann hat daran auch dieses Dichters Sprachgeschmack und Sprachgehör seinen Anteil, welche dem seiner Leser verwandt oder fremd sind. Ich könnte zum Beispiel eine ganze Menge von Versen und Gedichten nennen, welche ich durch Jahrzehnte geliebt habe und liebe, nicht ihres Sinnes, nicht ihrer Weisheit, nicht ihres Gehaltes an Erfahrung, Güte, Größe wegen, sondern einzig wegen eines bestimmten Reimes, wegen einer bestimmten rhythmischen Abweichung vom überkommenen Schema, wegen einer bestimmten Auswahl der bevorzugten Vokale, welche der Dichter ebenso unbewusst getroffen haben kann wie der Leser sie unbewusst übt. Man kann aus Bau und Rhythmus eines Prosasatzes von Goethe oder Brentano, von Lessing oder E. Th. A. Hoffmann über das Charakteristische, über die leibliche und seelische Veranlagung des Dichters oft weit mehr schließen als aus dem, was dieser Prosasatz aussagt. Es gibt Sätze, die bei jedem beliebigen Dichter stehen könnten, und andre, die überhaupt nur bei einem einzigen wohl bekannten Sprachmusikanten möglich waren.

Für unsereinen sind die Wörter dasselbe, was für den Maler die Farben auf der Palette sind. Es gibt ihrer zahllose, und es entstehen ihrer immer neue, aber die guten, die echten Worte sind weniger zahlreich, und ich habe es in siebzig Jahren nicht erlebt, dass ein neues entstanden wäre. Auch der Farben sind es ja nicht beliebig viele, wennschon ihre Abtönungen und Mischungen nicht zu zählen sind. Unter den Wörtern gibt es für jeden Sprechenden Lieblinge und Fremde, bevorzugte und gemiedene, es gibt alltägliche, die man tausendmal verwendet ohne eine Abnützung zu fürchten, und andre, festliche, die man, so sehr man sie lieben möge, nur mit Bedacht und Schonung, mit der dem Festlichen zukommenden Seltenheit und Auserwähltheit sagt und schreibt.

Zu ihnen gehört für mich das Wort Glück.

Es ist eins von den Wörtern, die ich immer geliebt und gern gehört habe. Mochte man über seine Bedeutung noch so viel streiten und räsonieren können, auf jeden Fall bedeutete es etwas Schönes, etwas Gutes und Wünschenswertes. Und dem entsprechend fand ich den Klang des Wortes.

Ich fand, dieses Wort habe trotz seiner Kürze etwas erstaunlich Schweres und Volles, etwas, was an Gold erinnerte, und richtig war ihm außer der Fülle und Vollwichtigkeit auch der Glanz eigen, wie der Blitz in der Wolke wohnte er in der kurzen Silbe, die so schmelzend und lächelnd mit dem GL begann, im Ü so lachend ruhte und so kurz, und im CK so entschlossen und knapp endete. Es war ein Wort zum Lachen und zum Weinen, ein Wort voll Urzauber und Sinnlichkeit; wenn man es recht empfinden wollte, brauchte man nur ein spätes, flaches, müdes Nickel- oder Kupferwort neben das goldene zu stellen, etwa Gegebenheit oder Nutzbarmachung, dann war alles klar. Kein Zweifel, es kam nicht aus Wörterbüchern und Schulstuben, es war nicht erdacht, abgeleitet oder zusammengesetzt, es war eins und rund, war vollkommen, es kam aus dem Himmel oder aus der Erde wie Sonnenlicht oder Blumenblick. Wie gut, wie glücklich, wie tröstlich, dass es solche Wörter gab! Ohne sie zu leben und zu denken, wäre Welke und Verödung, wäre wie Leben ohne Brot und Wein, ohne Lachen oder Musik.

Nach dieser Seite hin, nach der natürlichen und sinnlichen, hat mein Verhältnis zu dem Wort Glück sich nie entwickelt und geändert, das Wort ist heute so kurz und schwer, so golden und glänzend wie immer, ich liebe es, wie ich es als Knabe geliebt habe. Was aber dieses magische Symbol bedeute, was mit diesem so kurzen wie schweren Wort gemeint sei, darüber haben meine Meinungen und Gedanken viele Entwicklungen erlebt und sind erst sehr spät zu einem klaren und bestimmten Schluss gekommen. Bis weit über die Mitte meines Lebens hinaus nahm ich es ungeprüft und folgsam hin, dass im Munde der Leute Glück etwas zwar Positives und unbedingt Wertvolles, im Grunde aber doch Banales bedeute. Gute Geburt, gute Erziehung, gute Karriere, gute Ehe, Gedeihen in Haus und Familie, Ansehen bei den Leuten, voller Beutel, volle Truhen, an alles dieses wurde gedacht, wenn man »Glück« sagte, und ich tat wie jedermann. Es gab, so schien es, glückliche Menschen und andere, wie es gescheite und andere gab. Wir sprachen von Glück auch in der Weltgeschichte, wir glaubten glückliche Völker, glückliche Epochen zu kennen. Dabei lebten wir selbst mitten in einer ungewöhnlich »glücklichen« Epoche, wir waren vom Glück eines langen Friedens, einer weiten Freizügigkeit, eines bedeutenden Behagens und Wohlseins umspült wie von einem lauen Bade, und doch merkten wir es nicht, es verstand sich dies Glück allzu sehr von selbst, und wir jungen Leute in jener scheinbar so freundlichen, behaglichen und friedlichen Epoche waren, wenn wir etwas auf uns hielten, blasiert und skeptisch gestimmt, kokettierten mit dem Tod, mit der Entartung, mit der interessanten Bleichsucht, während wir vom Florenz des Quattrocento, dem Athen des Perikles und anderen vergangenen Zeiten als von glücklichen sprachen. Das Schwärmen für jene Blütenzeiten zwar verlor sich allmählich, wir lasen Geschichtsbücher, lasen Schopenhauer, wurden gegen die Superlative und gegen die schönen Worte misstrauisch, wir lernten geistig in einem gedämpften und relativierten Klima leben – und dennoch klang das Wort Glück, wo irgend man ihm unbefangen begegnete, mit dem alten vollen goldenen Ton, blieb Mahnung oder Erinnerung an Dinge höchsten Wertes. Vielleicht, dachten wir zuzeiten, konnten einfache Kindermenschen jene handgreiflichen Güter des Lebens Glück nennen, wir aber dachten bei dem Worte eher an etwas wie Weisheit, Drüberstehen, Geduld, Unbeirrbarkeit der Seele, was alles schön war und uns Freude machte, ohne doch einen so urmäßigen, vollen, tiefen Namen wie »Glück« zu verdienen.

Inzwischen war mein persönliches Leben längst so weit gediehen, dass ich wusste, es sei nicht nur kein so genannt glückliches, sondern es habe auch das Streben nach so genanntem Glück darin keinen Raum und keinen Sinn. In einer pathetischen Stunde hätte ich dies Verhalten vielleicht als Amor Fati bezeichnet, doch war ich im Grunde und mit Ausnahme kurzdauernder überhitzter Entwicklungszustände nie sehr zum Pathos geneigt, und auch die unpathetische Schopenhauersche begierdelose Liebe war schon nicht mehr mein unbedingtes Ideal, seit ich die leise, unscheinbare, sparsame und stets ein wenig spöttische Art von Weisheit hatte kennen lernen, auf deren Boden die Berichte über das Leben der chinesischen Meister und die Gleichnisse des Dschuang Dsi gewachsen sind.

Nun, ich möchte nicht ins Plaudern geraten. Ich habe etwas ziemlich genau Bestimmtes zu sagen vor. Zunächst und um bei der Stange zu bleiben, versuche ich mit umschreibenden Worten das zu formulieren, was an Inhalt und Bedeutung heute für mich in dem Worte Glück liegt. Unter Glück verstehe ich heute etwas ganz Objektives, nämlich die Ganzheit selbst, das zeitlose Sein, die ewige Musik der Welt, das, was andre etwa die Harmonie der Sphären oder das Lächeln Gottes genannt haben. Dieser Inbegriff, diese unendliche Musik, diese voll tönende und golden glänzende Ewigkeit ist reine und vollkommene Gegenwart, sie kennt keine Zeit, keine Geschichte, kein Vorher, kein Nachher. Ewig leuchtet und lacht das Antlitz der Welt, während Menschen, Generationen, Völker, Reiche aufsteigen, blühen und wieder in den Schatten und das Nichts hinsinken. Ewig musiziert das Leben, ewig tanzt es seinen Reigen, und was uns Vergänglichen, Gefährdeten und Hinfälligen dennoch an Freude, an Trost, an Lachenkönnen etwa zugeteilt wird, ist Glanz von dort, ist ein Auge voll Licht, ein Ohr voll Musik.

Ob es nun jemals jene sagenhaften »glücklichen« Menschen wirklich gegeben habe oder ob auch die mit Neid gepriesenen Glückskinder, Sonnenlieblinge und Weltherren nur zuweilen, nur in festlichen und begnadeten Stunden oder Augenblicken vom großen Licht bestrahlt worden seien, sie haben kein anderes Glück erleben, an keiner anderen Freude teilhaben können. Atmen in vollkommener Gegenwart, Mitsingen im Chor der Sphären, Mittanzen im Reigen der Welt, Mitlachen im ewigen Lachen Gottes, das ist unsre Teilhabe am Glück. Viele haben es nur einmal, viele nur wenige Male erlebt. Aber der es erlebt hat, ist nicht nur für einen Augenblick glücklich gewesen, er hat auch etwas vom Glanz und Klang, etwas vom Licht der zeitlosen Freude mitgebracht, und alles, was durch Liebende an Liebe, durch Künstler an Trost und Heiterkeit in unsre Welt getragen worden ist und oft nach Jahrhunderten so hell strahlt wie am ersten Tage, das kommt von dort.

Zu dieser umfassenden, dieser weltgroßen und heiligen Bedeutung ist bei mir das Wort Glück im Lauf eines Lebens gelangt, und vielleicht ist es nötig den Schulknaben unter meinen Lesern ausdrücklich zu sagen, dass ich hier keineswegs Philologie treibe, sondern ein Stückchen Seelengeschichte erzähle, und dass es mir sehr fern liegt, sie etwa dazu aufzufordern, sie möchten nun auch ihrerseits im mündlichen und schriftlichen Gebrauch dem Worte Glück diese gewaltige Bedeutung geben. Für mich aber hat sich um dies holde, kurze, golden glänzende Wort herum alles das angesammelt, was ich seit Kindertagen bei seinem Klang empfand. Die Empfindung war beim Kinde gewiss stärker, die Antwort aller Sinne auf die sinnlichen Qualitäten und Anrufe des Wortes heftiger und lauter, aber wäre das Wort an sich nicht so tief, so ursprünglich und so welthaltig, so hätte sich meine Vorstellung von der ewigen Gegenwart, von der »goldenen Spur« (im Goldmund) und dem Lachen der Unsterblichen (im Steppenwolf) nicht um dieses Wort herum kristallisiert.

Wenn alt gewordene Menschen sich darauf zu besinnen suchen, wann, wie oft und wie stark sie Glück empfunden haben, dann suchen sie vor allem in ihrer Kindheit, und mit Recht, denn zum Erleben des Glückes bedarf es vor allem der Unabhängigkeit von der Zeit und damit von der Furcht sowohl wie von der Hoffnung, und diese Fähigkeit kommt den meisten Menschen mit den Jahren abhanden. Auch ich, wenn ich mich der Augenblicke meiner Teilhabe am Glanz der ewigen Gegenwart, am Lächeln Gottes zu erinnern suche, kehre jedes Mal bei der Kindheit ein und finde dort die meisten und die wertvollsten Erlebnisse dieser Art. Gewiss blendender und bunter, festlicher kostümiert und farbiger beleuchtet waren die Freudenzeiten der Jünglingsjahre, der Geist hatte an ihnen mehr Anteil als an denen der Kindheit. Aber, wenn man genauer und immer genauer zusah, war es doch mehr Spaß und Lustigkeit als wirklich Glück. Man war lustig, witzig, geistreich, man machte manchen guten Spaß. Ich erinnere mich eines Augenblicks im Kreis meiner Kameraden in der blühenden Jugendzeit: da fragte ein Harmloser im Gespräch, was denn eigentlich ein homerisches Gelächter sei, und ich antwortete ihm durch ein rhythmisches Gelächter, das genau einen Hexameter nachskandierte. Man lachte laut, man stieß mit den Gläsern an – aber Augenblicke dieser Art halten der späten Nachprüfung nicht stand. Das alles war hübsch, war lustig, schmeckte gut, aber Glück war es nicht. Glück, so schien es, wenn man diesen Untersuchungen lange genug nachging, Glück war nur in der Kindheit erlebt worden, in Stunden oder Augenblicken, deren Wiederfinden sehr schwierig war, denn auch dort noch, auch im Bezirk der Kindheit erwies sich der Glanz beim Nachprüfen nicht immer als echt, das Gold nicht immer als völlig gediegen. Wenn ich es ganz genau nahm, so blieben nur ganz wenige Erlebnisse übrig, und auch sie waren nicht Bilder, die man ausmalen, und nicht Geschichten, die man erzählen konnte, sie wichen den Befragungen geschmeidig aus. Meldete sich eine solche Erinnerung, so schien es zuerst, als handle es sich um Wochen oder Tage oder doch mindestens um einen Tag, eine Weihnacht etwa, einen Geburtstag oder einen ersten Ferientag. Aber um einen Kindertag im Gedächtnis wieder herzustellen, bedürfte es tausender Bilder, und für keinen einzigen Tag, auch nicht für einen halben, brächte das Gedächtnis die ausreichende Menge von Bildern zusammen.

Ob es nun aber Erlebnisse von Tagen, von Stunden oder auch nur von Minuten gewesen sind, erlebt habe ich das Glück manche Male, und bin auch in späten Tagen, noch im Alter, ihm für Augenblicke nahe gekommen. Von jenen Glücksbegegnungen der Lebensfrühe aber, so oft ich sie beschworen, befragt und geprüft habe, hat eine besonders standgehalten. Es war in meiner Schulknabenzeit, und das Eigentliche daran, das Echte, Urhafte und Mythische darin, der Zustand des still lachenden Eins-Seins mit der Welt, der absoluten Freiheit von Zeit, von Hoffnung und Furcht, der völligen Gegenwärtigkeit kann nicht lange gewährt haben, vielleicht Minuten.

Eines Morgens erwachte ich, ein lebhafter Knabe von vielleicht zehn Jahren, mit einem ganz ungewöhnlich holden und tiefen Gefühl von Freude und Wohlsein, das mich wie eine innere Sonne durchstrahlte, so als sei jetzt eben, in diesem Augenblick des Erwachens aus einem guten Knabenschlaf, etwas Neues und Wunderbares geschehen, als sei meine ganze klein-große Knabenwelt in einen neuen und höhern Zustand, in ein neues Licht und Klima eingetreten, als habe das ganze schöne Leben erst jetzt, an diesem frühen Morgen seinen vollen Wert und Sinn bekommen. Ich wusste nichts von gestern noch von morgen, ich war von einem glückhaften Heute umfangen und sanft umspült. Es tat wohl und wurde von Sinnen und Seele ohne Neugierde und ohne Rechenschaft gekostet, es durchrann mich und schmeckte herrlich.

Es war Morgen, durchs hohe Fenster sah ich über dem langen Dachrücken des Nachbarhauses den Himmel heiter in reinem Hellblau stehen, auch er schien voll Glück, als habe er Besonderes vor und habe dazu sein hübschestes Kleid angezogen. Mehr war von meinem Bette aus von der Welt nicht zu sehen, nur eben dieser schöne Himmel und das lange Stück Dach vom Nachbarhause, aber auch dies Dach, dies langweilige und öde Dach aus dunkel rotbraunen Ziegeln schien zu lachen, es ging über seine steile schattige Schrägwand ein leises Spiel von Farben, und die einzelne bläuliche Glaspfanne zwischen den roten tönernen schien lebendig und schien freudig bemüht, etwas von diesem so leise und stetig strahlenden Frühhimmel zu spiegeln. Der Himmel, die etwas raue Kante des Dachrückens, das uniformierte Heer der braunen und das luftig dünne Blau des einzigen Glasziegels schienen auf eine schöne und erfreuliche Weise miteinander einverstanden, sie hatten sichtlich nichts andres im Sinn, als in dieser besonderen Morgenstunde einander anzulachen und es gut miteinander zu meinen. Himmelblau, Ziegelbraun und Glasblau hatten einen Sinn, sie gehörten zusammen, sie spielten miteinander, es war ihnen wohl, und es war gut und tat wohl, sie zu sehen, ihrem Spiel beizuwohnen, sich vom selben Morgenglanz und Wohlgefühl durchflossen zu fühlen wie sie.

So lag ich, den beginnenden Morgen samt dem ruhigen Nachgefühl des Schlafes genießend, eine schöne Ewigkeit in meinem Bett, und ob ich ein gleiches oder ähnliches Glück noch andre Male in meinem Leben gekostet habe, tiefer und wirklicher konnte keines sein: die Welt war in Ordnung. Und ob dieses Glück hundert Sekunden oder zehn Minuten gedauert habe, es war so außerhalb der Zeit, dass es jedem andern echten Glücke so vollkommen glich wie ein flatternder Bläuling dem andern. Es war vergänglich, es wurde von der Zeit überspült, aber es war tief und ewig genug, um über mehr als sechzig Jahre hinweg mich noch heute zu sich zurückzurufen und zu ziehen, dass ich mit müden Augen und schmerzenden Fingern darum bemüht sein muss, es anzurufen und ihm zuzulächeln, es nachzubilden und zu beschreiben. Es bestand aus nichts, dieses Glück, als aus dem Zusammenklang der paar Dinge um mich her mit meinem eigenen Sein, aus einem wunschlosen Wohlsein, das nach keiner Änderung, keiner Steigerung verlangte.

Es war noch Stille im Haus, und auch von außen her kein Laut. Wäre diese Stille nicht gewesen, so hätte vermutlich die Erinnerung an die alltäglichen Pflichten, an das Aufstehen und den Gang zur Schule mein Wohlsein gestört. Aber es war offenbar weder Tag noch Nacht, es war das süße Licht und das lachende Blau zwar vorhanden, aber kein Mägdetrab über die Sandsteinfliesen des Vorplatzes, keine knarrende Tür, kein Bäckerbubenschritt auf den Treppen. Dieser Morgen-Augenblick war außerhalb der Zeit, er rief zu nichts, er wies auf nichts Kommendes hin, er war sich selbst genug, und da er mich ganz mit in sich begriff, gab es auch für mich keinen Tag, keinen Gedanken an Aufstehen und Schule, an halb gemachte Aufgaben oder schlecht gelernte Vokabeln, an hastiges Frühstücken im frisch gelüfteten Esszimmer drüben.

Die Ewigkeit des Glückes erfuhr diesmal ihren Zerfall durch eine Steigerung des Schönen, durch ein Mehr und Zuviel an Freude. Während ich so lag und mich nicht rührte, und die lichte stille Morgenwelt in mich eindrang und mich in sich aufnahm, stieß aus der Ferne her etwas Ungewohntes, etwas Glänzendes und Überhelles golden und triumphierend durch die Stille, voll strotzender Freude, voll lockender und weckender Süßigkeit: der Klang einer Trompete. Und schon war, während ich, nun erst völlig wach, mich im Bett aufrichtete und die Decke zurückschlug, der Klang zweistimmig und mehrstimmig geworden: es war die Stadtmusik, die mit klingendem Spiel durch die Gassen marschierte, ein überaus seltenes und aufregendes Ereignis voll schmetternder Festlichkeit, dass mir das Kinderherz im Leibe zugleich lachte und schluchzte, als wäre alles Glück, aller Zauber der seligen Stunde in diese aufreizenden scharfsüßen Töne zusammengeflossen und ergösse sich nun, geweckt und ins Zeitliche und Vergängliche zurückgekehrt. In einer Sekunde war ich aus dem Bett, bebend vor Festfreude, stürzte zur Tür und ins Nebenzimmer, aus dessen Fenstern man die Straße sehen konnte. In einem Taumel von Entzücken, von Neugierde und Dabeiseinwollen legte ich mich in ein offenes Fenster, hörte beglückt die schwellenden und hochmütigen Klänge der näher kommenden Musik, sah und hörte die Nachbarhäuser und die Straßen erwachen, lebendig werden und sich mit Gesichtern, Gestalten und Stimmen anfüllen – und in derselben Sekunde wusste ich auch alles wieder, was ich in jenem Wohlsein zwischen Schlaf und Tag so ganz vergessen hatte. Ich wusste, dass in der Tat heute keine Schule sei, sondern ein hoher Festtag, ich glaube, es war des Königs Geburtstag, dass es Umzüge, Fahnen, Musik und unerhörte Belustigungen geben werde.

Und mit diesem Wissen war ich zurückgekehrt, stand ich wieder unter den Gesetzen, die den Alltag beherrschen, und wenn es auch kein Alltag war, sondern ein Festtag, zu dem die metallenen Töne mich erweckt hatten, so war doch das Eigentliche und Schöne und Göttliche dieses Morgenzaubers schon vergangen und hinter dem kleinen holden Wunder schlugen die Wellen der Zeit, der Welt, der Gewöhnlichkeit wieder zusammen.

Prentice Mulford
Sich leben spüren

Wer beim Essen, Ankleiden, Gehen seine Gedanken woanders hat, macht aus dem Essen, Ankleiden, Gehen etwas Störendes und Unangenehmes, *ja, alles muss da schließlich unangenehm werden*, durch dieses Training, Willen und Wirklichkeit überquer zu stellen. Was alle doch anstreben, ist Glück – Glück aber ist *Stimmung schaffen können* – freier Herr sein über die Gedanken immer und überall. Das ist nur durch Training im Kleinsten erreichbar. Auch jeder Soldat hat Reih und Glied zu halten, damit die Armee in Präzision große Manöver ausführen könne. *Nur Präsenz des Wissens ist Wissen – Präsenz des Könnens – Können.* Wenn mir etwas nur Mittwoch früh einfällt und ich brauchte es *unerwarteterweise* einmal Dienstag Nachmittag, so ist das so gut, als wüsste ich es gar nicht. Das Leben besteht aber aus lauter *Unerwartetstem* und gerade dort, wo es am lebendigsten ist – »das Glück ist nur ein Augenblick« –, wer immer gleich einen Nachmittag davon verbürgt haben will, ehe ihm ein Zustandswechsel lohnt, weiß überhaupt noch nicht, was Glück ist: *sich leben spüren:* sein ganzes Ich – in jedem Augenblick, an jeder Stelle, wo es auch stehen mag! Es ist aber durchaus nicht zur Stelle, wenn wir ein Schuhband knüpfen (verknüpfen) und eine Meile weg denken – einen Bleistift spitzen und in der morgigen Sorge herumstochern. Lebenslängliche Gewohnheit der Gedankenvagabundage, dieses »nie bei der Sache sein«, lässt es nicht nur immer schwieriger werden, die Geisteskraft zurückzurufen, nein, auch die Zurückgerufene funktioniert nicht mehr reibungslos, lässt sie sich wirklich einmal herbei, zu folgen.

Doris Dörrie
Grundlos glücklich

Ich drehe mich um, schaue nach, ob jemand guckt, aber nur in der Entfernung nestelt jemand an seinem Zelt herum. Vorsichtig setze ich einen Fuß vor den anderen. Weich gibt der Waldboden nach. Niemand sieht mich, ich werde mutiger. Ein Schritt, ein Atemzug. Ein – aus. Schritt für Schritt.

Zuletzt bin ich, glaube ich, als kleiner Junge barfuß durch den Wald gegangen. Trockene Blätter und kleine Zweige knacken unter meinen Füßen, das Moos ist kühl und feucht, dann wieder spüre ich sonnengewärmte Flecken an meinen Fußsohlen. Ein – aus. Es ist gar nicht so schwierig, nur gerate ich bei dem Tempo ein wenig ins Schwanken, als hätte ich zu viel getrunken. Wenn ich allerdings nur ans Atmen denke, geht es besser. Langsam gehe ich in den Wald hinein, Schritt für Schritt, und mit einem Mal habe ich tatsächlich das Gefühl, ein wenig zu schweben.

Ich kichere vor Überraschung, schwebe weiter. Schritt für Schritt. Atemzug für Atemzug. Gedanken und Gefühle fallen von mir ab wie Fetzen einer alten Haut. Ich lasse sie hinter mir und hebe sie nicht wieder auf, entferne mich von meinem Müllhaufen, Schritt für Schritt.

Ich gehe weiter und weiter. Nach einer Weile denke ich nicht mehr über die Koordination von Atem und Schritten nach. Ich gehe, das ist alles. Es gibt nur noch mich und diesen Wald, und nach einer Weile gibt es nur noch den Wald. Den weichen Boden, die Temperaturunterschiede der Luft, je nachdem, wie dicht die Bäume zusammenstehen, die Silberfäden der Spinnennetze im Gegenlicht, das Surren der Insekten, die Rufe der Vögel. Ich gehe und vergesse mich und bemerke zu meinem Erstaunen, dass ich glücklich bin. Grundlos glücklich, was mir mit einem Mal als das größte Glück überhaupt erscheint. Es hat keinerlei Ursprung außer der Tatsache, dass ich *jetzt hier* bin.

Konzentration aufs Wesentliche:

Das Glück des Loslassens

Lerne loszulassen! Das ist der Schlüssel zur Glückseligkeit.
BUDDHISTISCHE WEISHEIT

Henry David Thoreau
Vereinfache, vereinfache!

Das meiste von dem, was man unter dem Namen *Luxus* zusammenfasst, und viele der so genannten Bequemlichkeiten des Lebens sind nicht nur zu entbehren, sondern geradezu Hindernisse für den Aufstieg des Menschengeschlechtes. Was Luxus und Bequemlichkeiten anbelangt, so haben die Weisesten immer ein einfacheres und ärmlicheres Leben geführt als die Armen. Niemand war ärmer an äußern Reichtümern als die alten chinesischen, indischen, persischen und griechischen Philosophen, niemand aber auch so reich an innern. Wir wissen nicht viel von ihnen. Merkwürdig ist, dass *wir* so viel von ihnen wissen. Das Gleiche lässt sich von den neueren Reformatoren und Wohltätern der Menschheit sagen. Nur von dem günstigen Standpunkt aus, den wir freiwillige Armut nennen, kann das menschliche Leben unparteiisch und vernünftig beurteilt werden. Die Frucht eines Luxuslebens ist Luxus, sei es im Ackerbau, im Handel, in Literatur oder Kunst. Heutzutage gibt es Professoren der Philosophie, aber keine Philosophen. Es lässt sich trefflich darüber dozieren, wie trefflich man einst sein Leben verbrachte. Um ein Philosoph zu sein, ist es nicht genug, geistreiche Gedanken zu haben oder eine Schule zu gründen, sondern man muss die Weisheit so lieben, dass man nach ihr lebt, ein Leben der Einfachheit, der Unabhängigkeit, der Großmut und des Vertrauens. Man muss einige der Lebensrätsel nicht theoretisch, sondern praktisch lösen. Der Erfolg großer Gelehrter und Denker ist gewöhnlich ein Höflingserfolg, kein königlicher, männlicher. Mithilfe ihres Anpassungsvermögens drücken sie sich kümmerlich durchs Leben, wie es ihre Väter taten, und sind nach keiner Richtung hin die Erzeuger einer edleren Menschenrasse. Warum aber degenerieren die Menschen immer? Was verursacht das Aussterben von Familien? Welcher Art ist der Luxus, der Nationen entnervt und zerstört? Sind wir sicher, dass nichts davon in unserm eigenen Leben ist? Der Philosoph eilt seiner Zeit voraus, auch in seiner äußeren Lebensweise. Er wohnt nicht, nährt, kleidet und wärmt sich nicht wie seine Zeitgenossen. Wie kann jemand ein Philosoph und doch nicht imstande sein, seine Lebenswärme besser zu bewahren als die andern Leute?

Wenn der Mensch durch die verschiedenen besprochenen Methoden warm gehalten wird, was braucht er dann zunächst? Gewiss nicht noch mehr Wärme von der gleichen Art, wie mehr und reichere Nahrung, größere und prächtigere Häuser, feinere und zahlreichere Kleider, mehr, anhaltendere und ausgiebigere Heizungen und so weiter. Wenn er die Dinge hat, die zum Leben nötig sind, so gibt es noch andere Bestrebungen, als sich um das Überflüssige zu bemühen: Es steht ihm jetzt frei, sich dem Leben selbst zuzuwenden, da er von der niederen Arbeit beurlaubt ist. Der Boden scheint für den Samen geeignet zu sein, denn der Keim, den der Mensch hinabsenkte, hat Wurzel gefasst; jetzt darf er vertrauensvoll nach oben streben. Warum hat sich der Mensch so tief in der Erde eingewurzelt, wenn er nicht im gleichen Verhältnis dem Himmel über sich entgegenwachsen will? Die edleren Pflanzen werden nach den Früchten geschätzt, die sie schließlich in Sonne und Licht fern von der Erde zeitigen. (...)

Ich zog in den Wald, weil ich den Wunsch hatte, mit Überlegung zu leben, dem eigentlichen, wirklichen Leben näher zu treten, zu sehen, ob ich nicht lernen konnte, was es zu lehren hatte, damit ich nicht, wenn es zum Sterben ginge, einsehen müsste, dass ich nicht gelebt hatte. Ich wollte nicht *das* leben, was nicht Leben war; das Leben ist so kostbar. Auch wollte ich keine Entsagung üben, außer es wurde unumgänglich notwendig. Ich wollte tief leben, alles Mark des Lebens aussaugen, so hart und spartanisch leben, dass alles, was nicht Leben war, in die Flucht geschlagen wurde. Ich wollte einen breiten Schwaden dicht am Boden mähen, das Leben in die Enge treiben und auf seine einfachste Formel reduzieren; und wenn es sich gemein erwiese, dann wollte ich seiner ganzen unverfälschten Niedrigkeit auf den Grund kommen und sie der Welt verkünden. War es aber erhaben, so wollte ich dies durch eigene Erfahrung erkennen und imstande sein, bei meinem nächsten Ausflug Rechenschaft darüber abzulegen. Denn die meisten Menschen scheinen mir in einer sonderbaren Ungewissheit darüber zu leben, ob es vom Teufel oder von Gott ist, und so haben sie einigermaßen übereilt geschlossen, dass der Hauptzweck des Menschen hier auf Erden sei: »Gott in Ewigkeit zu loben und zu preisen.«

Noch immer leben wir niedrig wie Ameisen, obgleich die Sage erzählt, wir seien schon vor langer Zeit in Menschen verwandelt worden. Wie Pygmäen kämpfen wir mit Kranichen; Irrtum häuft sich auf Irrtum und Flickwerk auf Flickwerk, und unsere besten Kräfte verwenden wir zu überflüssigen, vermeidbaren Jämmerlichkeiten. Unser Leben zersplittert sich in Kleinigkeiten. Ein Ehrenmann hat kaum nötig, mehr als seine zehn Finger abzuzählen; in außergewöhnlichen Fällen kann er ja seine zehn Zehen – und den Rest in Bausch und Bogen – hinzunehmen. Einfachheit, Einfachheit, Einfachheit! Lass deine Geschäfte zwei oder drei sein, sage ich dir, und nicht hundert oder tausend; statt eine Million zu zählen, zähle ein halbes Dutzend und führe Buch auf deinem Daumennagel! Über dieser brandenden See des zivilisierten Lebens gibt es so viele Wolken und Stürme, hier drohen so viele Klippen und tausend andere Dinge, denen Rechnung getragen werden muss, dass der Mensch, wenn er nicht Schiffbruch leiden, versinken und nie den Hafen erreichen will, schnell seinen Überschlag zu machen imstande sein muss. Und der, dem es gelingt, muss wirklich ein großer Rechenmeister sein. Vereinfache, vereinfache! Statt drei Mahlzeiten nimm, wenn es nötig ist, nur eine ein, statt hundert Gerichten iss fünf und reduziere das Übrige im Verhältnis. Unser Leben ist wie Deutschland aus kleinen Staaten mit ewig wechselnden Grenzen zusammengesetzt, so dass selbst ein Deutscher nicht zu sagen vermag, welches gerade jetzt seine Grenzen sind. Und unsere Nation selbst mit all ihren so genannten inneren Fortschritten, die übrigens alle äußerlich und oberflächlich sind, ist gerade solch ein schwerfälliges, veraltetes, mit allem Hausrat vollgepfropftes Institut, voller Schlingen und Fußangeln, ruiniert durch Luxus und leichtsinnige Ausgaben, durch Mangel an Berechnung und an einem würdigen Ziel, wie Millionen von Familien im Land. Die einzige Hilfe aber für die beiden ist äußerste Sparsamkeit, strenge und mehr als spartanische Einfachheit der Lebensführung und Erhöhung der Bestrebungen. Es wird zu schnell gelebt. Man glaubt, es sei zweifellos notwendig, dass die Nation Handel treibe, Eis exportiere, dass man durch den Telegrafen sprechen und dreißig Meilen in der Stunde fahren könne, ob man es nun tut oder nicht. Ob wir aber wie Paviane oder wie Menschen leben sollen, ist nicht ganz so sicher. Wenn wir aber, anstatt Schwellen herbeizuschaffen und Schienen zu schmieden und Tag und Nacht an die Arbeit zu wenden, an unserm *Leben* herumhämmern, um *dieses* zu verbessern, wer wird dann Eisenbahnen bauen? Und wenn keine Eisenbahnen gebaut werden, wie wollen wir zur rechten Zeit in den Himmel kommen? Bleiben wir aber zu Hause und kehren wir vor unserer eigenen Tür, wer braucht dann Eisenbahnen? Wir fahren nicht auf der Eisenbahn, sondern sie fährt auf uns. (...)

Im ersten Sommer las ich keine Bücher; ich pflanzte Bohnen. Nein, oft tat ich noch etwas Besseres. Es gab Zeiten, in denen ich mich nicht entschließen konnte, die Blüte des Augenblicks irgendwelcher Arbeit des Kopfes oder der Hände zu opfern. Ich lasse gern einen breiten Rand an meinem Leben. An manchem Sommermorgen saß ich, nachdem ich mein gewohntes Bad genommen hatte, von Sonnenaufgang bis Mittag in Träumerei versunken, auf meiner sonnenbeschienenen Türschwelle zwischen Fichten, Walnussbäumen und Sumach in ungestörter Einsamkeit und Stille, während die Vögel ringsumher sangen oder leise durch das Haus flatterten, bis ich durch die an das westliche Fenster fallenden Sonnenstrahlen oder durch Wagengerassel auf der Landstraße daran erinnert wurde, dass die Zeit vergeht. In solchen Stunden wuchs ich wie das Korn in der Nacht; sie waren viel besser, als irgendwelches Werk meiner Hände gewesen wäre. Es war keine meinem Leben abgezogene, sondern um so viel dreingegebene Zeit. Ich verwirklichte das, was die Orientalen Beschaulichkeit und Arbeitsenthaltsamkeit nennen. Meistens kümmerte ich mich nicht darum, wie die Stunden verflogen. Der Tag stieg empor, als ob er mein Werk beleuchten wolle. Es war Morgen, aber siehe, nun ist es Abend geworden, und nichts Berichtenswertes ward getan. Statt zu singen wie die Vögel, freute ich mich stillvergnügt meines dauernden Glückes. Wie der Sperling, der auf dem Nussbaum vor meiner Tür sitzt, seinen Triller, so hatte ich mein Lachen, mein innerliches Lied, das er aus meinem Neste erklingen hören konnte. Meine Tage waren keine Wochentage, die den Stempel irgendeiner heidnischen Gottheit trugen, noch waren sie in Stunden zerhackt oder durch das Ticken einer Uhr zernagt, sondern ich lebte wie die Puri-Indianer, von denen es heißt, dass sie »für gestern, heute und morgen nur *ein* Wort besitzen und den Unterschied in der Bedeutung ausdrücken, indem sie für gestern rückwärts, für morgen vorwärts und für heute über den Kopf nach oben deuten«. Das erschien zweifellos meinen Mitbürgern als pure Faulheit; hätten mich aber die Vögel und Blumen nach ihrem Maß gemessen, so wäre ich nicht zu gering befunden worden. Es ist wahr, der Mensch muss in sich selbst den Antrieb finden. Der natürliche Tag ist ruhig genug; er wird ihm kaum ob seiner Trägheit Vorwürfe machen. (...)

Das eine wenigstens lernte ich bei meinem Experimente: wenn jemand vertrauensvoll in der Richtung seiner Träume vorwärtsschreitet und danach strebt, das Leben, das er sich einbildete, zu leben, so wird er Erfolge haben, von denen er sich in gewöhnlichen Stunden nichts träumen ließ. Er wird mancherlei hinter sich lassen, wird eine unsichtbare Grenze überschreiten. Neue, allgemeine und freiere Gesetze werden sich um ihn und in ihm bilden, oder die alten werden ausgedehnt und zu seinen Gunsten in freierem Sinne ausgelegt werden. Es wird ihm vergönnt sein, unter Wesen einer höheren Seinsordnung zu leben. In dem Verhältnis, wie er sein Leben vereinfacht, werden die Gesetze des Weltalls weniger verwickelt erscheinen, und Einsamkeit wird nicht Einsamkeit, Armut nicht Armut, Schwäche nicht Schwäche sein. Hast du Luftschlösser gebaut, so braucht deine Arbeit nicht verloren zu sein. Eben dort sollten sie sein. Jetzt lege das Fundament darunter!

Hermann Hesse
Kleine Freuden

Große Teile des Volkes leben in unserer Zeit in freudloser und liebloser Dumpfheit dahin. Feine Geister empfinden unsere unkünstlerischen Lebensformen drückend und schmerzlich und ziehen sich vom Tage zurück. In Kunst und Dichtung ist nach der kurzen Periode des Realismus überall ein Ungenügen zu spüren, dessen deutlichste Symptome das Heimweh nach der Renaissance und die Neuromantik sind.

»Euch fehlt der Glaube!«, ruft die Kirche, und »Euch fehlt die Kunst!«, ruft Avenarius. Meinetwegen. Ich meine, uns fehlt es an Freude. Der Schwung eines erhöhten Lebens, die Auffassung des Lebens als eine fröhliche Sache, als ein Fest, das ist es doch im Grunde, womit uns die Renaissance so blendend anzieht. Die hohe Bewertung der Minute, die Eile, als wichtigste Ursache unserer Lebensform, ist ohne Zweifel der gefährlichste Feind der Freude. Mit sehnsüchtigem Lächeln lesen wir die Idyllen und empfindsamen Reisen vergangener Epochen. Wozu haben unsere Großväter nicht Zeit gehabt? Als ich einmal Friedrich Schlegels Ekloge auf den Müßiggang las, konnte ich mich des Gedankens nicht erwehren: Wie würdest du erst geseufzt haben, wenn du unsere Arbeit hättest tun müssen!

Dass diese Eiligkeit unseres heutigen Lebens uns von der frühesten Erziehung an angreifend und nachteilig beeinflusst hat, erscheint traurig, aber notwendig. Leider aber hat sich diese Hast des modernen Lebens längst auch unserer geringen Muße bemächtigt; unsere Art zu genießen ist kaum weniger nervös und aufreibend als der Betrieb unserer Arbeit. »Möglichst viel und möglichst schnell« ist die Losung. Daraus folgt immer mehr Vergnügung und immer weniger Freude. Wer je ein großes Fest in Städten oder gar Großstädten angesehen hat, oder die Vergnügungsorte moderner Städte, dem haften diese fieberheißen, verzerrten Gesichter mit den starren Augen schmerzlich und ekelhaft im Gedächtnis. Und diese krankhafte, von ewigem Ungenügen gestachelte und dennoch ewig übersättigte Art zu genießen hat ihre Stätte auch in den Theatern, in den Opernhäusern, ja in den Konzertsälen und Bildergalerien. Eine moderne Kunstausstellung zu besuchen, ist gewiss selten ein Vergnügen.

Von diesen Übeln bleibt auch der Reiche nicht verschont. Er könnte wohl, aber er kann nicht. Man muss mitmachen, auf dem Laufenden bleiben, sich auf der Höhe halten.

So wenig als andere weiß ich ein Universalrezept gegen diese Missstände. Ich möchte nur ein altes, leider ganz unmodernes Privatmittel in Erinnerung bringen: Mäßiger Genuss ist doppelter Genuss. Und: Überseht doch die kleinen Freuden nicht!

Also: Maßhalten. In gewissen Kreisen gehört Mut dazu, eine Premiere zu versäumen. In weiteren Kreisen gehört Mut dazu, eine literarische Novität einige Wochen nach ihrem Erscheinen noch nicht zu kennen. In den allerweitesten Kreisen ist man blamiert, wenn man die heutige Zeitung nicht gelesen hat. Aber ich kenne einige, welche es nicht bereuen, diesen Mut gehabt zu haben.

Wer einen abonnierten Sitz im Theater hat, der glaube nicht etwas zu verlieren, wenn er nur jede zweite Woche einmal davon Gebrauch macht. Ich garantiere ihm: Er wird gewinnen.

Wer gewohnt ist, Bilder in Masse zu sehen, der versuche einmal, falls er dazu noch fähig ist, eine Stunde oder mehr vor einem einzelnen Meisterwerk zu verweilen und sich damit für diesen Tag zu begnügen. Er wird dabei gewinnen.

Ebenso versuche es der Vielleser usw. Er wird sich einige Mal ärgern, über etwas Neues nicht mitreden zu können. Er wird einige Mal Lächeln erregen. Aber bald wird er selber lächeln und es besser wissen. Und jedermann, der zu keiner andern Beschränkung sich verstehen mag, versuche es mit der Gewohnheit, mindestens einmal in der Woche um 10 Uhr schlafen zu gehen. Er wird sich wundern, wie glänzend dieser kleine Verlust an Zeit und Genuss sich ersetzt. Mit der Gewohnheit des Maßhaltens ist die Genussfähigkeit für die »kleinen Freuden« innig verknüpft. Denn diese Fähigkeit, ursprünglich jedem Menschen eingeboren, setzt Dinge voraus, die im modernen Tagesleben vielfach verkümmert und verloren gegangen sind, nämlich ein gewisses Maß von Heiterkeit, von Liebe und von Poesie. Diese kleinen Freuden, namentlich dem Armen geschenkt, sind so unscheinbar und sind so zahlreich ins tägliche Leben gestreut, dass der dumpfe Sinn unzähliger Arbeitsmenschen kaum noch von ihnen berührt wird. Sie fallen nicht auf, sie werden nicht angepriesen, sie kosten kein Geld! (Sonderbarerweise wissen gerade auch die Armen nicht, dass die schönsten Freuden immer die sind, die kein Geld kosten.)

Unter diesen Freuden stehen diejenigen obenan, welche uns die tägliche Berührung mit der Natur erschließt. Unsere Augen vor allem, die viel missbrauchten, überangestrengten Augen des modernen Menschen, sind, wenn man nur will, von einer ganz unerschöpflichen Genussfähigkeit. Wenn ich morgens zu meiner Arbeit gehe, eilen mit mir und mir entgegen täglich zahlreiche andere Arbeiter, eben aus dem Schlaf und Bett gekrochen, schnell und fröstelnd über die Straßen. Die meisten gehen rasch und halten die Augen auf den Weg oder höchstens auf die Kleider und Gesichter der Vorübergehenden gerichtet. Kopf hoch, liebe Freunde! Versucht es einmal – ein Baum oder mindestens ein gutes Stück Himmel ist überall zu sehen. Es muss durchaus kein blauer Himmel sein, in irgendeiner Weise lässt sich das Licht der Sonne immer fühlen. Gewöhnt euch daran, jeden Morgen einen Augenblick nach dem Himmel zu sehen, und plötzlich werdet ihr die Luft um euch her spüren, den Hauch der Morgenfrische, der euch zwischen Schlaf und Arbeit gegönnt ist. Ihr werdet finden, dass jeder Tag und jeder Dachgiebel sein eigenes Aussehen, seine besondere Beleuchtung hat. Achtet ein wenig darauf, und ihr werdet für den ganzen Tag einen Rest von Wohlgefallen und ein kleines Stück Zusammenleben mit der Natur haben. Allmählich erzieht sich das Auge ohne Mühe selber zum Vermittler vieler kleiner Reize, zum Betrachten der Natur, der Straßen, zum Erfassen der unerschöpflichen Komik des kleinen Lebens. Von da bis zum künstlerisch erzogenen Blick ist die kleinere Hälfte des Weges, die Hauptsache ist der Anfang, das Augenaufmachen.

Ein Stück Himmel, eine Gartenmauer, von grünen Zweigen

überhangen, ein tüchtiges Pferd, ein schöner Hund, eine Kindergruppe, ein schöner Frauenkopf – das alles wollen wir uns nicht rauben lassen. Wer den Anfang gemacht hat, der kann innerhalb einer Straßenlänge köstliche Dinge sehen, ohne eine Minute Zeit zu verlieren. Dabei ermüdet dieses Sehen keineswegs, sondern stärkt und erfrischt, und nicht nur das Auge. Alle Dinge haben eine anschauliche Seite, auch interesselose oder hässliche; man muss nur sehen wollen.

Und mit dem Sehen kommt die Heiterkeit, die Liebe und die Poesie. Der Mann, der zum ersten Mal eine kleine Blume abbricht, um sie während der Arbeit in seiner Nähe zu haben, hat einen Fortschritt in der Lebensfreude gemacht.

Einem Hause, in welchem ich längere Zeit arbeitete, lag eine Mädchenschule gegenüber. Die Klasse der etwa Zehnjährigen hatte auf dieser Seite ihren Spielplatz. Ich hatte tüchtig zu arbeiten und litt jeweils auch unter dem Lärm der spielenden Kinder, aber wie viel Freude und Lebenslust ein einziger Blick auf diesen Spielplatz mir gewährte, ist nicht zu sagen. Diese farbigen Kleider, diese lebhaften, lustigen Augen, diese schlanken, kräftigen Bewegungen erhöhten in mir die Lust am Leben. Eine Reitschule oder ein Hühnerhof hätte mir vielleicht ähnliche Dienste getan. Wer die Wirkungen des Lichtes auf einer einfarbigen Fläche, etwa einer Hauswand, einmal beobachtet hat, der weiß, wie genügsam und genussfähig das Auge ist.

Wir wollen uns mit diesen Beispielen begnügen. Manchem Leser sind gewiss schon viele andere kleine Freuden eingefallen, etwa die besonders herrliche des Riechens an einer Blume oder an einer Frucht, des Horchens auf die eigene und auf fremde Stimmen, des Belauschens von Kindergesprächen. Auch das Summen oder Pfeifen einer Melodie gehört hierher und tausend andere Kleinigkeiten, aus denen man eine helle Kette von kleinen Genüssen in sein Leben flechten kann.

Jeden Tag so viel nur möglich von den kleinen Freuden erleben und die größeren, anstrengenden Genüsse sparsam auf Ferientage und gute Stunden verteilen, das ist es, was ich jedem raten möchte, der an Zeitmangel und Unlust leidet. Zur Erholung vor allem, zur täglichen Erlösung und Entlastung sind uns die kleinen, nicht die großen Freuden gegeben.

Friedrich Nietzsche
Muße und Müßiggang

Zugunsten der Müßigen. – Zum Zeichen dafür, dass die Schätzung des beschaulichen Lebens abgenommen hat, wetteifern die Gelehrten jetzt mit den tätigen Menschen in einer Art von hastigem Genusse, so dass sie also diese Art, zu genießen, höher zu schätzen scheinen, als die, welche ihnen eigentlich zukommt und welche in der Tat viel mehr Genuss ist. Die Gelehrten schämen sich des otium. Es ist aber ein edel Ding um Muße und Müßiggehen. – Wenn Müßiggang wirklich der *Anfang* aller Laster ist, so befindet er sich also wenigstens in der nächsten Nähe aller Tugenden; der müßige Mensch ist immer noch ein besserer Mensch als der tätige. – Ihr meint doch nicht, dass ich mit Muße und Müßiggehen auf euch ziele, ihr Faultiere?

Die moderne Unruhe. – Nach dem Westen zu wird die moderne Bewegtheit immer größer, so dass den Amerikanern die Bewohner Europas insgesamt sich als Ruhe liebende und genießende Wesen darstellen, während diese doch selbst wie Bienen und Wespen durcheinander fliegen. Diese Bewegtheit wird so groß, dass die höhere Kultur ihre Früchte nicht mehr zeitigen kann; es ist, als ob die Jahreszeiten zu rasch aufeinander folgten. Aus Mangel an Ruhe läuft unsere Zivilisation in eine nette Barbarei aus. Zu keiner Zeit haben die Tätigen, das heißt die Ruhelosen, mehr gegolten. Es gehört deshalb zu den notwendigen Korrekturen, welche man am Charakter der Menschheit vornehmen muss, das beschauliche Element in großem Maße zu verstärken. Doch hat schon jeder Einzelne, welcher in Herz und Kopf ruhig und stetig ist, das Recht zu glauben, dass er nicht nur ein gutes Temperament, sondern eine allgemein nützliche Tugend besitze und durch die Bewahrung dieser Tugend sogar eine höhere Aufgabe erfülle.

Gerd G. Achenbach

Langsamkeit und Stille

Wenn alles in Bewegung ist, so ist nichts wahr und mithin alles falsch.
Aristoteles

Wo die Moderne das Terrain besetzte, sind beide, Langsamkeit und Stille, ausgetrieben. Nur noch an den Rändern, in letzten, allenfalls geduldeten Exilen, sind sie aufzufinden.

Wer erleben wollte, was Langsamkeit und Stille ist – es sind Weisen, in der Welt zu sein, Verfassungen des Lebens –, hätte sich wohl in die Abgeschiedenheit und Obhut eines Ordens zu begeben: Stille galt seit jeher als Introitus zur Geistlichkeit. An der Redewendung von der stillen Trauer haftet noch ein Rest davon: Wo der Tod hereintrat, ist das Leben über sich hinaus. Und nur dem Stillen ist gegeben, sich zu sammeln; nur der Stillgewordene kehrt aus der Zerstreuung heim. Doch heim wohin? Einst kehrten sie sich himmelwärts – der Heutige, wenn überhaupt, geht »in sich«. Aber »in sich« findet er nichts, was ihn halten könnte – und das wirft ihn in die Welt zurück, die ihn wieder aufdreht. Dazu serviert sie ihm den Lärm, der ablenkt.

Wer von Langsamkeit und Stille handeln wollte, müsste selber still geworden sein – aber Stille ist nicht machbar: sie kehrt ein. Wie die Ruhe, zu der sich niemand zwingen kann, die man vielmehr findet. So müsste man dem Wirbel und dem Lärm bereits entronnen sein, um auch nur einen ruhigen Gedanken auszudenken: Stille, so wie Langsamkeit, erschließt sich einzig einem Denken, das ruhig geht und keine Sprünge macht. Doch das Denken heute hechelt, flattert irgendwo im Wind, wirkt angespannt, wie auf dem Sprung. Der lange Atem fehlt.

»Alles gackert, aber wer will noch still auf dem Neste sitzen und Eier brüten?«
Nietzsche, Also sprach Zarathustra

Leichter wäre es zunächst, vom Lärm zu reden, vom Getöse beispielsweise, das man selbst mit Worten macht: vom Gehämmere der Statements, vom Rattern des Geredes, vom Gebrabbele des Infotainments; von der Endlosmusik, die als Background der Betriebsamkeit den Puls der Rhythmen liefert: den Sekundentakt des Lebens, während ehemals – *memento mori* – die Kirchturmuhr die »vollen« Stunden anschlug.

Leicht zu reden wäre von der Zeit, die alles mit sich fortreißt und beschleunigt aufdreht; von den Wirbelmenschen, die im Getümmel mitgerissen werden: unterworfen unbekannter, darum unheimlicher Order, nach und nach verrückter und verdrehter, verrenkt und überdreht und schließlich schrill … – bis sie zusammenklappen: abgespannt, geschafft, erschöpft, kaputt, »am Ende«, wie sie sagen –, doch dann rappeln sie sich wieder auf und torkeln in den Trott zurück. Wenn es einmal stockt, ist es der Andrang, der sie aufhält: der Stau, die Warteschlange und der Engpass. Zuletzt die Enge, die den Lebensweg als Sackgasse verhöhnt: Infarkt.

Vielleicht gibt sich die Gegenwart durch nichts so gründlich zu erkennen wie durch die beschleunigte Bewegung, von der alles mitgerissen wird: ohne Fernziel weiter; was sich in den Weg stellt, wird umgangen, übersprungen oder abgeräumt: ein furioses Abservieren und Verschwindenmachen. Ihr Stolz ist die Veralterungs-Dynamik. Was eben neu ist, ist im nächsten Augenblick von gestern.

Kaum einer, der schon verstünde, was da im Gange ist. Vielleicht können wir noch nicht verstehen, was uns im Griff hat. Womöglich ist die Zeit noch nicht erfüllt: Sie müsste schon in ihrem Scheitel stehen, an ihrem Ende angekommen sein – denn dann erst öffnet sich der Blick zurück, und wir sehen, was uns in den Bann schlug, unser Denken prägte, unsere so genannten Selbstverständlichkeiten formte, unser Urteil bildete, unseren Gesinnungen die Richtung vorschrieb, uns – kurz gesagt – zu denen machte, die wir heute sind. Die wir noch sind … Womöglich gilt: Alles – auch die Zeit – hat seine Zeit?

Das Gesetz der Welt, in der wir leben, hatte ich gesagt, sei die Veränderung in Permanenz, Ruhelosigkeit ihr Stigma. *Ex negativo* wird deutlich, dass Langsamkeit und Stille verschwistert sind: Wir kennen nur ein Wort, das das eine wie das andere vertreten könnte: Ruhe. So wie die langsame die ruhige Bewegung ist, ist Ruhe Synonym der Stille. Die moderne Welt ist ruhelos. Also rast und lärmt sie.

Was nötigte uns, schnell zu werden – oder: warum ist Geschwindigkeit das Schicksal der Moderne? Und was vertrieb uns die Stille, so dass der Lärm das andere Schicksal der Moderne ist?

Momo

(...) Michael Ende hat in ›Momo‹ das eigentliche Übel und Verhängnis der Gegenwart geschildert: Den Menschen geht die Zeit aus. Die Geruhsamkeit wird diffamiert, der lange, tiefe Atem der Gelassenheit gilt irgendwie als unbrauchbar, das Vermögen zuzuhören schwindet, die Konzentration, sich zu besinnen, ging verloren, die Phantasie lässt ihre Flügel hängen, der Sinn fürs Menschlich-Allzumenschliche stirbt ab, und die Geduld bricht weg. Das Leben wird empfindungslos und fahrig.

Das alles stellt sich ein, obgleich – nach Endes Deutung: weil – die Menschen sich entschlossen haben, in jeglicher Beziehung Zeit zu »sparen«.

Das Resultat ist: die Proliferation der Dinge, und währenddessen wird die Zeit zum knappen Gut. An allem haben wir genug, wenn nicht bis zum Überdruss zu viel – nur eines fehlt: die Zeit, die Ruhe, Muße, Langsamkeit. Der Langsame – gibt die »Zeit-Spar-Kasse« als Parole aus – ist der Tagedieb: er »stiehlt« die Zeit. Die Zeit – heißt die Devise – ist das teure Gut. Man muss sie nutzen, und zwar ökonomisch: viel tun in wenig Zeit. Mit einem Wort: je schneller, desto besser.

Das ist die Grundidee moderner Rationalität: Was zählt, ist Leistung und nicht Arbeit. Und da gilt, nach physikalischem Gesetz: Leistung ist Arbeit pro Zeiteinheit. Wer bei der Arbeit langsam ist, der leistet wenig, denn er »verbraucht« viel Zeit. Wer sich »Zeit lässt«, der »vergeudet« sie.

Michael Ende hat die Welt, die unter das Diktat verknappter

Zeit geriet, so weit zunächst vorzüglich abgebildet. – Doch zugleich hat er den Ernst der Sache auch verschleiert. Warum? Weil er sie als Mythos präsentiert:

Die »grauen Herren« von der Zeit-Spar-Kasse – unverkennbar sind die Herren der Verhältnisse gemeint – sind nach der Logik der Verschwörungstheorien – die schon immer einzuspringen hatten, wenn sich ein Problem nicht anders lösen lässt – die bösen Mächte, die die Menschen um ihre Lebenszeit betrügen. Mit fadenscheinigen Versprechungen verführen sie die Ahnungslosen – wie der Teufel ehedem die arme Christenseele fing. Der Mythos kurz gefasst. Die Zeit ist knapp, weil böse und betrügerische Mächte sie uns »rauben«. – Welches Problem sucht Ende auf diese Weise mythologisch auszulegen?

Unsere Welt füllt sich mit Zeitspar-Apparaten: Automaten waschen, spülen, trocknen; statt mit der Kutsche fahren wir mit Hochgeschwindigkeitsmaschinen durch die Welt – sofern wir sie nicht überfliegen –; statt einen Brief zu schreiben, greifen wir zum Telefon; die Waren produzieren wir am Band in Massen und vor allem immer schneller; den vorerst letzten Zeitsprung brachte der Computer: Fortschritt heißt Zeitersparnis.

Doch irgendetwas stimmt da nicht: Ganz offenkundig haben uns die imposanten Resultate technischer Begabung die Zeit gerade nicht vermehrt. Ganz im Gegenteil: Die Zeit wird knapp. Und – das ist zu ergänzen, denn es unterstreicht das Paradox –, und das, obwohl wir Heutigen fast doppelt so alt werden wie die Menschen vor hundertfünfzig Jahren. Das »Momo-Paradox« lautet also:

Je mehr Zeit wir sparen, desto weniger Zeit haben wir.

Die »Zeit-Spar-Kasse« allerdings erklärt uns dieses Paradox nicht, weil es sie nicht gibt. Die »Zeit-Spar-Kasse« ist nur Endes mythologische Erfindung. Und das »Momo-Paradox« wird überhaupt erst deutlich, wenn wir diese mythologische Erklärung streichen. Dann lautet es: Wir sparen Zeit – und: verlieren sie dabei. – Was ist da los? (...)

Die erste Zeitverkennung: Zeit als Vorrat

Man denkt die Zeit als etwas, das man habe und das einzuteilen sei; sie wird aufgefasst als etwas, das der Mensch »verbraucht«. Von der Zeit meint man, zwar »habe« man sie irgendwie, wie man ein Gut hat, doch sie werde immer weniger, »verliere« sich, fortgesetzt und unaufhaltsam gehe sie »verloren« – was den Schluss plausibel macht: Wenn wir sie sowieso verlieren, müssen wir sie nutzen, damit sie uns zumindest etwas »einbringt«. Also denkt man sich die Zeit wie einen Strom, der eine Zeit lang fließt und dann versiegt.

Dies Verständnis – ein grandioses Missverständnis – dürfte heute gang und gäbe sein. Und das ist es, was uns zur Schnelligkeit antreibt, die Langsamkeit und Ruhe aber austreibt. Ich zitiere eine Philosophin (Elisabeth Lenk), die in ihren ›Fragmenten über Geschwindigkeit, Langsamkeit und über Langeweile‹ schrieb: »Zur Langsamkeit braucht man Zeit.« Da haben wir den populären Irrtum in schöner Kurzform. Aber die Pointe ist – das Gegenteil ist wahr:

> Langsamkeit verschafft uns Zeit, vergönnt uns Zeit,
> schenkt uns Zeit – Schnelligkeit hingegen raubt sie uns.

Denn Zeit ist keineswegs ein Etwas, das wir haben, sondern sie ist für uns da, sofern wir sie uns nehmen, sofern wir sie uns lassen. Wer Zeit »braucht«, »verbraucht« sie nicht, vielmehr umgekehrt: gewinnt sie erst. Ergo: Wer sich niemals Zeit lässt, hat nie Zeit. Wer es versäumt, sich Zeit zu nehmen, geht leer aus – und am Ende hat er keine Zeit gehabt.

Heinrich Böll
Anekdote zur Senkung der Arbeitsmoral

In einem Hafen an der westlichen Küste Europas liegt ein ärmlich gekleideter Mann in seinem Fischerboot und döst. Ein schick angezogener Tourist legt eben einen neuen Farbfilm in seinen Fotoapparat, um das idyllische Bild zu fotografieren: blauer Himmel, grüne See mit friedlichen, schneeweißen Wellenkämmen, schwarzes Boot, rote Fischermütze. Klick. Noch einmal: klick, und da aller guten Dinge drei sind, und sicher sicher ist, ein drittes Mal: klick. Das spröde, fast feindselige Geräusch weckt den dösenden Fischer, der sich schläfrig aufrichtet, schläfrig nach seiner Zigarettenschachtel angelt, aber bevor er das Gesuchte gefunden, hat ihm der eifrige Tourist schon eine Schachtel vor die Nase gehalten, ihm die Zigarette nicht gerade in den Mund gesteckt, aber in die Hand gelegt, und ein viertes Klick, das des Feuerzeuges, schließt die eilfertige Höflichkeit ab. Durch jenes kaum messbare, nie nachweisbare Zuviel an flinker Höflichkeit ist eine gereizte Verlegenheit entstanden, die der Tourist – der Landessprache mächtig – durch ein Gespräch zu überbrücken versucht.

»Sie werden heute einen guten Fang machen.«

Kopfschütteln des Fischers.

»Aber man hat mir gesagt, dass das Wetter günstig ist.«

Kopfnicken des Fischers.

»Sie werden also nicht ausfahren?«

Kopfschütteln des Fischers, steigende Nervosität des Touristen. Gewiss liegt ihm das Wohl des ärmlich gekleideten Menschen am Herzen, nagt an ihm die Trauer über die verpasste Gelegenheit.

»Oh, Sie fühlen sich nicht wohl?«

Endlich geht der Fischer von der Zeichensprache zum wahrhaft gesprochenen Wort über. »Ich fühle mich großartig«, sagt er. »Ich habe mich nie besser gefühlt.« Er steht auf, reckt sich, als wollte er demonstrieren, wie athletisch er gebaut ist. »Ich fühle mich phantastisch.«

Der Gesichtsausdruck des Touristen wird immer unglücklicher, er kann die Frage nicht mehr unterdrücken, die ihm sozusagen das Herz zu sprengen droht: »Aber warum fahren Sie dann nicht aus?«

Die Antwort kommt prompt und knapp. »Weil ich heute morgen schon ausgefahren bin.«

»War der Fang gut?«

»Er war so gut, dass ich nicht noch einmal auszufahren brauche, ich habe vier Hummer in meinen Körben gehabt, fast zwei Dutzend Makrelen gefangen ...«

Der Fischer, endlich erwacht, taut jetzt auf und klopft dem Touristen beruhigend auf die Schultern. Dessen besorgter Gesichtsausdruck erscheint ihm als ein Ausdruck zwar unangebrachter, doch rührender Kümmernis.

»Ich habe sogar für morgen und übermorgen genug«, sagt er, um des Fremden Seele zu erleichtern. »Rauchen Sie eine von meinen?«

»Ja, danke.«

Zigaretten werden in Münder gesteckt, ein fünftes Klick, der Fremde setzt sich kopfschüttelnd auf den Bootsrand, legt die Kamera aus der Hand, denn er braucht jetzt beide Hände, um seiner Rede Nachdruck zu verleihen.

»Ich will mich ja nicht in Ihre persönlichen Angelegenheiten mischen«, sagt er, »aber stellen Sie sich mal vor, Sie führen heute ein zweites, ein drittes, vielleicht sogar ein viertes Mal aus und Sie würden drei, vier, fünf, vielleicht gar zehn Dutzend Makrelen fangen ... stellen Sie sich das mal vor.«

Der Fischer nickt.

»Sie würden«, fährt der Tourist fort, »nicht nur heute, sondern morgen, übermorgen, ja, an jedem günstigen Tag zwei-, dreimal, vielleicht viermal ausfahren – wissen Sie, was geschehen würde?«

Der Fischer schüttelt den Kopf.

»Sie würden sich in spätestens einem Jahr einen Motor kaufen können, in zwei Jahren ein zweites Boot, in drei oder vier Jahren könnten Sie vielleicht einen kleinen Kutter haben, mit zwei Booten oder dem Kutter würden Sie natürlich viel mehr fangen – eines Tages würden Sie zwei Kutter haben, Sie würden …«, die Begeisterung verschlägt ihm für ein paar Augenblicke die Stimme, »Sie würden ein kleines Kühlhaus bauen, vielleicht eine Räucherei, später eine Marinadenfabrik, mit einem eigenen Hubschrauber rundfliegen, die Fischschwärme ausmachen und Ihren Kuttern per Funk Anweisung geben. Sie könnten die Lachsrechte erwerben, ein Fischrestaurant eröffnen, den Hummer ohne Zwischenhändler direkt nach Paris exportieren – und dann …«, wieder verschlägt die Begeisterung dem Fremden die Sprache. Kopfschüttelnd, im tiefsten Herzen betrübt, seiner Urlaubsfreude schon fast verlustig, blickt er auf die friedlich hereinrollende Flut, in der die ungefangenen Fische munter springen.

»Und dann«, sagt er, aber wieder verschlägt ihm die Erregung die Sprache. Der Fischer klopft ihm auf den Rücken, wie einem Kind, das sich verschluckt hat. »Was dann?«, fragt er leise.

»Dann«, sagt der Fremde mit stiller Begeisterung, »dann könnten Sie beruhigt hier im Hafen sitzen, in der Sonne dösen – und auf das herrliche Meer blicken.«

»Aber das tu ich ja schon jetzt«, sagt der Fischer, »ich sitze beruhigt am Hafen und döse, nur Ihr Klicken hat mich dabei gestört.«

Tatsächlich zog der solcherlei belehrte Tourist nachdenklich von dannen, denn früher hatte er auch einmal geglaubt, er arbeite, um eines Tages einmal nicht mehr arbeiten zu müssen, und es blieb keine Spur von Mitleid mit dem ärmlich gekleideten Fischer in ihm zurück, nur ein wenig Neid.

Jean-Jacques Rousseau
Träumereien

Auf Erden ist alles in einer immer währenden Bewegung: Nichts behält eine feste, bleibende Gestalt, und unsere Neigungen, die sich an äußerliche Dinge heften, vergehen und verändern sich notwendigerweise mit jenen. Sie sind immer vor oder hinter uns, rufen uns daher das Vergangene zurück, das nicht mehr ist, oder nehmen das Zukünftige vorweg, das oft nicht sein darf. Es gibt dabei nichts Festes, woran das Herz sich hängen könnte. So hat man hienieden fast nur vergängliche Freuden; ich bezweifle, dass ein dauerhaftes Glück bekannt ist. Kaum gibt es bei unsren heftigsten Genüssen einen Augenblick, in dem unser Herz uns wirklich sagen könnte: »Ich wünschte, dass dieser Augenblick ewig währte.« Und wie kann man einen flüchtigen Zustand Glück nennen, der unser Herz noch immer unruhig und leer lässt, der uns etwas Vergangenes vermissen oder noch nach etwas Zukünftigem verlangen lässt?

Wenn es aber einen Zustand gibt, in welchem die Seele eine hinreichende Grundlage findet, um sich dort ganz und gar auszuruhen und ihr ganzes Wesen darin zu sammeln, ohne sich an das Vergangene erinnern oder sich das Zukünftige herbei wünschen zu müssen; einen Zustand, in welchem die Zeit nichts für sie ist, das Gegenwärtige immer andauert, ohne doch seine Dauer und irgendeine Spur seiner Abfolge merken zu lassen, ohne irgendeine andere Empfindung von Verlust oder Genuss, von Freude oder Schmerz, Verlangen oder Furcht als allein diejenige unserer Existenz; und wenn einzig diese Empfindung sie ganz erfüllte – so kann derjenige, welcher sich in diesem Zustand befindet, sich glücklich nennen, und sein Glück ist nicht unvollkommen, arm und nur bedingt, wie jenes, das man in den Freuden des Lebens findet, sondern es ist ausreichend, vollkommen und erfüllt und hinterlässt keine Leere in der Seele, die diese auszufüllen wünschte. In einem solchen Zustand befand ich mich auf der Petersinsel oft während meiner einsamen Träumereien, wenn ich entweder in meinem Nachen lag, den ich in der Strömung treiben ließ, oder am Ufer des stürmischen Sees saß oder anderswo am Ufer eines schönen Flusses oder eines Baches, der murmelnd über den Kies dahinfloss.

Was genießt man in einem solchen Zustand? Nichts, was außerhalb von uns ist, nichts außer uns selbst und unser eigenes Dasein; solange dieser Zustand währt, ist man sich selbst genug, wie Gott. Die Empfindung unsrer Existenz, frei von jedem anderen Gefühl, ist an sich selbst schon eine kostbare Empfindung der Zufriedenheit und der Ruhe; sie allein wäre schon hinlänglich, demjenigen dieses Dasein wert und angenehm zu machen, der all die sinnlichen irdischen Eindrücke von sich fern zu halten wüsste, die uns unaufhörlich davon ablenken und hienieden ihre Süßigkeit vergällen. Aber die meisten Menschen sind stets von Leidenschaften bewegt und kennen daher diesen Zustand kaum, und da sie ihn nur unvollkommen während weniger Augenblicke genossen haben, behalten sie nur eine dunkle und wirre Vorstellung davon, die sie den Reiz dieses Zustandes nicht erkennen lässt. Bei der gegenwärtigen Lage der Dinge wäre es auch nicht gut, wenn ihnen die Begier nach diesen süßen Verzückungen das tätige Leben verleidete, dessen Pflichten ihnen durch ihre sich ständig erneuernden Bedürfnisse auferlegt werden. Aber ein Unglücklicher, der aus der menschlichen Gemeinschaft verstoßen wurde und der hienieden weder für andere noch für sich etwas Gutes und Nützliches tun kann, der kann in diesem Zustand einen Ersatz für jede menschliche Glückseligkeit finden, den ihm weder das Schicksal noch die Menschen rauben können.

Freilich kann nicht jede Seele in jeder Lage diesen Ersatz genießen. Das Herz muss ruhig sein, und keine Leidenschaft darf seinen Frieden stören. Derjenige, welcher diesen Ersatz genießen soll, muss in der geeigneten Verfassung sein, und die Gegenstände, die ihn umgeben, dürfen ihn nicht daran hindern. Es bedarf dabei weder einer vollkommenen Ruhe noch einer zu großen Erregung, sondern einer gleichförmigen, mäßigen Bewegung ohne Erschütterungen und Unterbrechungen. Ohne Bewegung ist das Leben nur ein träges Dahindämmern. Ist die Bewegung ungleichmäßig oder zu stark, so weckt sie uns auf; da sie uns auf die uns umgebenden Gegenstände aufmerksam macht, zerstört sie den Zauber der Träumerei und entreißt uns unserem inneren Selbst, um uns sogleich wieder dem Joch des Geschicks und der Menschen zu unterwerfen und uns die Empfindung unserer Leiden wiederzugeben. Eine vollkommene Stille macht traurig; sie zeigt uns ein Abbild des Todes. Alsdann ist der Beistand einer heiteren Einbildungskraft notwendig, und er bietet sich denjenigen, die der Himmel damit begabt hat, von selbst an. Die Bewegung, die nicht von außen kommt, entsteht dann in unserem Inneren. Die Ruhe ist zwar geringer, aber desto angenehmer, wenn leichte, liebliche Gedanken, ohne den Grund der Seele zu erschüttern, nur gewissermaßen ihre Oberfläche streifen. Mehr bedarf's nicht, um sich auf sich selbst zu besinnen und seine Leiden zu vergessen. Diese Art von Träumerei kann man überall genießen, wo man ungestört sein kann, und ich habe oft gedacht, dass ich in der Bastille oder selbst in einem finsteren Verlies, in dem mir kein Gegenstand in die Augen fiele, noch immer angenehm hätte träumen können.

Aber ich muss gestehen, dass sich dies weit besser und angenehmer auf einer einsamen und fruchtbaren Insel tun ließ, die auf eine natürliche Weise begrenzt und vom Rest der Welt abgesondert war, wo sich mir nur liebliche Bilder boten, wo nichts betrübende Erinnerungen in mir wachrief, wo die Gesellschaft der wenigen Bewohner angenehm und süß war, ohne jedoch so interessant zu sein, dass sie mich unaufhörlich beschäftigt hätte, kurz, wo ich mich den ganzen Tag ungehindert und sorglos nach meiner Neigung beschäftigen oder mich dem lässigsten Müßiggang überlassen konnte. Die Gelegenheit war in der Tat schön für einen Träumer, der sich inmitten der unangenehmsten Gegenstände an lieblichen Schimären laben konnte, und da er alles, was seine Sinne wirklich berührte, zu Hilfe nahm, sich nach Belieben daran sättigen konnte. Wenn ich nach einer langen und süßen Träumerei mich mitten im Grünen sah, von Vögeln und Blumen umgeben, und meinen Blick weit über die romantischen Ufer schweifen ließ, die eine weite Fläche hellen, kristallklaren Wassers begrenzten, dann nahm ich all diese liebenswerten Gegenstände in meine Erdichtungen auf, und wenn ich dann nach und nach zu mir selbst und zu dem, was um mich war, zurückgeführt wurde, so konnte ich den Punkt, der das Erdichtete von der Wirklichkeit schied, nicht bezeichnen: So sehr trug alles dazu bei, mir das zurückgezogene und einsame Leben, das ich an diesem schönen Ort führte, wert zu machen. Warum kann diese Zeit nicht mehr zurückkommen? Warum kann ich nicht meine Tage auf dieser geliebten Insel beschließen, ohne sie jemals wieder zu verlassen, ohne jemals einen Bewohner des Festlandes wiederzusehen, der mich an die Widerwärtigkeiten aller Art erinnern würde, mit denen man mich mit Freuden seit vielen Jahren überhäuft hat! Sie wären bald für immer vergessen; ohne Zweifel vergäßen sie mich nicht ebenso, aber was läge mir daran, wenn sie nur keinen Zutritt erhielten, um meine Ruhe dort stören zu können? Befreit von allen irdischen Leidenschaften, die das Treiben des gesellschaftlichen Lebens erzeugt, würde sich meine Seele oft über diese Atmosphäre hinausschwingen und jetzt schon mit den himmlischen Geistern Umgang pflegen, deren Anzahl sie bald zu vermehren hofft. Die Menschen werden sich hüten, das weiß ich, mir eine so liebliche Freistatt wiederzugeben, an der sie mich nicht lassen wollten. Aber sie werden mich wenigstens nicht daran hindern, dass ich mich täglich auf den Flügeln meiner Einbildungskraft dahin begebe und einige Stunden lang dasselbe Vergnügen koste, als wenn ich noch dort wohnte. Meine süßeste Beschäftigung wäre dort, zu träumen, so viel ich wollte. Tue ich nicht dasselbe, wenn ich träume, ich sei dort? Ich tue noch mehr; dem Reiz einer abstrakten, einförmigen Träumerei füge ich angenehme Bilder hinzu, die sie beleben. Ihr Gegenstand entging während meiner Verzückungen oft meinen Sinnen, und je tiefer ich nun in meine Träumerei versinke, desto lebhafter stellt sie mir sie nun dar. Ich befinde mich jetzt oft noch mehr unter ihnen und auf noch angenehmere Art als zu der Zeit, da ich wirklich dort weilte. Das Unglück ist, dass in dem Maße, in dem die Einbildungskraft erlahmt, dies alles mühsamer zurückkehrt und nicht so lange anhält. Ach! Wenn man beginnt, seine sterbliche Hülle abzulegen, wird man von ihr am meisten behelligt!

Philippe Delerm
Ein Croissant am Morgen

Du bist als Erster aufgewacht. Vorsichtig wie ein indianischer Späher hast du dich angezogen, bist dann von Zimmer zu Zimmer geschlichen. Du hast die Eingangstür geöffnet und zugezogen, mit uhrmacherhafter Gewissenhaftigkeit. So. Jetzt bist du draußen, im Blau des rosa gesäumten Morgens. Eine Kitschhochzeit, wäre da nicht die Kälte, die alles klärt. Mit jedem Atemzug bläst du eine Dampfwolke aus: Du lebst, frei und leicht auf dem frühmorgendlichen Bürgersteig. Dass die Bäckerei etwas weiter weg ist, umso besser. Die Hände in den Taschen, lässig wie Kerouac, bist du allen zuvorgekommen: Jeder Schritt ist ein Fest. Du ertappst dich dabei, dass du ganz außen am Bürgersteig gehst, wie als Kind, als wäre die Kante wichtig, der Rand der Dinge. Zeit in Reinform ist das, dieses Stromern, das du dem Tag stibitzt, während alle anderen noch schlafen.

Fast alle. Dort hinten muss freilich das warme Licht der Bäckerei warten – eigentlich eine Neonleuchte, aber die Vorstellung von Wärme verleiht ihr einen bernsteingelben Schimmer. Auch muss das Schaufenster ordentlich beschlagen sein, während du näher kommst, und du erwartest das heitere »Guten Morgen«, das die Bäckerin nur für die allerersten Kunden bereithält – Dämmerungs-Gemeinschaft.

»Fünf Croissants, ein Kastenweißbrot, aber nicht zu stark gebacken!«

Der Bäcker in seinem mehlbestäubten Trägerhemdchen zeigt sich hinten im Laden und grüßt dich, wie man die Tapferen grüßt in der Stunde des Kampfs.

Dann bist du wieder auf der Straße. Du spürst, der Rückweg ist nicht mehr dasselbe. Der Bürgersteig ist voller, ein bisschen bürgerlicher wegen dieses unter den Arm geklemmten Weißbrots, der Croissant-Tüte in der anderen Hand. Aber du nimmst ein Croissant heraus. Der Teig ist lauwarm, fast weich. Diese kleine Köstlichkeit in der Kälte, beim Gehen: Als würde der Wintermorgen von innen her zum Croissant, als würdest du selber zu einem Ofen, einem Haus, einer Zuflucht. Du gehst sachter, ganz von Buttergelb durchdrungen, wie du durch das Blau und Grau wanderst, das verlöschende Rosa. Der Tag beginnt, das Beste hast du schon gehabt.

Jiddu Krishnamurti
Ohne Anstrengung leben

Gestern Abend sah ich ein Boot unter vollen Segeln den Fluss aufwärts fahren, vom Westwind getrieben. Es war ein großes Boot, das schwer mit Feuerholz für die Stadt beladen war. Die Sonne ging gerade unter, und dieses Boot vor dem Himmel war erstaunlich schön. Der Bootsmann steuerte es nur, es machte keine Mühe, denn der Wind tat die ganze Arbeit. Falls, auf ähnliche Weise, jeder von uns das Problem von Anstrengung und Konflikt verstehen könnte, dann, denke ich, würden wir in der Lage sein, mühelos, glücklich, mit einem Lächeln auf unserem Gesicht zu leben.

Ich denke, es ist das Abmühen, das uns zerstört, diese Anstrengung, in der wir nahezu jeden Augenblick unseres Lebens verbringen. Wenn Sie die älteren Leute um sich herum beobachten, werden Sie sehen, für die meisten von ihnen ist das Leben eine Kette von Kämpfen: gegen sich selbst, gegen ihre Frauen oder Männer, gegen ihre Nachbarn, gegen die Gesellschaft; und dieser endlose Hader zerstreut die Energie. Der Mensch, der fröhlich, der wirklich glücklich ist, ist nicht Gefangener seiner Bemühungen. Ohne Mühe zu leben heißt nicht, dass Sie stagnieren, dass Sie dumpf und dumm sind; im Gegenteil. Es ist nur der Weise, der außergewöhnlich Intelligente, der wirklich frei von Mühen und Anstrengungen ist.

Aber wissen Sie, wenn wir von Mühelosigkeit hören, wollen wir so sein; wir wollen einen Zustand erreichen, in dem wir keinen Streit und keinen Konflikt haben; also machen wir uns das zum Ziel, zum Ideal, und streben es an – und sobald wir das tun, haben wir die Lebensfreude verloren. Erneut sind wir Gefangene unserer Bemühung und Anstrengung. Das Ziel der Anstrengung ändert sich, aber jede Anstrengung ist im Wesentlichen die gleiche. Jemand strengt sich vielleicht an, um soziale Reformen herbeizuführen oder Gott zu finden, oder er bemüht sich um ein besseres Verhältnis zu Frau oder Mann oder zum Nachbarn, ein anderer mag am Ufer des Ganges sitzen, einem Guru zu Füßen liegen und so fort. Alles das ist Bemühung, Anstrengung. Wesentlich ist also nicht das Ziel der Anstrengung, sondern das Verstehen der Anstrengung selbst.

Ist es dem Geist nun möglich, sich nicht nur gelegentlich eines Augenblicks, der ohne Anstrengung ist, bewusst zu sein, sondern zu jeder Zeit vollkommen frei von Anstrengung zu sein, damit er einen Zustand der Freude entdeckt, in welchem es keinen Sinn für Höherrangiges und Minderwertiges gibt?

Unsere Schwierigkeit besteht darin, dass sich der Geist minderwertig fühlt und sich deshalb anstrengt, etwas zu sein oder zu werden oder die Widersprüche zwischen seinen verschiedenen Wünschen zu überbrücken. Wir wollen aber nicht Erklärungen dafür geben, warum der Geist voller Konflikte ist. Jeder denkende Mensch weiß, warum wir uns nach außen hin und auch im Inneren anstrengen. Unser Neid, unsere Habgier, unser Ehrgeiz und unser Konkurrenzkampf führen zu unbarmherziger Effizienz – und sind offensichtlich die Faktoren, die unseren Anstrengungen zugrunde liegen, ob in dieser Welt oder in der kommenden. Wir brauchen also keine psychologischen Bücher zu studieren, um zu erkennen, warum wir kämpfen; es ist vielmehr wichtig, herauszufinden, ob der Geist vollkommen frei von Anstrengung sein kann.

Schließlich ergibt sich aus unseren Anstrengungen ein Widerspruch zwischen dem, was wir sind, und dem, was wir sein *sollten* oder sein *möchten.* Kann man nun, ohne Erklärungen abzugeben, den ganzen Vorgang der angestrengten Auseinandersetzung verstehen, damit er beendet wird? Kann der Geist frei von Anstrengung sein, wie das Boot, das mit dem Wind segelt? Sicherlich ist das die entscheidende Frage, und nicht die, wie wir einen Zustand erreichen können, in dem es keine Anstrengungen gibt. Bereits die Bemühung, einen solchen Zustand zu erreichen, ist Anstrengung, und deshalb wird dieser Zustand nie erreicht. Falls Sie dagegen von Augenblick zu Augenblick beobachten, wie der Geist sich in den ewigen Anstrengungen verfängt – falls Sie einfach das Faktum beobachten, ohne es ändern zu wollen, ohne dem Geist einen bestimmten Zustand aufzwingen zu wollen, den Sie Frieden nennen –, werden Sie feststellen, dass der Geist spontan aufhört, sich anzustrengen; und in diesem Zustand kann er enorm lernen. Lernen ist dann nicht einfach der Vorgang der Informationsspeicherung, sondern eine Entdeckung jener außergewöhnlichen Reichtümer, welche den Horizont des Geistes übersteigen – und der Geist, der diese Entdeckung macht, hat Freude.

Beobachten Sie sich selbst, und Sie werden sehen, wie angestrengt Sie von morgens bis abends sind und wie Ihre Energie in dieser Anstrengung verschwendet wird. Wenn Sie nur erklären, warum Sie sich anstrengen, verlieren Sie sich in Erklärungen, und der Kampf geht weiter; falls Sie allerdings Ihren Geist sehr still beobachten, ohne etwas zu erklären, falls Sie einfach den Geist seinen eignen Kampf wahrnehmen lassen, werden Sie bald finden, dass sich ein Zustand frei von aller Anstrengung, aber von erstaunlicher Wachsamkeit ergibt. In diesem Zustand der Wachsamkeit gibt es keinen Sinn für das Höherrangige und das Minderwertige, es gibt keinen wichtigen Mann oder kleinen Mann, es gibt keinen Guru. All diese Absurditäten sind vorbei, weil der Geist voll erwacht ist, und der voll erwachte Geist ist freudig.

Jack Kornfield
Hat dieser Weg ein Herz?

Selbst die großartigsten Zustände und die außergewöhnlichsten spirituellen Errungenschaften sind wertlos, wenn wir nicht auf die allergewöhnlichste und schlichteste Weise glücklich sein können, wenn wir nicht fähig sind, einander und das Leben, das uns gegeben wurde, mit dem Herzen zu berühren.

Wenn wir uns auf ein spirituelles Leben einlassen, ist der zentrale Punkt sehr einfach: *Wir müssen dafür sorgen, dass unser Weg mit unserem Herzen verbunden ist.* In unserem modernen spirituellen Supermarkt gibt es viele verschiedene Angebote. Große spirituelle Traditionen erzählen uns Geschichten über Erleuchtung, Verzückung, Wissen, göttliche Ekstase und die Verwirklichung der allerhöchsten Möglichkeiten des menschlichen Geistes. Angesichts der reichen Auswahl von Lehren, die uns im Westen zugänglich sind, werden wir oft zuallererst von den aufregendsten und ungewöhnlichsten Aspekten angezogen. Das Versprechen solcher besonderer Zustände kann zwar eingelöst werden, und diese Zustände repräsentieren durchaus die entsprechenden Lehren, doch in gewissem Sinn gehören sie auch zu den Werbetricks des spirituellen Geschäfts. Sie stellen nicht das Ziel des spirituellen Lebens dar. Schließlich und endlich ist der spirituelle Prozess nicht dazu da, irgendwelche außergewöhnlichen Befindlichkeiten oder besondere Macht und Fähigkeiten zu vermitteln. Solch eine Suche wird uns nur von uns selbst wegführen. Wenn wir nicht aufpassen, kann es leicht geschehen, dass wir die großen Fehler unserer modernen Gesellschaft – Ehrgeiz, Materialismus und Vereinsamung – in unserem spirituellen Leben wiederholen.

Wenn wir ein echtes spirituelles Leben beginnen wollen, müssen wir das ins Auge fassen, was sich direkt vor unserer Nase befindet und dafür sorgen, dass unser Weg mit unserer tiefsten Liebe verbunden ist. Don Juan hat dies in den Lehren, die er Carlos Castaneda gab, so ausgedrückt: Schau dir jeden Weg ganz genau und sorgfältig an. Versuche es mit ihm so oft, wie du es für nötig hältst. Dann stelle dir selbst – und nur dir allein – eine Frage. Das ist eine Frage, die nur ein sehr alter Mensch stellt. Mein Wohltäter sprach einst davon, als ich noch sehr jung und mein Blut noch zu wild war, als dass ich sie hätte verstehen können. Jetzt verstehe ich sie. Ich sage dir, wie sie lautet: Hat dieser Weg ein Herz? Wenn ja, dann ist es ein guter Weg. Wenn nicht, ist er nutzlos. (...)

Wenn wir fragen: »Folge ich einem Weg mit Herz?«, werden wir feststellen, dass uns niemand genau beschreiben kann, was für ein Weg das sein soll. Es bleibt uns nichts anderes übrig, als dieser Frage mit all ihren Untertönen von Geheimnis und Schönheit in unserem Wesen Raum zu geben und ihrem Klang zu lauschen. Dann werden wir irgendwo in uns selbst die Antwort hören, und wir werden sie verstehen. Wenn wir ganz still sind und ganz aufmerksam lauschen, sei es auch nur einen Augenblick lang, werden wir wissen, ob wir einem Weg mit Herz folgen oder nicht.

Es ist tatsächlich möglich, direkt mit unserem Herzen zu sprechen. Die meisten alten Kulturen wissen das. Wir können mit unserem Herzen kommunizieren, als wäre es ein guter Freund. In unserem modernen Leben sind wir so sehr mit alltäglichen Angelegenheiten und Gedanken beschäftigt, dass wir die wesentliche Kunst vergessen haben, uns die Zeit zu nehmen und mit unserem eigenen Herzen zu kommunizieren. Wenn wir es zu dem Weg befragen, auf dem wir uns befinden, sollten wir uns die Werte anschauen, nach denen wir unser Leben ausrichten. Wo investieren wir unsere Zeit, unsere Kraft, unsere Kreativität, unsere Liebe? Wir sollten unser Leben ohne Sentimentalität, Übertreibung oder Idealismus anschauen. Spiegelt die Richtung, die wir eingeschlagen haben, wirklich das, was wir zutiefst wertschätzen?

Die buddhistische Tradition lehrt ihre Anhänger, jegliches Leben als kostbar zu betrachten. Astronauten, die unsere Erde verließen, haben diese Wahrheit ebenfalls entdeckt. Eine Gruppe russischer Kosmonauten beschrieb sie folgendermaßen: »Wir nahmen kleine Fische zu Forschungszwecken mit in die Raumstation. Drei Monate sollten wir dort verbringen.

Nach etwa drei Wochen begannen die Fische zu sterben. Wie Leid sie uns taten! Was stellten wir nicht alles an, um sie zu retten! Auf der Erde hatte uns das Fischen viel Spaß gemacht, aber wenn man allein und weit weg von allen Dingen der Erde ist, liegt einem alles Lebendige besonders am Herzen. Man sieht einfach, wie kostbar Leben ist.« In derselben geistigen Verfassung öffnete ein Astronaut nach der Landung seiner Kapsel die Luke und sog die feuchte Luft der Erde ein. »Ich stieg aus und beugte mich tatsächlich nieder und küsste die Erde«, erzählte er später.

Um die Kostbarkeit aller Dinge zu erkennen, müssen wir all unsere Aufmerksamkeit einsetzen. Die spirituelle Praxis kann uns zu diesem Gewahrsein führen, ohne dass wir ins Weltall hinausfliegen müssen. In dem Maße, in dem die Qualität von Gegenwärtigsein und Einfachheit unser Leben immer mehr durchdringt, beginnt unsere Liebe für die Erde und alle Wesen ihren Ausdruck zu finden und haucht unserem Weg Leben ein. (...)

In all dem Stress und all der Komplexität unseres Lebens vergessen wir vielleicht unsere tiefsten Bedürfnisse. Doch wenn die Menschen das Ende ihres Lebens erreichen und zurückschauen, ist die häufigste Frage, die sie sich selbst stellen, nicht etwa: »Wie viel ist auf meinem Bankkonto?« oder »Wie viele Bücher habe ich geschrieben?« oder »Was habe ich aufgebaut?« oder Ähnliches. Wenn Sie das Glück haben, mit einem Menschen zusammenzusein, der sich bewusst ist, dass die Zeit seines oder ihres Todes gekommen ist, werden Sie feststellen, dass die Frage ganz einfach lautet: »Habe ich wirklich geliebt?« »Habe ich ganz gelebt?« »Habe ich gelernt loszulassen?« Diese einfachen Fragen berühren den innersten Kern unseres spirituellen Lebens. Wenn wir über richtiges Lieben und ein erfülltes Leben nachdenken, können wir erkennen, wie unsere Abhängigkeiten und Ängste uns eingeengt haben, und wir können die vielen Gelegenheiten sehen, bei denen sich unser Herz öffnen kann. Haben wir uns erlaubt, die Menschen um uns herum, unsere Familie, unsere Gesellschaft und die Erde, auf der wir leben, zu lieben? Und haben wir auch gelernt loszulassen? Haben wir gelernt, Veränderungen mit Anstand, Weisheit und Mitgefühl zu durchleben?

Haben wir gelernt, zu vergeben und uns von der Inspiration des Herzens anstatt vom Geist des Urteilens lenken zu lassen?

Wenn wir uns die Kürze und die Kostbarkeit des Lebens vor Augen halten, wird klar, warum Loslassen ein zentrales Thema in der spirituellen Praxis ist. Wenn wir nicht gelernt haben loszulassen, leiden wir ungeheuer; sind wir gar am Ende unseres Lebens angelangt, kann es zum entsetzlichsten Zusammenbruch kommen.

Ich kenne eine junge Frau, die ihrer Mutter während eines langen Sterbens an Krebs beistand. Einige Zeit verbrachte die Mutter im Krankenhaus, wo sie an einem Dutzend Schläuchen und Maschinen hing. Mutter und Tochter waren sich darin einig, dass die Mutter nicht auf diese Weise sterben sollte, und als die Krankheit immer schlimmer wurde, ließ man sie schließlich nach Hause. Der Krebs wucherte weiter, doch der Mutter fiel es noch immer sehr schwer, ihre Krankheit zu akzeptieren. Sie versuchte, ihren Haushalt vom Bett aus zu führen, bezahlte die Rechnungen und kümmerte sich um alle Angelegenheiten des Alltags. Sie kämpfte gegen ihre körperlichen Schmerzen an, aber mehr noch schlug sie sich mit ihrer Unfähigkeit loszulassen herum. Eines Tages rief sie mitten in diesem verzweifelten Kampf ihre Tochter zu sich und sagte: »Tochter, Schätzchen, bitte zieh den Stecker raus«, und ihre Tochter sagte sanft: »Mutter, es gibt keinen Stecker.« Manche von uns müssen eine ganze Menge über das Loslassen lernen.

Loszulassen und sich bewusst von einer Veränderung zur nächsten durch unser Leben zu bewegen, bringt unser spirituelles Sein zur Reife. Schließlich entdecken wir, dass Lieben und Loslassen ganz dasselbe sein kann. Beides ist frei vom Impuls des Besitzenwollens. Beides ermöglicht uns, jeden Augenblick dieses in ständiger Veränderung begriffenen Lebens zu berühren und ganz da zu sein für alles, was als Nächstes kommen mag.

Es gibt eine schöne alte Geschichte von einem berühmten europäischen Rabbi. Eines Tages kam ihn ein Mann besuchen, der seinetwegen per Schiff von New York nach Europa gereist war. Der Rabbi lebte mitten in einer Stadt in einem großen Mietshaus unter dem Dach, und der Mann fand den Meister schließlich in einem kleinen Zimmer mit einem Bett, einem

Stuhl und ein paar Büchern. Der Mann hatte weit mehr erwartet. Nach der Begrüßung fragte er den Meister: »Rabbi, wo sind Ihre Sachen?« Der Rabbi fragte zurück: »Wo sind denn die Ihren?« »Ich bin nur auf der Durchreise«, antwortete der Mann, und der Rabbi entgegnete: »Ich auch.«

Um voll und ganz lieben und richtig leben zu können, ist es nötig zu erkennen, dass wir letztlich nichts besitzen, dass uns nichts gehört – weder unser Heim noch unser Auto noch die Menschen, die wir lieben, nicht einmal unser eigener Körper. Spirituelle Freude und Weisheit finden wir nicht durch Besitz, sondern durch die Fähigkeit, uns zu öffnen, tiefer zu lieben und unbefangen und frei durch das Leben zu gehen.

Davor können wir uns nicht drücken. Ein großer Lehrer sagte einmal: »Euer Problem ist, dass ihr meint, ihr hättet Zeit.« Wir wissen nicht, wie viel Zeit wir haben. Wie wäre es wohl, mit dem Wissen zu leben, dass dies unser letztes Jahr, unsere letzte Woche, unser letzter Tag ist? Im Licht dieser Frage sollten wir uns einen Weg mit Herz aussuchen.

Das Leid akzeptieren:

Das Glück der Sinnfindung

Selbstverständlich kann es ohne Leiden kein Glück geben.
C. G. JUNG

Viktor E. Frankl

... trotzdem Ja zum Leben sagen: Ein Psychologe erlebt das Konzentrationslager

Wer von denen, die das Konzentrationslager erlebt haben, wüsste nicht von jenen Menschengestalten zu erzählen, die da über die Appellplätze oder durch die Baracken des Lagers gewandelt sind, hier ein gutes Wort, dort den letzten Bissen Brot spendend? Und mögen es auch nur wenige gewesen sein – sie haben Beweiskraft dafür, *dass man dem Menschen im Konzentrationslager alles nehmen kann, nur nicht: die letzte menschliche Freiheit, sich zu den gegebenen Verhältnissen so oder so einzustellen. Und es gab ein »So oder so«!* Und jeder Tag und jede Stunde im Lager gab tausendfältige Gelegenheit, diese innere Entscheidung zu vollziehen, die eine Entscheidung des Menschen für oder gegen den Verfall an jene Mächte der Umwelt darstellt, die dem Menschen sein Eigentliches zu rauben drohen – seine innere Freiheit – und ihn dazu verführen, unter Verzicht auf Freiheit und Würde zum bloßen Spielball und Objekt der äußeren Bedingungen zu werden und sich von ihnen zum »typischen« Lagerhäftling umprägen zu lassen.

Unter diesem letzten der möglichen Gesichtspunkte muss uns auch die seelische Reaktionsweise der Insassen der Konzentrationslager letztlich als mehr erscheinen denn als bloßer Ausdruck gewisser leiblicher, seelischer und gesellschaftlicher Bedingungen – mögen sie alle, sowohl der Kalorienmangel der Nahrung als auch das Schlafdefizit und die verschiedensten seelischen »Komplexe«, noch so sehr den Verfall des Menschen an die Gesetzmäßigkeit einer typischen Lagerpsyche gleichsam nahe legen. In letzter Sicht erweist sich das, was mit dem Menschen innerlich geschieht, was das Lager aus ihm als Menschen scheinbar »macht«, als das Ergebnis einer inneren Entscheidung. Grundsätzlich also kann jeder Mensch, und auch noch unter solchen Umständen, irgendwie entscheiden, was – geistig gesehen – im Lager aus ihm wird: ein typischer

»KZler« – oder ein Mensch, der auch hier noch Mensch bleibt und die Menschenwürde bewahrt.

Dostojewski hat einmal gesagt: »Ich fürchte nur eines: meiner Qual nicht würdig zu sein.« Diese Worte mussten einem häufig genug durch den Kopf gehen, wenn man jene märtyrerhaften Menschen kennen lernte, deren Verhalten im Lager, deren Leiden und Sterben von der in Frage stehenden letzten und unverlierbaren inneren Freiheit des Menschen Zeugnis ablegten. Sie hätten wohl sagen können, dass sie »ihrer Qualen würdig« gewesen sind. Sie haben dafür den Beweis erbracht, dass im rechten Leiden ein Leisten liegt, dass es eine innere Leistung darstellt. *Die geistige Freiheit des Menschen, die man ihm bis zum letzten Atemzug nicht nehmen kann, lässt ihn auch noch bis zum letzten Atemzug Gelegenheit finden, sein Leben sinnvoll zu gestalten.* Denn nicht nur ein tätiges Leben hat Sinn, indem es dem Menschen die Möglichkeit gibt, in schöpferischer Weise Werte zu verwirklichen; und nicht nur ein genießendes Leben hat Sinn, also ein Leben, das dem Menschen Gelegenheit gibt, im Erlebnis der Schönheit, im Erleben von Kunst oder Natur, sich zu erfüllen; sondern auch noch das Leben behält seinen Sinn, das – wie etwa im Konzentrationslager – kaum eine Chance mehr bietet, schöpferisch oder erlebend Werte zu verwirklichen, vielmehr nur noch eine letzte Möglichkeit zulässt, das Leben sinnvoll zu gestalten, nämlich eben in der Weise, in der sich der Mensch zu dieser äußerlich erzwungenen Einschränkung seines Daseins einstellt. Das schöpferische wie das genießende Leben sind ihm längst verschlossen. Aber nicht nur schöpferisches und genießendes Leben hat einen Sinn, sondern: *Wenn Leben überhaupt einen Sinn hat, dann muss auch Leiden einen Sinn haben.* Gehört doch das Leiden zum Leben irgendwie dazu – genau so wie das Schicksal und das Sterben. Not und Tod machen das menschliche Dasein erst zu einem Ganzen.

Während die Bekümmerung der meisten der Frage galt: Werden wir das Lager überleben? Denn, wenn nicht, dann hat dieses ganze Leiden keinen Sinn – lautete demgegenüber die Frage, die mich bedrängte, anders: Hat dieses ganze Leiden, dieses Sterben rund um uns, einen Sinn? Denn, wenn nicht, dann hätte es letztlich auch gar keinen Sinn, das Lager zu überleben. Denn ein Leben, dessen Sinn damit steht und fällt, dass man mit ihm davonkommt oder nicht, ein Leben also, dessen Sinn von Gnaden eines solchen Zufalls abhängt, solch ein Leben wäre nicht eigentlich wert, überhaupt gelebt zu werden.

Das Schicksal – ein Geschenk

In der Art, wie ein Mensch sein unabwendbares Schicksal auf sich nimmt, mit diesem Schicksal all das Leiden, das es ihm auferlegt, darin eröffnet sich auch noch in den schwierigsten Situationen und noch bis zur letzten Minute des Lebens eine Fülle von Möglichkeiten, das Leben sinnvoll zu gestalten. Je nachdem, ob einer mutig und tapfer bleibt, würdig und selbstlos, oder aber im bis aufs Äußerste zugespitzten Kampf um die Selbsterhaltung sein Menschentum vergisst und vollends jenes Herdentier wird, an das uns die Psychologie des Lagerhäftlings erinnert hat – je nachdem hat der Mensch die Wertmöglichkeiten, die ihm seine leidvolle Situation und sein schweres Schicksal geboten haben, verwirklicht oder verwirkt –, und je nachdem war er »der Qual würdig« oder nicht.

Man denke nur nicht, dass derartige Überlegungen lebensfern oder weltfremd sind. Gewiss, solcher Höhe sind nur wenige und seltene Menschen fähig und gewachsen; nur wenige haben sich im Lager zu ihrer vollen inneren Freiheit bekannt und zur Verwirklichung jener Werte aufschwingen können, die das Leiden ermöglicht. Aber wenn es auch nur ein Einziger gewesen wäre – er genügte als Zeuge dafür, dass der Mensch innerlich stärker sein kann als sein äußerliches Schicksal, und nicht nur im Konzentrationslager. Der Mensch wird allenthalben mit dem Schicksal konfrontiert und so vor die Entscheidung gestellt, aus seinem bloßen Leidenszustand eine innere Leistung zu gestalten. Man denke nur an das Schicksal kranker Menschen, besonders der unheilbaren. Ich selbst habe einmal den Brief eines relativ jungen Patienten gelesen, in dem er seinem Freund mitteilt, er habe soeben erfahren, dass er nicht mehr lange zu leben habe und ihm auch durch eine Operation nicht mehr zu helfen sei. Weiters schrieb er aber in diesem Brief, er erinnere sich gerade jetzt an einen Film, in welchem ein Mann dargestellt wurde, der mutig, würdig und tapfer seinem Tode entgegensah; damals, angesichts dieses Films, dachte unser Patient, es müsse dies »ein Geschenk des Himmels« sein, so aufrecht dem Tode entgegengehen zu können, und nun, schrieb er weiter, habe ihm sein Schicksal diese Chance gewährt.

Nun, wer von uns, die wir seinerzeit, vor Jahren, einen andern Film sahen, ›Auferstehung‹ nach Tolstoi, hätte nicht ebenfalls gedacht: Das sind große Schicksale, das sind große Menschen. Unsereins kommt aber wohl nicht zu so einem großen Schicksal, hat daher auch wohl niemals die Chance, zu solcher menschlichen Größe emporzuwachsen ... Und dann gingen wir nach Schluss der Vorstellung ins nahe gelegene Automatenbuffet und vergaßen bei Sandwich und Mokka die sonderbaren metaphysischen Gedanken, die für einen Augenblick unser Bewusstsein durchkreuzt hatten. Aber wenn man selber vor ein großes Schicksal gestellt war, wenn man dann selber vor der Entscheidung stand, sich mit eigener innerer Größe dem Schicksal eben zu stellen – dann dachte man längst nicht mehr an jene spielerischen Vorsätze, und man versagte ...

Nach dem Sinn des Lebens fragen

Was hier Not tut, ist eine Wendung in der ganzen Fragestellung nach dem Sinn des Lebens: Wir müssen lernen und die verzweifelnden Menschen lehren, *dass es eigentlich nie und nimmer darauf ankommt, was wir vom Leben noch zu erwarten haben, vielmehr lediglich darauf: was das Leben von uns erwartet!* Zünftig philosophisch gesprochen könnte man sagen, dass es hier also um eine Art kopernikanische Wende geht, so zwar, dass wir nicht mehr einfach nach dem Sinn des Lebens fragen, sondern dass wir uns selbst als die Befragten erleben, als diejenigen, an die das Leben täglich und stündlich Fragen stellt – Fragen, die wir zu beantworten haben, indem wir nicht durch ein Grübeln oder Reden, sondern nur durch ein Handeln, ein richtiges Verhalten, die rechte Antwort geben. Leben heißt letztlich eben nichts anderes als: Verantwortung tragen für die rechte Beantwortung der Lebensfragen, für die Erfüllung der Aufgaben, die jedem Einzelnen das Leben stellt, für die Erfüllung der Forderung der Stunde.

Diese Forderung, und mit ihr der Sinn des Daseins, wechselt von Mensch zu Mensch und von Augenblick zu Augenblick. Nie kann also der Sinn menschlichen Lebens allgemein angegeben werden, nie lässt sich die Frage nach diesem Sinn allgemein beantworten – das Leben, wie es hier gemeint ist, ist nichts Vages, sondern jeweils etwas Konkretes, und so sind auch die Forderungen des Lebens an uns jeweils ganz konkrete. Diese Konkretheit bringt das Schicksal des Menschen mit sich, das für jeden ein einmaliges und einzigartiges ist. Kein Mensch und kein Schicksal lässt sich mit einem andern vergleichen; keine Situation wiederholt sich. Und in jeder Situation ist der Mensch zu anderem Verhalten aufgerufen. Bald verlangt seine konkrete Situation von ihm, dass er handle, sein Schicksal also tätig zu gestalten versuche, bald wieder, dass er von einer Gelegenheit Gebrauch mache, erlebend (etwa genießend) Wertmöglichkeiten zu verwirklichen, bald wieder, dass er das Schicksal eben schlicht auf sich nehme. Immer aber ist jede Situation ausgezeichnet durch jene Einmaligkeit und Einzigartigkeit, die jeweils nur eine, eine einzige, eben die richtige »Antwort« auf die Frage zulässt, die in der konkreten Situation enthalten ist.

Sofern nun das konkrete Schicksal dem Menschen ein Leid auferlegt, wird er auch in diesem Leid eine Aufgabe, und ebenfalls eine ganz einmalige Aufgabe, sehen müssen. Der Mensch muss sich auch dem Leid gegenüber zu dem Bewusstsein durchringen, dass er mit diesem leidvollen Schicksal sozusagen im ganzen Kosmos einmalig und einzigartig dasteht. Niemand kann es ihm abnehmen, niemand kann an seiner Stelle dieses Leid durchleiden. Darin aber, wie er selbst, der von diesem Schicksal Betroffene, dieses Leid trägt, darin liegt auch die einmalige Möglichkeit zu einer einzigartigen Leistung.

Für uns im Konzentrationslager war dies alles nichts weniger als lebensfremde Spekulation. Für uns waren solche Gedanken das Einzige, was uns noch helfen konnte! Denn diese

Gedanken waren es, die uns auch dann nicht verzweifeln ließen, wenn wir keine Chance mehr sahen, mit dem Leben davonzukommen. Denn uns ging es längst nicht mehr um die Frage nach dem Sinn des Lebens, wie sie oft in Naivität gestellt wird und nichts weiter meint als die Verwirklichung irgendeines Zieles dadurch, dass wir schaffend etwas hervorbringen. Uns ging es um den Sinn des Lebens als jener Totalität, die auch noch den Tod mit einbegreift und so nicht nur den Sinn von »Leben« gewährleistet, sondern auch den Sinn von Leiden und Sterben: Um diesen Sinn haben wir gerungen!

Leiden als Leistung

War uns der Sinn des Leidens einmal offenbar geworden, dann lehnten wir es auch ab, die Leidfülle des Lagerlebens zu verharmlosen oder zu verniedlichen, indem wir sie »verdrängten« und uns über sie hinwegtäuschten – etwa durch billigen oder verkrampften Optimismus. Für uns war auch das Leiden eine Aufgabe geworden, deren Sinnhaftigkeit wir uns nicht mehr verschließen wollten. Für uns hatte das Leiden seinen Leistungscharakter enthüllt – jenen Leistungscharakter, der einen Rilke bewogen hat, auszurufen: »Wie viel ist aufzuleiden!« Wie man von »aufarbeiten« spricht, so spricht hier Rilke von »aufleiden« …

Für uns war wohl »viel aufzuleiden«. Darum war es aber auch notwendig, den Dingen, der Leidfülle, gleichsam ins Gesicht zu sehen; auf die Gefahr hin, dass einer da »weich« wurde, dass er vielleicht einmal insgeheim seinen Tränen freien Lauf ließ. Er hätte sich dieser Tränen nicht zu schämen gebraucht. Sie bürgten dafür, dass er den größten Mut hatte: den Mut zum Leiden! Davon wussten aber die wenigsten, und nur verschämt gestanden sie gelegentlich, dass sie wieder einmal sich ausgeweint hatten – so wie jener Kamerad, der einmal auf meine Frage, wie er denn seine (Hunger-)Ödeme zum Schwinden gebracht, eingestand: »Ich habe sie mir herausgeweint …«

Die Möglichkeiten zur kollektiven Psychotherapie waren im Lager naturgemäß äußerst beschränkt. Viel mehr als es Reden je vermöchte, war diesbezüglich eines wirksam: das Vorbild! Soweit es beispielsweise unter den Blockältesten einen nicht bonzenhaften gab, hatte der tausendfach Gelegenheit, durch sein aufrechtes und ermutigendes Wesen eine tiefe und weitgehende Wirkung auf die seinem Einfluss Unterstellten auszuüben. Die unmittelbare Wirkung des Seins, des Vorbildseins, ist immer eine größere als die der Sprache. Hin und wieder war aber auch das Wort wirksam, namentlich dann, wenn aus irgendeinem äußeren Grunde das innere Echo erhöht war. So erinnere ich mich an die im Folgenden dargestellte Gelegenheit, durch eine Art kollektive Aussprache die durch eine bestimmte äußere Situation gesteigerte innere Bereitschaft der Insassen einer ganzen Baracke psychotherapeutisch auszuwerten.

Es war ein arger Tag gewesen: Vor kurzem war beim Appell verkündet worden, was alles von nun an als Sabotage angesehen werde und demgemäß sofort mit Erhängen bestraft würde; unter solche Delikte fielen Dinge wie Abschneiden schmaler Streifen von unseren alten Decken (was zur Herstellung improvisierter Gamaschen von uns vielfach gemacht worden war), ferner der geringfügigste »Diebstahl«. Nun war vor einigen Tagen ein halb verhungerter Häftling in den Kartoffelbunker eingedrungen, um ein paar Kilogramm Kartoffeln zu stehlen. Der Einbruch war entdeckt und der »Einbrecher« von andern Häftlingen festgestellt worden. Nachdem die Lagerführung von der Sache Wind bekommen hatte, verlangte sie die Auslieferung des Delinquenten, widrigenfalls das ganze Lager einen Fasttag aufdiktiert bekäme. Selbstverständlich fasteten lieber 2500 Kameraden, als dass sie den einen dem Galgen überantwortet hätten. Am Abend dieses Fasttages lagen wir nun in unserer Erdhütte in besonders übler Stimmung beisammen. Es wurde nur wenig gesprochen und wenn, dann war jedes Wort gereizt. Da geschah noch ein Übriges: Das Licht ging aus. Die Stimmung erreichte ihren Tiefpunkt. Der Blockälteste aber, ein kluger Mann, improvisierte eine kleine Plauderei über all das, was uns alle innerlich so sehr beschäftigte:

Er sprach über die vielen Kameraden, die in den letzten Tagen als Kranke oder als Selbstmörder gestorben waren. Er sprach aber auch darüber, was der wahre Grund dieses Sterbens, der einen sowohl wie der andern Art, gewesen sein mochte: das Sich-selbst-Aufgeben. Darüber und über die Frage, wie man die voraussichtlichen nächsten Opfer des tödlichen inneren Sich-fallen-Lassens irgendwie vielleicht noch davor bewahren könnte, wollte unser Blockältester nun einiges zur Erklärung hören – und er apostrophierte mich! Weiß Gott, ich war nichts weniger als in der Stimmung, psychologische Erklärungen abzugeben oder meinen Barackengenossen seelenärztlichen Zuspruch, gleichsam ärztliche Seelsorge zukommen zu lassen. Mich fror und hungerte, und auch ich war schlapp und gereizt. Aber ich musste mich aufraffen und diese einzigartige Möglichkeit nützen, denn Zuspruch war jetzt nötiger als je.

Ärztliche Seelsorge

So begann ich – und ich begann damit, dass ich davon sprach, dass die Zukunft jedem Unbefangenen trostlos erscheinen müsse; ich gab zu, dass jeder von uns sich beiläufig schon ausrechnen könne, wie gering die Wahrscheinlichkeit sei, zu überleben. Noch herrschte im Lager keine Fleckfieber-Epidemie; und trotzdem veranschlagte ich meine Aussicht, zu überleben, mit ungefähr fünf Prozent. Und sagte es den Leuten! Denn ich sagte ihnen auch, dass ich, für meine eigene Person, trotzdem nicht daran dächte, die Hoffnung aufzugeben und die Flinte ins Korn zu werfen. Denn kein Mensch wisse die Zukunft, kein Mensch wisse, was ihm vielleicht schon die nächste Stunde bringe. Und wenn wir uns auch keine sensationellen militärischen Ereignisse für den nächsten Tag erwarten dürften – wer könnte es besser wissen als wir mit unserer Lagererfahrung, dass sich oft plötzlich irgendeine große Chance ergibt, zumindest für den Einzelnen: eine unvermutete Einreihung in einen kleinen Transport zu einem Sonderkommando mit besonders günstigen Arbeitsbedingungen oder dergleichen – Dinge, wie sie nun einmal die Sehnsucht und das höchste »Glück« eines Lagerhäftlings ausmachen.

Aber ich sprach nicht nur von der Zukunft und von dem Dunkel, in das sie glücklicherweise gehüllt war, und von der Gegenwart mit all ihren Leiden, sondern ich sprach auch von der Vergangenheit – von all ihren Freuden und dem Licht, das sie noch in die Finsternis unserer Tage spendete. Ich zitierte den Dichter, der da sagt: »Was du erlebt, kann keine Macht der Welt dir rauben.« Was wir in der Fülle unseres vergangenen Lebens, in dessen Erlebnisfülle, verwirklicht haben, diesen inneren Reichtum kann uns nichts und niemand mehr nehmen. Aber nicht nur, was wir erlebt; auch das, was wir getan, das, was wir Großes je gedacht, und das, was wir gelitten ... all das haben wir hereingerettet in die Wirklichkeit, ein für alle Mal. Und mag es auch vergangen sein – eben in der Vergangenheit ist es für alle Ewigkeit gesichert! Denn Vergangensein ist auch noch eine Art von Sein, ja vielleicht die sicherste.

Und dann sprach ich schließlich noch von der Vielfalt der Möglichkeiten, das Leben mit Sinn zu erfüllen. Ich erzählte meinen Kameraden (die ganz still dalagen und sich kaum rührten, höchstens ab und zu ein ergriffenes Seufzen hören ließen) davon, dass menschliches Leben immer und unter allen Umständen Sinn habe und dass dieser unendliche Sinn des Daseins auch noch Leiden und Sterben, Not und Tod in sich mit einbegreife. Und ich bat diese armen Teufel, die mir hier in der stockfinstern Baracke aufmerksam zuhörten, den Dingen und dem Ernst unserer Lage ins Gesicht zu sehen und trotzdem nicht zu verzagen, sondern im Bewusstsein, dass auch die Aussichtslosigkeit unseres Kampfes seinem Sinn und seiner Würde nichts anhaben könne, den Mut zu bewahren. Auf jeden von uns, sagte ich ihnen, sehe in diesen schweren Stunden und erst recht in der für viele von uns nahenden letzten Stunde irgendjemand mit forderndem Blick herab, ein Freund oder eine Frau, ein Lebender oder ein Toter – oder ein Gott. Und er erwarte von uns, dass wir ihn nicht enttäuschen und dass wir nicht armselig, sondern stolz zu leiden und zu sterben verstehen!

Und dann sprach ich, zum Schluss, von unserem Opfer; dass es Sinn habe, auf jeden Fall. Dass es im Wesen des Opfers liege, unter der Voraussetzung gebracht zu werden, dass scheinbar, dass in dieser Welt – in der Welt des Erfolgs – nichts damit erreicht würde. Sei es nun, dass es sich um ein Sichopfern für eine politische Idee handelt, oder sei es, dass es um die Selbstaufopferung eines Menschen für einen andern geht. Freilich, derjenige unter uns, der im religiösen Sinne gläubig ist, der könne dies leicht einsehen; und ich sagte ihnen das auch. Und ich erzählte ihnen von jenem Kameraden, der zu Beginn seines Lageraufenthalts dem Himmel einen Pakt angetragen hatte: Sein Leiden und sein Sterben möge dem von ihm so geliebten Menschen einen qualvollen Tod ersparen. Für diesen Mann war Leiden und Sterben nicht sinnlos, sondern – als Opfer – voll tiefsten Sinnes geworden. Ohne Sinn wollte er nicht leiden und sterben; ohne Sinn aber wollten es wir alle nicht! Und diesen letzten Sinn diesem unserem Leben hier – in dieser Lagerbaracke – und jetzt – in dieser praktisch aussichtslosen Situation – zu geben, das war das Bemühen meiner Worte.

Dass diese Bemühung ihr Ziel erreichte, erfuhr ich alsbald. Bald flammte die elektrische Birne an einem Balken unserer Baracke wieder auf, und ich sah die Elendsgestalten meiner Kameraden, die nun mit Tränen in den Augen zu meinem Platz heranhumpelten, um – sich zu bedanken ... Dass ich aber nur allzu selten die innere Kraft hatte, mich zu solchem letzten inneren Kontakt mit meinen Leidensgenossen aufzuschwingen wie an diesem Abend, dass ich sicher so manche sich hierzu bietende äußere Gelegenheit nicht genützt habe, soll hier eingestanden werden.

C. G. Jung
Ohne Leiden kein Glück

Jede wirkliche Lösung wird nur durch intensives Leiden gefunden. Das Leiden zeigt an, bis zu welchem Grad wir uns unerträglich sind. »Verständige dich mit deinem Feind«, außen und innen! Das ist das Problem! Eine solche Verständigung würde Sie ebenso wenig verletzen wie Ihren Feind. Ich gebe zu, es ist nicht leicht, die richtige Formel zu finden; aber wenn man sie findet, hat man ein Ganzes aus sich gemacht, und das ist, glaube ich, der Sinn des menschlichen Lebens.

Ich glaube, dass Leiden ein wesentlicher Bestandteil des menschlichen Lebens ist, ohne den wir niemals irgendetwas tun würden. Immer versuchen wir, dem Leiden auszuweichen. Wir tun das auf millionenfache Weise, aber nie gelingt es ganz. Deshalb bin ich zum Schluss gekommen, dass man tunlichst versuchen sollte, wenigstens einen Weg zu finden, der es den Menschen ermöglicht, das unausweichliche Leiden zu tragen, welches das Los einer jeden menschlichen Existenz ist. Wenn es jemand wenigstens erreicht, Leiden zu ertragen, hat er schon eine fast übermenschliche Aufgabe erfüllt. Das kann ihm ein gewisses Maß an Glück oder Befriedigung gewähren. Wenn Sie das als Glück bezeichnen, hätte ich nicht viel dagegen einzuwenden.

Selbstverständlich kann es ohne Leiden kein Glück geben. Der deutsche Philosoph Schopenhauer sagte, Glück sei nur das Ende des Leidens. Das ist eine etwas negative Definition. Insofern Leiden ein sehr realer Zustand ist, muss Glück ebenso real sein. Aber bedauerlicherweise können die beiden nicht ohne einander bestehen. Sie sind so eng verbunden, dass Glück leicht in Leiden umschlägt, wie umgekehrt intensivstes Leiden eine Art übermenschlichen Glücksgefühls hervorrufen kann. Sie bilden ein dem Leben unerlässliches Gegensatzpaar.

Das Phänomen des Lebens besteht aus sehr vielen Gegensatzpaaren. Keine Energie ohne Gegensätze. Aber insofern Sie an den Gegensätzen teilhaben, stehen Sie im Konflikt, oder doch in einem dauernden Auf und Ab von Qual und Freude. Natürlich möchte man sich aus dem Wirken der Gegensätze befreien, doch gelingt es nur bis zu einem gewissen Grad; denn sobald man sich dem Konflikt entzieht, weicht man dem Leben aus.

Arthur Schopenhauer
Der wahre Zweck des Lebens

Es gibt nur EINEN angeborenen Irrtum, und es ist der, dass wir da sind, um glücklich zu sein. Angeboren ist er uns, weil er mit unserm Dasein selbst zusammenfällt, und unser ganzes Wesen eben nur seine Paraphrase, ja unser Leib sein Monogramm ist: sind wir doch eben nur Wille zum Leben; die sukzessive Befriedigung unsers Wollens aber ist, was man durch den Begriff des Glückes denkt. (...)

Wer nun, auf dem einen oder dem andern Wege, von jenem uns *a priori* einwohnenden Irrtum, jenem πρωτον ψευδος unseres Daseins, zurückgekommen ist, wird bald alles in einem andern Lichte sehn und jetzt die Welt, wenn auch nicht mit seinem Wunsche, doch mit seiner Einsicht in Einklang finden. Die Unfälle, jeder Art und Größe, wenn sie ihn auch schmerzen, werden ihn nicht mehr wundern; da er eingesehen hat, dass gerade Schmerz und Trübsal auf den wahren Zweck des Lebens, die Abwendung des Willens von demselben, hinarbeiten. Dies wird ihm sogar, bei allem, was geschehen mag, eine wundersame Gelassenheit geben, der ähnlich, mit welcher ein Kranker, der eine lange und peinliche Kur gebraucht, den Schmerz derselben als ein Anzeichen ihrer Wirksamkeit erträgt. – Deutlich genug spricht aus dem ganzen menschlichen Dasein das Leiden als die wahre Bestimmung desselben. Das Leben ist tief darin eingesenkt und kann ihm nicht entgehen: Unser Eintritt in dasselbe geschieht unter Tränen, sein Verlauf ist im Grunde immer tragisch, und noch mehr sein Ausgang. Ein Anstrich von Absichtlichkeit hierin ist nicht zu verkennen. In der Regel fährt das Schicksal dem Menschen im Hauptzielpunkt seiner Wünsche und Bestrebungen auf eine radikale Weise durch den Sinn; wodurch alsdann sein Leben eine tragische Tendenz erhält, vermöge welcher es geeignet ist, ihn von der Sucht, deren Darstellung jede individuelle Existenz ist, zu befreien und ihn dahin zu führen, dass er vom

Leben scheidet, ohne den Wunsch nach ihm und seinen Freuden zurückzubehalten. Das Leiden ist in der Tat der Läuterungsprozess, durch welchen allein, in den meisten Fällen, der Mensch geheiligt, d. h. von dem Irrweg des Willens zum Leben zurückgeführt wird. Dem entsprechend wird in den christlichen Erbauungsbüchern so oft die Heilsamkeit des Kreuzes und Leidens erörtert und ist überhaupt sehr passend das Kreuz, ein Werkzeug des Leidens, nicht des Tuns, das Symbol der Christlichen Religion. Ja, schon der noch jüdische, aber so philosophische Koheleth sagt mit Recht: »Es ist Trauern besser, denn Lachen: denn durch Trauern wird das Herz gebessert« (7, 4).

Wilhelm Schmid

Anstoß zur Sorge: Vom Sinn der Schmerzen

Die Fülle des Lebens umfasst den Widerspruch von Lust und Schmerz. Leben ist nicht allein nur Lust und ist nicht mit einer Kontinuität des Angenehmen zu verwechseln: Fehlt der zumindest zeitweilige Stachel des Schmerzes, so ist Lustlosigkeit, ja sogar Leblosigkeit die zwingende Folge. Vorausgesetzt, dass dies sich so verhält: Was hat es dann zu besagen, dass körperliche wie seelische Schmerzen, das Leiden allgemein, absolut inakzeptabel für die abendländische Kultur geworden sind? Dies hatte den modernen Traum der Realisierung des universellen Glücks charakterisiert: Den Schmerz aus der Welt zu schaffen – nicht nur jenen, der Individuen zugefügt wird und der nicht hinnehmbar ist, sondern den Schmerz überhaupt. Die reduzierte und säkularisierte Umsetzung des ursprünglich doppelten christlichen Anliegens, den Schmerz zum einen zu nobilitieren (daher der »Schmerzensmann«), zum anderen aber ihn zu überwinden und schließlich aufzuheben in einer jenseitigen Welt ohne Schmerz, kann darin gesehen werden. In anderen Kulturen sind andere Haltungen zum Schmerz zu finden, die allerdings ihrerseits als problematisch erscheinen können, etwa bei einer unterschiedslosen Hinnahme von Schmerz und Leid auch dann, wenn die Ursachen fragwürdig sind; Schmerz und Leid werden in dieser Perspektive zum Schicksal, das fraglos zu akzeptieren ist.

Schmerzen können vielfältiger Natur sein, und ihre Vielfalt wird noch gesteigert durch die Art ihrer individuellen Erfahrung. Was somatische Schmerzen angeht, sind die momentan auftretenden akuten Schmerzen von den lange sich entwickelnden, lange anhaltenden chronischen Schmerzen zu unterscheiden. Der Oberflächenschmerz, der mit schneidender Intensität auftritt und schnell wieder abklingt, lässt sich unterscheiden vom Tiefenschmerz in Muskeln, Knochen und Gelenken, auch von Eingeweideschmerzen in inneren Organen, die jeweils sehr stark in die Umgebung ausstrahlen können und daher nicht genau zu lokalisieren sind. Ist der somatische Schmerz schon allzu oft nur vage zu bestimmen, so gilt dies erst recht für psychisches Leid, dem nachzugehen einer eigenen Hermeneutik bedarf und das dennoch kaum zu fassen ist. Der offenkundig starken Wechselwirkung zwischen somatischen Schmerzen und psychischem Leid trägt ein psychosomatisches Verständnis der Schmerzen Rechnung.

Die Empfindung von Schmerzen kann das Selbst dermaßen durchdringen, dass nichts anderes mehr spürbar ist. Schmerzen schreien im Selbst so ohrenbetäubend, dass sie alle Aufmerksamkeit zu sich hin zwingen. Man kann geradezu von einem »Kosmos der Schmerzen« sprechen, so weit reichend und überwältigend kann ihre Erfahrung sein: Das ganze Universum scheint erfüllt davon zu sein und birgt nichts anderes mehr in sich. Mein Sein, das ist mein Schmerz, das allein ist gewiss, nichts daran ist kognitiv, alles ist nur leidender Leib, und die ganze Seele ist ein verzweifelter Schrei. Der Schmerz scheint das *Eigenste* zu sein, dessen das Selbst fähig ist, denn es ist sein Schmerz, sein Eigentum – ein Eigentum freilich, das niemand sonst haben will, das einzige Eigentum, das keinen Neid auf sich zieht. Wie die Lust ist der Schmerz zu einer unerhörten Intensität in der Lage, aber im Unterschied zu ihr kann er völlig unerträglich werden und trifft damit die Existenz in ihrem eigensten Kern, dort nämlich, wo sie von Auslöschung bedroht ist. So sorgt der Schmerz für die größte Intimität des Selbst mit sich selbst. So manifest die Erfahrung für das Selbst jedoch ist, so schwierig ist es, sie mitzuteilen. In die größte Einsamkeit wirft der Schmerz das Selbst, in der es allein ist mit ihm, denn mit einem Anderen die Lust zu teilen ist leicht, den Schmerz zu teilen aber unmöglich. So vertraut der eigene Schmerz ist, so fremd bleibt, bei allem Mitgefühl, der Schmerz von Anderen.

Was aus dem Eigentum, das der Schmerz ist, zunächst resultiert, ist nicht etwa die Selbstmächtigkeit, sondern deren Niederlage, die ihren Sinn allenfalls darin hat, einen neuen *Anstoß zur Selbstsorge* zu geben und in diese Sorge auch Andere einzubeziehen. Sorge im doppelten Sinne: *ängstliche* Sorge, mit der das Selbst befürchtet, sich selbst oder etwas oder jemanden, zu dem es in enger Beziehung steht, zu verlieren; *kluge* Sorge, mit deren Hilfe es daraufhin umsichtiger, vorsichtiger und vorausschauender operiert. Der Schmerz zwingt die Sorge herbei, die das Selbst wieder auf den Weg zu bringen vermag. Er lässt nicht nach und lässt keine Gewöhnung zu, die das Selbst darüber hinwegtäuschen könnte, dass seine Sorge nun existenziell vonnöten ist. Hierfür ist es nicht wichtig, somatische von psychischen, akute von chronischen Schmerzen zu unterscheiden. Das Selbst, zumindest ein Teil des Selbst, ist in Gefahr, das allein ist wesentlich, und die Sorge lässt Leib und Seele endlich die Aufmerksamkeit zukommen, die ihnen zusteht, da sie die Medien des Lebens sind, die im Schmerz ebenso triumphieren wie in der Lust. Die existenzielle Erfahrung des Lebens, das nun wieder zu spüren ist, auch den Anfang zu einem anderen Leben verdankt das Selbst dem Schmerz, der die intensivste Form des Lebens ist. Für die physiologische Schmerzforschung tritt dies als »ungewöhnlich intensive Mobilisierung weit gestreuter Hirnareale« in Erscheinung, die möglichst nicht mit einer bloßen »Abschaffung von Schmerz«, etwa durch schmerzstillende Mittel – die meistgekauften aller Medikamente – beantwortet werden sollte. Auch wenn die Betäubung unumgänglich ist bei einem Schmerz, der nicht auszuhalten ist, so führt die prinzipielle, gewohnheitsmäßige Ausschaltung von Schmerz doch zur Ignoranz gegenüber dem Impuls, dessen Sinn der Anstoß zur Sorge ist und dessen Missachtung letzten Endes nur größeres Leid bewirkt, denn die Dimension der Abgründigkeit der Existenz, die das Selbst in Frage stellt, lässt sich nicht folgenlos negieren. Was bleibt, ist die Verletzlichkeit des Selbst, die durch nichts zu eliminieren ist.

Man muss nicht nach dem »eigentlichen« Sinn und metaphysischen Wesen von Schmerz fragen, um diese Beziehung zwischen Selbst und Schmerz in ihrer ganzen Bedeutung für eine reflektierte Lebenskunst in den Blick zu bekommen. Der Versuch, jeden Schmerz abzuschaffen, verweist auf ein fehlendes Verhältnis des Selbst zu sich. Denn wenn der Schmerz das Eigenste ist, kommt diese Abschaffung einer Selbstamputation gleich, da sie das Selbst seines Vermögens beraubt, sich selbst zu spüren, sein Innerstes zu empfinden. Was in Frage steht, wenn der Schmerz sich bemerkbar macht, ist die *Kohärenz des Selbst,* deren Verletzung er anzeigt, welcher Natur diese Verletzung auch sein mag, somatisch, psychisch oder imaginär. Selbst der rätselhafte »Phantomschmerz«, der in einem nicht mehr vorhandenen Körperteil gespürt wird, ist so zu erklären; ebenso der Schmerz über den Verlust lieb gewordener Dinge, mit denen das Selbst »verwachsen« war, oder von Lebewesen, mit denen es zusammenlebte, vor allem aber von Menschen, die zu einem Teil seiner selbst geworden waren. Schon die bloße Abwesenheit des Anderen, der geliebt wird, reißt eine Wunde in das Selbst, die nicht aufhört, wehzutun – ein Schnitt ins Fleisch, der kaum mehr verheilt, der also nicht aufzuheben, allenfalls hinzunehmen ist. Es gibt Wunden, die nicht zu heilen sind und deren Heilung für das Selbst auch nicht von Interesse ist; die fällige Neukonstituierung seiner Kohärenz besteht dann nicht mehr in der Wiederherstellung eines früheren, heilen Zustandes, sondern in der Eingliederung der Wunde in das Selbst: Die Wunde selbst gehört nun zur Kohärenz.

Keine Frage, dass es eine Schwelle der Erträglichkeit von Schmerzen für jedes Individuum gibt. Aber nicht jeder Schmerz muss geflohen, nicht jeder noch so kleine somatische Schmerz betäubt, nicht jedes psychische Leid schon im Ansatz erstickt werden. Medizin und Schmerztherapie verfügen über ein ganzes Spektrum an Möglichkeiten, auf Schmerzen zu antworten, die nicht alle dem Konzept der *Intervention* folgen müssen, wonach Schmerzen zu bekämpfen und nach Möglichkeit aufzuheben sind; sie können vielmehr, wo immer dies möglich ist, dem alternativen Konzept der *Integration* folgen, wonach Schmerzen ebenso wie Lüste ins Leben aufzunehmen und der Kohärenz des Selbst einzugliedern sind. Eine Möglichkeit zur Integration bietet die Einübung kunstvoller Formen der *Expression,* derer das Selbst vor allem im Augenblick der Schmerzaufwallung bedarf: Es greift nach ihnen wie ein Ertrinkender nach dem Strohhalm, als könnte es sich damit vor der Sturmflut retten, die es über sich hereinbrechen fühlt. Es ist wie das gezielte Öffnen von Schleusen, um sich Entlastung zu verschaffen, und sei es nur mithilfe eines hervorgestoßenen Schreis. Da die Erfahrung jäh hervorbricht, bleibt dem Einzelnen keine Zeit, auch nur einen Augenblick lang die möglichen Formen des Ausdrucks zu reflektieren; so greift er unbewusst zurück auf die zur Verfügung stehende Kunst, Schmerzen zu empfinden, auf die Mimik und Gestik, die eingeübt worden ist, um den Schmerzen Ausdruck zu verleihen. So roh die Erfahrung von Schmerzen auch zu sein scheint, so sehr ist schon die Art und Weise ihrer Erfahrung, erst recht ihr möglicher Ausdruck geprägt von den Formen, die dafür bereitstehen, abhängig von der jeweiligen Kultur, aus der sie aufgenommen, angeeignet und eigenständig weiter ausgearbeitet werden. Welche Bedeutung fürs Leben und für das Selbst dies hat, zeigt sich etwa daran, dass Kinder sich von früh an darin üben, Ausdrucksmöglichkeiten für Schmerzen auszuprobieren und jede Gelegenheit dazu zu nutzen, auch wenn kein unmittelbarer Anlass dazu besteht.

Eine weitere Möglichkeit zur Integration stellt die *Hermeneutik der Schmerzen* dar, die deren Sinn und Bedeutung zu interpretieren und zu verstehen sucht. Die Tätigkeit der Deutung ist dabei beinahe entscheidender als das Ergebnis, denn ein Ende der Gleichgültigkeit und der Anfang einer Beunruhigung kommen darin zum Ausdruck und sorgen dafür, dass das Selbst sich wieder sich selbst aneignet; die Frage nach dem Sinn (den Zusammenhängen) und der Bedeutung (der Wichtigkeit der Schmerzen) ist ein Element der Sorge des Selbst um sich. Daher sollte die Arbeit der Hermeneutik nicht Physiologen und Psychologen allein überantwortet werden, denn der Schmerz liefe dabei Gefahr, zum objektiven Geschehen zu werden, das kausal zu entziffern ist, isoliert von dem Individuum, das die Schmerzen subjektiv empfindet und dessen Eigenstes sie doch sind. Die wissenschaftliche Objektivierung kann zu dieser Hermeneutik zwar den unverzichtbaren Blick von außen beisteuern, sie sollte jedoch nicht dazu führen, die Eigenheit des subjektiven Verhältnisses zum Schmerz in der Allgemeinheit wissenschaftlicher Erkenntnis aufzuheben. Die Schmerzerfahrung gänzlich an die Autorität des Arztes oder des Therapeuten abzutreten, kann den Verlust der Sorge nach sich ziehen und somit den subjektiven Sinn und die existenzielle Bedeutung von Schmerz zunichte machen. Die »Abschaffung des Sinns«, die dem Schmerz nur noch eine Existenz als elektrischer Impuls zugesteht, der durch die Nervenstränge schießt, geht in der Geschichte des Schmerzes mit der modernen Überzeugung einher, Schmerzen würden »einfach und ausschließlich ein medizinisches Problem darstellen«.

Dass der Schmerz das Eigenste des Selbst ist, bedeutet jedoch nicht zwangsläufig, dass seine Herkunft ebenso privater Natur wäre. Die Hermeneutik der Schmerzen kann vielmehr auch deren gesellschaftliche und politische Dimension zum Vorschein bringen. Sie kann die Macht ausfindig machen, die von außen auf Leib und Seele einwirkt und das Selbst verletzt, sei es in brutaler Offenheit, die die Zusammenhänge zwischen dem äußeren Zugriff und der Verletzung des Selbst nicht verschleiert, sei es in perfider Heimlichkeit, die kaum zu fassen ist. Die *Politik der Schmerzen*, von der gesprochen werden kann, kennt diese Seite einer beherrschenden Macht (die *heteronome* Seite), die sich darin äußert, Schmerzen vorsätzlich zuzufügen oder beiläufig zu verursachen. Sie kennt jedoch auch die Seite der betroffenen Individuen (die *autonome* Seite), auf deren Seite die Schmerzerfahrung zum Anlass werden kann, eine gegebene Situation nicht länger zu akzeptieren, sondern sich dagegen zur Wehr zu setzen. Und dies betrifft keineswegs nur Probleme einer »großen Politik«, vielmehr ebenso sehr die »Kleinstpolitik« des Verhältnisses zwischen Individuen auf allen Ebenen und in allen Bereichen der Gesellschaft, und es kann darum gehen, sich gegen eine Zufügung von Schmerz zu wehren, verletzende Verhaltensweisen eines Anderen nicht hinzunehmen und die Beliebigkeit des Umgangs miteinander nicht ins Grenzenlose wachsen zu lassen. Allerdings kann auch die autonome Antwort wiederum schmerzlich für Andere ausfallen, sodass es kein Entkommen aus dem Spiel zu geben scheint, sich wechselseitig wehzutun und den jeweils Anderen Schmerzen empfinden zu lassen, um die eigene Macht zu behaupten, solange kein wechselseitiger Verzicht auf dieses Machtspiel zustande kommt.

Darüber aber, wo die Schmerzgrenze des *Intolerablen*, dessen also, was nicht mehr hinnehmbar ist, genau zu ziehen ist, herrscht die größte Unsicherheit. Wann ist es »genug«? Dies allgemein und im Einzelfall, individuell und gesellschaftlich immer wieder neu zu bestimmen, ist eine weitere Aufgabe der Hermeneutik. Die Schmerzgrenze kann nicht ein für alle Mal, in jeder Hinsicht und für jeden Zusammenhang eindeutig festgelegt werden, sie ist vielmehr in Bewegung, bewegt von den Besonderheiten einer Situation und den Empfindlichkeiten der Beteiligten, ihren Vorstellungen und Erfahrungen, sowie ihrer Bereitschaft, Belastungen auszuhalten oder nicht. Sie steht auch dort in Frage, wo es keinen verantwortlich zu machenden »Urheber« der Schmerzen, dennoch aber Verletzungen gibt, wie dies etwa im Hinblick auf ökologische Zusammenhänge der Fall sein kann, deren Beeinträchtigung ein Individuum möglicherweise am eigenen Leib verspürt und schmerzlich in sich auszutragen hat. In einer Welt, die den Schmerz negiert, sind die Individuen jedoch nicht vertraut mit dieser Arbeit der Hermeneutik, die zum Bestandteil des Umgangs mit der Erfahrung von Schmerz werden könnte. Das stumme Geschehen in Edward Hoppers ›Exkursion in die Philosophie‹ führt dies für den Bereich privater Verhältnisse deutlich vor Augen: Die beiden Individuen igeln sich ein in ihrem je eigenen Schmerz, den einer dem Anderen vielleicht ungerechtfertigt zugefügt hat, und der nun dazu führt, alle Brücken zueinander abzubrechen. Dabei könnte, da der Schmerz das Eigenste eines jeden ist, gerade der gemeinsam erfahrene Schmerz die Begegnung mit dem Eigensten des jeweils Anderen forcieren und die höchste Form von Intimität realisieren.

Grundsätzlich kann der Schmerz auf zweifache Weise wirksam werden, *destruktiv* und *produktiv,* und diese beiden Momente sind keineswegs voneinander zu trennen. Destruktiv, denn die Welt verschwindet im Kopf des Leidenden; völlig vom Schmerz besessen, sinkt die äußere Welt zur Belanglosigkeit für ihn herab und wird zum Nichts. Produktiv, da in der Vorstellung des Leidenden eine ganze innere Welt neu entstehen kann; die überströmende Einbildungskraft denkt sich die Welt nicht nur neu, sondern stellt sie gleichermaßen als Kunstwerk neu her. Aus guten Gründen führen einige Kunst- und Kulturtheorien das Entstehen des einzelnen Kunstwerks wie auch das Entstehen von Kultur überhaupt auf die Erfahrung von Schmerz zurück. Wenn dies sich so verhält, dann kann es erst recht nicht um eine Aufhebung und Abschaffung von Schmerz gehen, zumal der Anstoß, dem die Arbeit am Kunstwerk und an der Kultur sich verdankt, wohl ebenso dem Kunstwerk des Lebens und der Lebenskunst förderlich ist. Die Kunst, Schmerzen zu empfinden, ist unverzichtbar auf dem Weg zur Klugheit in einer reflektierten Lebenskunst, denn die einschneidende Erfahrung reicht tiefer als jede andere; sie befördert besser als alles sonst die Einsicht in die Bedrohtheit des Selbst wie auch Anderer: Das Selbst versteht besser, wie Anderen zumute ist, wenn es selbst erleidet, was sie bedrückt.

Analog zum Gebrauch der Lüste umfasst die Kunst des Umgangs mit Schmerzen in einer reflektierten Lebenskunst eine Reihe von *Kunstgriffen:* Nicht nur Schmerzen aufzunehmen und zu integrieren, sie auszuhalten und auszuleben, sondern sie auch asketisch zurückzuhalten, sie schließlich umzuwenden und zu sublimieren zu jener Gelassenheit und Heiterkeit, für die einst Epikur ein Beispiel gab, der aus der Erfahrung von Schmerzen noch die Freude am Leben zu ziehen verstand. Wenn Schmerzen im Unterschied zu Lüsten gewöhnlich auch nicht dem Bereich der Wahl zugehören, so hat das Selbst doch die Wahl hinsichtlich der Art des Umgangs mit ihnen und gewinnt hierin seine Selbstmächtigkeit zurück. Selbst der kunstvolle Ausdruck von Schmerzen ist im Grunde eine Frage der Wahl, denn nirgendwo ist festgelegt, dass von den kulturellen Angeboten des Ausdrucks Gebrauch zu machen ist, die nahe legen, wie der Schmerz zu empfinden, zu äußern und zu benennen ist, der das Selbst nur vage durchzieht. Das Selbst kann auch das Schweigen wählen, um mit seinem Schmerz allein zu bleiben und ihn nicht beliebig zu zerstreuen: Wahrung der Grenze der Kommunikation, da das, was im Innersten vorgeht, unsagbar ist, oder weil es zur Würde des Selbst gehört, sein Innerstes nicht preiszugeben, oder weil es nicht beliebig jeden daran teilhaben lassen will.

Niemand sucht nach Schmerz und Leid und allgemein nach *Krankheit,* aber auszulöschen sind sie nicht, daher sind sie einzubeziehen in eine reflektierte Lebenskunst. Man solle »höflich« mit seiner Krankheit umgehen, meinte Montaigne, denn sie sei ein Bestandteil des Lebens, habe Bürgerrecht im Selbst und sei daher respektvoll zu behandeln; vielleicht wird die Krankheit heilsam sein, daher kann es nicht etwa darum gehen, sie nur niederzukämpfen, sondern ihr nach Möglichkeit zu entsprechen und ihr gerecht zu werden, mit einem Wort: »Man soll den Krankheiten Durchlass gewähren«. Krank sein heißt, die gewohnte Führung des Lebens aufzugeben, sie aufgeben zu müssen, um sich von jenem Teil des Leibes, jenem Ort der Seele, an dem die Erkrankung kulminiert, führen zu lassen, bis die Heilung vollendet ist, im äußersten Fall aber, wenn es keine Heilung gibt, die Krankheit selbst zum Bestandteil der Lebensführung zu machen. Führt eine Krankheit zum Tod, so gilt es sich vor Augen zu halten, mahnt Montaigne, dass man nicht stirbt, weil man krank ist – man stirbt vielmehr, weil man lebt: Das ist die Bedingung, unter der das Leben einst angetreten worden ist.

Das *Heilsame* der Krankheit liegt nicht zuletzt darin, sich über das eigene Leben und darüber, dass es einen letzten Tag haben wird, klarer zu werden; nichts spornt stärker dazu an, die Sorge um dieses Leben in die Hand zu nehmen und es vielleicht auf andere Weise zu leben. Die Krankheit ist ein Vorlaufen zum Tod – und eine Rückkehr ins Leben, wenn sie dazu führt, sich wieder mit den wesentlichen Dingen des Lebens zu befassen. »Lehrjahre der Lebenskunst« sah Novalis in den Krankheiten, wenn auch die »Kunst sie zu benutzen« noch unvollkommen ausgebildet sei. Viel ist ferner bei Nietzsche zu lernen über den Sinn einer Krankheit und über die Bedeutung, die sie fürs Leben haben kann, nämlich als Medium der Erkenntnis und der Veränderung – denn was Existenz ist, lässt sich von dieser Grenze her am besten erkennen, und was die erforderlichen Veränderungen angeht, so kann die Krankheit am ehesten zu ihrem Katalysator werden, da sie das Selbst aus der gelebten Existenz herauskatapultiert. Nietzsches Begriff der *großen* Gesundheit ist in die reflektierte Lebenskunst zu übernehmen, denn damit ist eine Gesundheit gemeint, die »der Krankheit selbst nicht entraten mag«. Zur Gesundheit gehört nun selbst die Krankheit, sodass das Selbst gesund ist, wenn es auch krank zu sein vermag und dies noch als Element seiner Gesundheit versteht. Diese Einbeziehung der Krankheit ins Leben steht der diätetischen und wissenschaftlichen »Lehre von der Gesundheit« entgegen, die auf den Ausschluss von Krankheit ihr etwas hypochondrisches System der Lebensführung zu gründen sucht. Dies hat nicht nur Bedeutung für das

Leben des Individuums, sondern auch für die Gesellschaft, die den kränklichen Individuen die gesellschaftliche Sensibilität verdankt; sie erspüren früher als Andere den Weg, den die Gesellschaft einschlägt. Daher ist es für eine reflektierte Lebenskunst nicht unbedingt vorziehenswert, von Pathologien völlig frei zu sein. Zu diesen zählt auch das Leiden an der Vergänglichkeit, der profunde Schmerz, das Leben dereinst verlassen zu müssen. Dieser Schmerz ist der Preis, der für die Lust des Lebens zu bezahlen ist. Er ist in gleicher Weise, wie dies die Lust zu leben ist, Bestandteil des erfüllten Lebens, und so ist er einzugliedern in die Kohärenz des Selbst.

Gerd G. Achenbach
Leid tragen

Der Tod, der aussteht, bringt uns um die Ruhe. Und zuvor das Leiden. Wären wir versöhnt damit, dass wir sterben müssen, und wüssten wir das Leid zu tragen, wären wir ruhig.

Doch schon diese Wendung, »Leid tragen«, klingt unseren Ohren inzwischen ungewohnt, womöglich befremdlich.

Geläufig ist uns hingegen die Wendung von den »Leidtragenden«, wobei wir an jene denken, die unschuldig in Mitleidenschaft gezogen wurden. Von den Kindern reden wir so: Sie sind die »Leidtragenden«, wenn ihre Eltern sich trennen. Das sechsbändige »Wörterbuch der deutschen Sprache« (Duden) nennt für das Wort als einziges Beispiel: »Der Bürger ist der Leidtragende der Behördenwillkür«.

So weise die Sprache oftmals ist – in diesem Falle ist sie ungenau: Sie kaschiert, was gedacht wird, wenn die Rede von den »Leidtragenden« ist. Denn die Vorstellung ist keineswegs, dass sie das Leiden »tragen«, noch nicht einmal, dass sie es ertragen, sondern gemeint ist, wenn von »Leidtragenden« die Rede ist, sie seien von Leid betroffen, etwas Schlimmes, Schreckliches sei ihnen widerfahren, und zwar ohne eigenes Verschulden. Entsprechend spricht man von den Leidtragenden gewöhnlich dort, wo Empörung und Entrüstung den Ton bestimmen. Die Redeweise von den Leidtragenden gehört nicht zur Sprache der Klage, sondern zur Anklage und deren Rhetorik.

Wäre es also erlaubt, dem Sprachgebrauch Vorschriften zu machen, wäre mein Vorschlag, statt von den »Leidtragenden« von den »Leidbetroffenen« zu reden – eine Umformulierung, die sich dann auch zwanglos dem modernen Jargon der Betroffenheit einfügte, für den erlittenes Leiden das Argument beschafft, Kritik zu üben, Zustände anzuklagen, Täter namhaft zu machen und Engagement einzufordern. – Doch was für ein Engagement? Das des Beistands, des Mittrauerns und Mitleidens, des Stärkens und Tröstens?

Die spontane Reaktion und Empfindung der Gegenwartsmenschen angesichts des Leidens ist eher: da müsse etwas unternommen werden, es gelte, die Ursachen des Leidens ausfindig zu machen und abzustellen und die Urheber des Unglücks zu ermitteln. Sind die namhaft gemacht, tut man sich im Gestus des Protestes und demonstrierter Wut gegen sie zusammen. Leiderfahrung fordert »Solidarität«. Im Anblick des Leidens sehen sie sich weniger zur Anteilnahme aufgerufen – die helfen könnte, das Leid zu tragen, ohne zu zerbrechen –, sondern zur Teilnahme an der Aktion, dem Vorsatz verschworen, Leid zu verhindern. (...)

Die uralte Frage: Warum leiden? hat die Moderne durch die Aufklärung über Kausalitäten ersetzt und die Suche nach dem Sinn des Leidens damit abgeschnitten. Sie müssen das Leid als sinnlos ansehen, damit sie es bekämpfen können.

Und der Leidende, dem nicht zu helfen ist? Er leidet sinnlos, ohnmächtig, verständnislos, ausgeliefert seiner dumpfen Wut, verbittert. Er fordert, er meldet seinen Anspruch an – das hat man ihm ja beigebracht, man hat ihn über seine Rechte aufgeklärt –, doch was er fordert, geht ins Leere. Ihm ist nicht zu helfen. Er sieht, er ist verlassen. – Das ist das Trauerspiel, in dem das neuzeitliche Unterfangen, den Menschen zu beglücken, ausgeht.

Und dann? Dann greift, wie das der Philosoph Leszek Kolakowski ausgemacht hat, die »Kultur der Analgetika«: Die Mittel zur Betäubung haben Konjunktur, die Zerstreuung wird zur konkurrenzlos lebenstüchtigen Devise, das Vergessen wird gewissermaßen eingeübt, das Übersehen wird zur lebensfrohen Kunst, man beschließt, man wolle sich nicht unterkriegen lassen, man übt den Schein, man lebt »als ob«, man macht sich selbst und andern etwas vor – so wurschtelt man sich durch, solang' es geht –, der Slogan heißt: »Kopf hoch!« und »Wird schon wieder!« Der Rest ist Fassungslosigkeit, ein Achselzucken, die Worte bleiben weg, und bestenfalls weiß einer noch, das Leben gehe nun mal so, so wie es geht. Vor allem: »Es geht weiter«, wie der billigste und schlechte Trost heißt, den sich die trostlos Ungetrösteten versichern. Der Philosoph Paul Ludwig Landsberg, der dreiundvierzigjährig im KZ Oranienburg verstarb, hat dieses Resümee gezogen:

»Es ist natürlich und sehr lobenswert, dass der Mensch z. B. gegen die Krankheit, die Grausamkeit, das Elend usw. kämpft. Doch in Wahrheit gibt es trotz allem keinen historischen Fortschritt des menschlichen Glücks, viel eher das Gegenteil. (...) Falsch ist nicht der Kampf gegen das Leiden, sondern die Illusion, es abschaffen zu können.«

Die Moderne, die dies nicht wahrhaben wollte, ruiniert den Menschen. Sie schneidet ihn von allem ab, was ihm Würde, Selbstbewusstsein und ein Wissen seiner außerordentlichen Stellung möglich machte. Sie hat ihn nicht zuletzt von seinen besten Traditionen abgeschnitten, von Wahrheiten und Geltungen, die ihn stärkten, wenn er schwach war, und ihn stützten, wenn er, ohne Halt, zu straucheln drohte.

Das Leid zu tragen – die Menschen wussten einst, die schwere Last und Bürde, das Leid auf sich zu nehmen, das Unglück, das sie traf, verwandelte sich ihnen, indem sie es als zugedacht, als Fügung dachten. So trugen sie es als *ihr* Leid, ertrugen es nicht nur. Sie übten sich in tapferer Geduld. Das Wort des Herrn war gegenwärtig, das er zu den Jüngern sagte:

»Wer mir will nachfolgen, der verleugne sich selbst und nehme sein Kreuz auf sich und folge mir nach!« (Mk. 8, 34)

Man muss wohl dieses unerbittlich heilsam strenge Wort noch kennen, um zu begreifen, was Nietzsche in seiner ›Genealogie der Moral‹ als die gründlichste und abgründigste Frage aufgespürt hat, die sich angesichts des Leidens stellt. Im Rückblick auf die frühe Zeit des Menschen, auf »das Tier Mensch«, heißt es:

»Etwas *fehlte*, eine (...) ungeheure *Lücke* (umstand) den Menschen, – er wusste sich selbst nicht zu rechtfertigen, zu erklären, zu bejahen, er *litt* am Probleme seines Sinns. Er litt auch sonst, er war in der Hauptsache ein *krankhaftes* Tier: aber *nicht* das Leiden selbst war sein Problem, sondern dass die Antwort fehlte für den Schrei der

> Frage *›wozu leiden?‹* Der Mensch, das tapferste und leidgewohnteste Tier, verneint an sich *nicht* das Leiden, er *will* es, er sucht es selbst auf, vorausgesetzt, dass man ihm einen Sinn dafür aufzeigt, ein *Dazu* des Leidens. Die Sinnlosigkeit des Leidens, *nicht* das Leiden, war der Fluch, der bisher über der Menschheit ausgebreitet lag, – und das *asketische* Ideal [das von Nietzsche in diesem Zusammenhang gewählte Wort für die religiöse Auslegung der Welt überhaupt, die christliche im Besonderen] *bot ihr einen Sinn!* (...) In ihm war das Leiden *ausgelegt;* die ungeheure Leere schien ausgefüllt; die Tür schloss sich vor allem selbstmörderischen Nihilismus zu.«

Das ist das eigentliche Problem des Leidens: die Frage »wozu«? Und alle bedeutenden Antworten, die in der Geschichte des Menschen gefunden – uns aber rätselhaft gemacht – wurden, haben diese Frage in ihrer Weise aufgelöst.

So ist es zweifellos ein heilsamer, helfender Fingerzeig gewesen, der in den Sprüchen Salomos uns überliefert wurde:

> »Verwirf nicht die Züchtigung des Herrn und sei nicht unmutig ob seiner Strafe; denn wen der Herr lieb hat, den züchtigt er wie ein Vater den Sohn, dem er wohl will.« (Spr. 3, 11 f.)

Hier gilt: Das Leiden ist zumindest »ausgelegt«, es wird »verstanden«. Ein Weg steht offen, sich auf das Leiden einzustellen, es tragen, es anerkennen zu können, nicht sinnlos von ihm erdrückt und niedergeworfen zu werden. In unserem Leiden – so lautet diese Antwort – ist der Herr nicht fern, er ist in ihm gerade nah: Wir sind in unserm Unglück nicht von ihm verlassen. Sondern umgekehrt: Indem wir leiden, hat er uns im Auge.

Von Bedeutung zweiten Ranges ist dabei, ob das Leid als »Züchtigung« verstanden wird, als Strafe, die uns wohl will, oder als die »Prüfung«, in der der Mensch, sonst nur ungehobelt, roh und unerprobt, seine Form erhalte.

Der Gedanke übrigens, der Leid als »Prüfung« auslegt, in

der der Leidende sich zu bewähren habe, was ihn erst eigentlich zum Menschen reifen lasse, findet sich nicht nur in heilig-religiösen Schriften (dort selbstverständlich auch), sondern ebenso in hellenistischen, also christlich nicht erreichten Philosophien, so in denen der Stoa, von deren Lehren wir hörten: Nur als Leidensschüler wird der Weise Lebensmeister. So schreibt Seneca an seinen Schüler Lucilius:

> »Gott verzärtelt den guten Menschen nicht, er legt ihm Prüfungen auf, er lässt ihn durch harte Proben hindurchgehen, und so formt er ihn nach seiner Idee.«

Ein Gedanke der »Schule des Leidens«, der fortgewirkt hat, und den eine Menschheit, die von alledem nichts weiter wissen wollte, nur zu ihrem eigensten Nachteil aufgeben könnte.

Doch ich kehre noch einmal zum Alten Testament zurück. Denn dort ist – neben der angeführten Auslegung des Leidens als strenger Bekümmerung Gottes um die Seinen – bereits ein ganz anderer Ton außerdem angeschlagen, eine Auslegung der Not von bewahrter Gültigkeit, die womöglich nie zu überbieten sein wird. Ich zitiere aus dem Buche Prediger:

> »Wer weiß, was dem Menschen nützlich ist im Leben, in seinen kurzen, eitlen Tagen, die er verbringt wie ein Schatten? (...) Es ist besser, in ein Haus zu gehen, wo man trauert, als in ein Haus, wo man feiert; denn da zeigt sich das Ende alter Menschen, und der Lebende nehme es zu Herzen! Trauern ist besser als Lachen: denn durch Trauern wird das Herz gebessert.«

Das hier angeschlagene Motiv, trauern »verbessere« das Herz, scheint mir unvergänglich: Die aufgedrehte Fröhlichkeit der immer Gutgelaunten ist ein Gräuel dagegen. Das dumm-gesunde, von keinem Leid gestreifte Leben mag vergnüglich sein, doch es *überzeugt* nicht. Arthur Schopenhauer, der sich mit den dunkleren und eben darum tieferen Gemütsverfassungen des Menschen ausgekannt hat, hat es ausgesprochen:

> »Einen sehr edlen Charakter denken wir uns immer mit einem gewissen Anstrich stiller Trauer, die nichts weniger ist, als beständige Verdrießlichkeit über die täglichen Widerwärtigkeiten …; sondern ein aus der Erkenntnis hervorgegangenes Bewusstsein der Nichtigkeit aller Güter und des Leidens alles Lebens, nicht des eigenen allein.«

Warum ist dies so? Warum erscheint uns der geprüfte, mit genauem Bewusstsein trauernde Mensch, der dem Leid nicht aus dem Wege geht und das Schwere des Lebens nicht leugnet, als der überzeugendere, vorbildlichere Mensch, dem wir unseren Respekt nicht versagen? Eines mag sein, dass er sich selbst zu respektieren das Recht erwarb.

Ein anderes: Es ist vielleicht das Schicksalsschwere, das dem Menschen allererst Gewicht verleiht, ihm Bedeutung zulegt, ihm Gehalt verschafft. Erforderlich dazu ist allerdings, dass ihm das Schicksal nicht das Äußerliche, Fremde, bloß Zugestoßene und Widerfahrene bleibt, sondern dass er die Kraft gewinnt, das, was ihm zustieß, sich anzueignen – mit einem Wort: das Schicksal zu *seinem* Schicksal zu verwandeln. Das wusste die Stoa.

Dieser geheimnisvolle Übergang verrät sich in den Fragen, die sich die Menschen, die schwer getroffen wurden, stellen. Quält sie zunächst die Frage: »Warum mir?« – das ist die Frage an das Schicksal –, sind sie schon halb gerettet, wenn ihnen aufgeht, dass es umgekehrt ihr Schicksal ist, das ihnen Fragen stellt; Fragen, die den Verschonten und den Sonnenkindern freilich unbekannt sind.

Den Geprüften – den »Heimgesuchten« hieß es einmal – wird dann die Einsicht zuteil, dass ihr Leben nicht die Summe dessen ist, was sie als ihr Leben wählten, wollten, wünschten, was sie sich einmal vorgestellt und vorgenommen hatten, sondern: dass ihr Leben eher noch die Fülle dessen ist, was ihnen zustieß, ihnen abverlangt war, was ihnen auferlegt und zugemutet wurde.

Indem sie aber so zu denken lernten, traf sie das Leid nicht einfach, vielmehr waren sie es selbst, die es auf sich nahmen und es trugen.

Dies, das Leid zu tragen, nicht bloß zu erdulden oder hinzunehmen, klärt den Menschen innerlich, in seiner Seele, auf – wie es bei dem Prediger geheißen hatte: »bessert das Herz«. Die Älteren, die davon mehr verstanden als wir Zeitgenossen, hätten wohl gesagt: und »läutert es«. Mit solcher Läuterung kehrt Ruhe ein.

Albert Camus
Der ewige Rebell

Die Götter hatten *Sisyphos* dazu verurteilt, unablässig einen Felsblock einen Berg hinaufzuwälzen, von dessen Gipfel der Stein von selbst wieder hinunterrollte. Sie hatten mit einiger Berechtigung bedacht, dass es keine fürchterlichere Strafe gibt als eine unnütze und aussichtslose Arbeit.

Wenn man Homer Glauben schenken will, war *Sisyphos* der weiseste und klügste unter den Sterblichen. Nach einer anderen Überlieferung jedoch betrieb er das Gewerbe eines Straßenräubers. Ich sehe darin keinen Widerspruch. Über die Gründe, weshalb ihm in der Unterwelt das Dasein eines unnützen Arbeiters beschert wurde, gehen die Meinungen auseinander. Vor allem wirft man ihm eine gewisse Leichtfertigkeit im Umgang mit den Göttern vor. Er gab ihre Geheimnisse preis. *Egina,* die Tochter des *Asopos,* wurde von *Jupiter* entführt. Der Vater wunderte sich über ihr Verschwinden und beklagte sich darüber bei *Sisyphos.* Der wusste von der Entführung und wollte sie *Asopos* unter der Bedingung verraten, dass er der Burg von Korinth Wasser verschaffte. Den himmlischen Blitzen zog er den Segen des Wassers vor. Dafür wurde er in der Unterwelt bestraft. Homer erzählt uns auch, *Sisyphos* habe den Tod in Ketten gelegt. *Pluto* konnte den Anblick seines stillen, verödeten Reiches nicht ertragen. Er verständigte den Kriegsgott, der den Tod aus den Händen seines Überwinders befreite.

Außerdem heißt es, *Sisyphos* wollte, als er zum Sterben kam, törichterweise die Liebe seiner Frau erproben. Er befahl ihr, seinen Leichnam unbestattet auf den Markt zu werfen. *Sisyphos* kam in die Unterwelt. Dort wurde er von ihrem Gehorsam, der aller Menschenliebe widersprach, derart aufgebracht, dass er von *Pluto* die Erlaubnis erwirkte, auf die Erde zurückzukehren und seine Frau zu züchtigen. Als er aber diese Welt noch einmal geschaut, das Wasser und die Sonne, die warmen

Steine und das Meer wieder geschmeckt hatte, wollte er nicht mehr ins Schattenreich zurück. Alle Aufforderungen, Zornausbrüche und Warnungen fruchteten nichts. Er lebte noch viele Jahre am Golf, am leuchtenden Meer, auf der lächelnden Erde und musste erst von den Göttern festgenommen werden. *Merkur* packte den Vermessenen beim Kragen, entriss ihn seinen Freuden und brachte ihn gewaltsam in die Unterwelt zurück, in der sein Felsblock schon bereitlag.

Kurz und gut: *Sisyphos* ist der Held des Absurden. Dank seinen Leidenschaften und dank seiner Qual. Seine Verachtung der Götter, sein Hass gegen den Tod und seine Liebe zum Leben haben ihm die unsagbare Marter aufgewogen, bei der sein ganzes Sein sich abmüht und nichts zustande bringt. Damit werden die Leidenschaften dieser Erde bezahlt. Über *Sisyphos* in der Unterwelt wird uns nichts weiter berichtet. Mythen sind dazu da, von der Phantasie belebt zu werden. So sehen wir nur, wie ein angespannter Körper sich anstrengt, den gewaltigen Stein fortzubewegen, ihn hinaufzuwälzen und mit ihm wieder und wieder einen Abhang zu erklimmen; wir sehen das verzerrte Gesicht, die Wange, die sich an den Stein schmiegt, sehen, wie eine Schulter sich gegen den erdbedeckten Koloss legt, wie ein Fuß ihn stemmt und der Arm die Bewegung aufnimmt, wir erleben die ganz menschliche Selbstsicherheit zweier erdbeschmutzter Hände. Schließlich ist nach dieser langen Anstrengung (gemessen an einem Raum, der keinen Himmel, und an einer Zeit, die keine Tiefe kennt) das Ziel erreicht. Und nun sieht *Sisyphos,* wie der Stein im Nu in jene Tiefe rollt, aus der er ihn wieder auf den Gipfel wälzen muss. Er geht in die Ebene hinunter.

Auf diesem Rückweg, während dieser Pause, interessiert mich *Sisyphos.* Ein Gesicht, das sich so nahe am Stein abmüht, ist selber bereits Stein! Ich sehe, wie dieser Mann schwerfälligen, aber gleichmäßigen Schrittes zu der Qual hinuntergeht, deren Ende er nicht kennt. Diese Stunde, die gleichsam ein Aufatmen ist und ebenso zuverlässig wiederkehrt wie sein Unheil, ist die Stunde des Bewusstseins. In diesen Augenblicken, in denen er den Gipfel verlässt und allmählich in die Höhlen der Götter entschwindet, ist er seinem Schicksal überlegen. Er ist stärker als sein Fels.

Dieser Mythos ist tragisch, weil sein Held bewusst ist. Worin bestünde tatsächlich seine Strafe, wenn ihm bei jedem Schritt die Hoffnung auf Erfolg neue Kraft gäbe? Heutzutage arbeitet der Werktätige sein Leben lang unter gleichen Bedingungen, und sein Schicksal ist genauso absurd. Tragisch ist es aber nur in den wenigen Augenblicken, in denen der Arbeiter bewusst wird. *Sisyphos,* der ohnmächtige und rebellische Prolet der Götter, kennt das ganze Ausmaß seiner unseligen Lage: Über sie denkt er während des Abstiegs nach. Das Wissen, das seine eigentliche Qual bewirken sollte, vollendet gleichzeitig seinen Sieg. Es gibt kein Schicksal, das durch Verachtung nicht überwunden werden kann.

Fluch und Seligkeit

Wenn der Abstieg so manchen Tag in den Schmerz führt, er kann doch auch in der Freude enden. Damit wird nicht zu viel behauptet. Ich sehe wieder *Sisyphos* vor mir, wie er zu seinem Stein zurückkehrt und der Schmerz von neuem beginnt. Wenn die Bilder der Erde zu sehr im Gedächtnis haften, wenn das Glück zu dringend mahnt, dann steht im Herzen des Menschen die Trauer auf: Das ist der Sieg des Steins, ist der Stein selber. Die gewaltige Not wird schier unerträglich. Unsere Nächte von Gethsemane sind das. Aber die niederschmetternden Wahrheiten verlieren an Gewicht, sobald sie erkannt werden. So gehorcht *Ödipus* zunächst unwissentlich dem Schicksal. Erst mit Beginn seines Wissens hebt seine Tragödie an. Gleichzeitig aber erkennt er in seiner Blindheit und Verzweiflung, dass ihn nur noch die kühle Hand eines jungen Mädchens mit der Welt verbindet. Und nun fällt ein maßloses Wort: »Allen Prüfungen zum Trotz – mein vorgerücktes Alter und die Größe meiner Seele sagen mir, dass alles gut ist.« So formuliert der *Ödipus* des Sophokles (wie *Kirilow* bei Dostojewski) den Sieg des Absurden. Antike Weisheit verbindet sich mit modernem Heroismus.

Man entdeckt das Absurde nicht, ohne in die Versuchung zu geraten, irgendein Handbuch des Glücks zu schreiben. »Was! Auf so schmalen Wegen ...?« Es gibt aber nur eine Welt.

Glück und Absurdität entstammen ein und derselben Erde. Sie sind untrennbar miteinander verbunden. Irrtum wäre es, wollte man behaupten, dass das Glück zwangsläufig der Entdeckung des Absurden entspringe. Wohl kommt es vor, dass das Gefühl des Absurden dem Glück entspringt. »Ich finde, dass alles gut ist«, sagt *Ödipus*, und dieses Wort ist heilig. Es wird in dem grausamen und begrenzten Universum des Menschen laut. Es lehrt, dass noch nicht alles erschöpft ist, dass noch nicht alles ausgeschöpft wurde. Es vertreibt aus dieser Welt einen Gott, der mit dem Unbehagen und mit der Vorliebe für nutzlose Schmerzen in sie eingedrungen war. Es macht aus dem Schicksal eine menschliche Angelegenheit, die unter Menschen geregelt werden muss.

Darin besteht die ganze verschwiegene Freude des *Sisyphos.* Sein Schicksal gehört ihm. Sein Fels ist seine Sache. Ebenso lässt der absurde Mensch, wenn er seine Qual bedenkt, alle Götzenbilder schweigen. Im Universum, das plötzlich wieder seinem Schweigen anheim gegeben ist, werden die tausend kleinen, höchst verwunderten Stimmen der Erde laut. Unbewusste, heimliche Rufe, Aufforderungen aller Gesichter bilden die unerlässliche Kehrseite und den Preis des Sieges. Ohne Schatten gibt es kein Licht; man muss auch die Nacht kennen lernen. Der absurde Mensch sagt Ja, und seine Mühsal hat kein Ende mehr. Wenn es ein persönliches Geschick gibt, dann gibt es kein übergeordnetes Schicksal oder zumindest nur eines, das er unheilvoll und verächtlich findet. Darüber hinaus weiß er sich als Herr seiner Zeit. Gerade in diesem Augenblick, in dem der Mensch sich wieder seinem Leben zuwendet (ein *Sisyphos,* der zu seinem Stein zurückkehrt), bei dieser leichten Drehung betrachtet er die Reihe unzusammenhängender Taten, die sein Schicksal werden, seine ureigene Schöpfung, die in seiner Erinnerung geeint ist und durch den Tod alsbald besiegelt wird. Überzeugt von dem rein menschlichen Ursprung alles Menschlichen, ist er also immer unterwegs – ein Blinder, der sehen möchte und weiß, dass die Nacht kein Ende hat. Der Stein rollt wieder.

Ich verlasse *Sisyphos* am Fuße des Berges! Seine Last findet man immer wieder. Nur lehrt *Sisyphos* uns die größere Treue, die die Götter leugnet und die Steine wälzt. Auch er findet, dass alles gut ist. Dieses Universum, das nun keinen Herrn mehr kennt, kommt ihm weder unfruchtbar noch wertlos vor. Jedes Gran dieses Steins, jeder Splitter dieses durchnächtigten Berges bedeutet allein für ihn eine ganze Welt. Der Kampf gegen Gipfel vermag ein Menschenherz auszufüllen. Wir müssen uns *Sisyphos* als einen glücklichen Menschen vorstellen.

Khalil Gibran
Von der Freude und vom Leid

Dann sagte eine Frau: Sprich zu uns von der Freude und vom Leid.

Und er antwortete:

Eure Freude ist euer entschleiertes Leid.

Und derselbe Brunnen, dem euer Lachen entsteigt, war oftmals mit euren Tränen gefüllt.

Und wie könnte es auch anders sein?

Je tiefer sich jenes Leid in euer Wesen gräbt, desto mehr Freude könnt ihr fassen.

Ist nicht der Becher, der euren Wein enthält, derselbe Becher, der im Töpferofen glühte?

Und ist nicht die Laute, die eure Seele erfreut, eben das Holz, das Messerklingen höhlten?

Wenn ihr glücklich seid, blickt tief in euer Herz, und ihr werdet erkennen, dass gerade das, was euch leiden ließ, euch jetzt Freude schenkt.

Wenn ihr bekümmert seid, blickt abermals in euer Herz, und ihr werdet sehen, dass ihr in Wahrheit über das weint, was zuvor eure Freude war.

Manche von euch sagen: »Die Freude wiegt schwerer als das Leid«, und andere sagen: »Nein, schwerer wiegt das Leid.«

Ich aber sage euch: Die beiden sind untrennbar.

Sie kommen stets gemeinsam, und sitzt nur das eine mit euch an eurem Tisch, vergesst nicht, dass das andere auf eurem Bett schläft.

Wahrlich, ihr hängt wie eine Waage zwischen eurem Leid und eurer Freude.

Nur wenn ihr leer seid, schwebt ihr reglos und im Gleichgewicht.

Wenn der Schatzhüter euch hebt, um sein Gold und sein Silber zu wägen, können eure Freude und euer Leid nicht anders als steigen oder fallen.

Autoren- und Quellenverzeichnis

Die Texte wurden mit freundlicher Genehmigung der genannten Verlage folgenden Werken entnommen:

Gerd B. Achenbach – Langsamkeit und Stille – Leid tragen. Textauszüge aus: Das kleine Buch der inneren Ruhe. Freiburg 2001, S. 57–62 und 176–185. © Verlag Herder, Freiburg im Breisgau 2. Auflage 2001.

Aristoteles (ca. 384–ca. 322 v. Chr.) – Die vollendete Glückseligkeit. Textauszug aus: Aristoteles, Die Nikomachische Ethik. Übersetzt und mit einer Einführung versehen von Olof Gigon. München 1991 (dtv 2267), S. 343–348. © Artemis Verlag, Zürich und München 1967.

Bhagavadgītā (700) – Worte des Erhabenen. Textauszug aus: Die Bhagavadgītā. Des Erhabenen Gesang. Aus dem Sanskrit übersetzt und herausgegeben von Klaus Mylius. München 1997 (dtv 12455), S. 35–37, 50–51. © Deutscher Taschenbuch Verlag, München 1997.

Heinrich Böll (1917–1985) – Anekdote zur Senkung der Arbeitsmoral. Aus: Erzählungen. Köln 1994, S. 775–777. © Kiepenheuer & Witsch Verlag, Köln 1994.

Boethius (ca. 475/480–524) – Trost der Philosophie. Textauszug aus: Trost der Philosophie. Übersetzt von Ernst Gegenschatz und Olof Gigon. München 1991 (dtv 2273), S. 87–89, 95–96. © Artemis Verlag, Zürich und München 1990.

Gotama Buddha (ca. 563–ca. 483 v. Chr.) – Das höchste Glück. Textauszug aus: Die vier edlen Wahrheiten. Texte des ursprünglichen Buddhismus. Hrsg. von Klaus Mylius. Stuttgart 1983, S. 333. © Philipp Reclam jun. GmbH & Co., Stuttgart 1983.

Albert Camus (1913–1960) – Der ewige Rebell. Textauszug aus: Der Mythos von Sisyphos. Übersetzung ins Deutsche von Vincent v. Wroblewsky. Reinbek bei Hamburg 1999, S. 98–101. © 1999 Rowohlt Verlag GmbH, Reinbek bei Hamburg.

Mihaly Csikszentmihalyi – Flow – die optimale Erfahrung. Textauszüge aus: Flow. Das Geheimnis des Glücks. Aus dem Amerikanischen von Annette Charpentier. Stuttgart 1992, S. 13–16, 79–81, 85–87, 91–94. © 1990 Mihaly Csikszentmihaly. Klett-Cotta, Stuttgart 1992.

Dalai Lama/Howard C. Cutler – Die Schulung des Geistes für das Glück. Textauszug aus: Dalai Lama/Howard C. Cutler, Die Regeln des Glücks. Aus dem Amerikanischen von Jürgen Manshardt, unter Mitarbeit von Kathrin Ronnefeldt und Svenja Willkomm. Bergisch Gladbach 1999, S. 44–56. © 1999 Verlagsgruppe Lübbe GmbH & Co.KG, Bergisch Gladbach.

Philippe Delerm – Ein Croissant am Morgen. Textauszug aus: Der erste Schluck Bier. Bern, München, Wien 1998, S. 78–79. © 1998 alle deutschsprachigen Rechte Scherz Verlag, Bern, München, Wien für den Fretz & Wasmuth Verlag.

Demokritos (ca. 460–370 v. Chr.) – Das Maß des Lebens. Textauszug aus: Die Anfänge der abendländischen Philosophie. Fragmente der Vorsokratiker. Übersetzt und erläutert von Michael Grünwald. München 1991 (dtv 2264), S. 177–178. © Artemis Verlag, Zürich und München 1991.

Doris Dörrie – Grundlos glücklich. Textauszug aus: Was machen wir jetzt? Roman. Zürich 1999, S. 218–219. © 2000 Diogenes Verlag AG, Zürich.

Ralph Waldo Emerson (1803–1882) – Natur. Textauszug aus: Natur. Aus dem Amerikanischen von Harald Kiczka. Zürich 1988, S. 15–18. © der deutschen Übersetzung 1982 Diogenes Verlag AG, Zürich.

Michael Ende (1929–1995) – Das Geheimnis von Beppo Straßenkehrer. Textauszug aus: Momo. Ein Märchen-Roman. Stuttgart 1973, S. 38–39. © 1973 K. Thienemanns Verlag, Stuttgart – Wien.

Epiktet (ca. 50–120 n. Chr.) – Wege zum glücklichen Handeln. Textauszug aus: Epiktet/Teles/Musonius, Wege zum Glück. Auf der Grundlage der Übertragung von Wilhelm Capelle neu übersetzt und mit Einführungen und Erläuterungen versehen von Rainer Nickel. München 1991 (dtv 2269), S. 17–20. © Artemis Verlag, Zürich und München 1987.

Epikur (341–270 v. Chr.) – Vom lustvollen Leben. Textauszüge aus: Epikur, Von der Überwindung der Furcht. Übersetzt und mit einer

Einführung versehen von Olof Gigon. München 1991 (dtv 2268), S. 100–105. © Artemis Verlag, Zürich und München 1983.

Viktor E. Frankl (1905–1997) – ... trotzdem Ja zum Leben sagen: Ein Pschologe erlebt das Konzentrationslager. Textauszüge aus: ... trotzdem Ja zum Leben sagen. Ein Psychologe erlebt das Konzentrationslager. München 1982 (dtv 35039), S. 108–112, 124–127, 129–134. © Kösel Verlag GmbH & Co., München.

Erich Fromm (1900–1980) – Vom Sinn des Lebens. Textauszüge aus: Vom Haben zum Sein. Wege und Irrwege der Selbsterfahrung. Schriften aus dem Nachlass Bd. 1. Hrsg. von Rainer Funk. Weinheim und Basel 1991, S. 13–22. © Beltz Verlag, Weinheim und Basel 1989, jetzt Quadriga Verlag Berlin/München.

Khalil Gibran (1883–1931) – Von der Freude und vom Leid. Textauszug aus: Der Prophet. Übersetzt von Giovanni und Ditte Bandini. München 2002 (dtv 36261), S. 38–40. © Deutscher Taschenbuch Verlag, München 2002.

Hermann Hesse (1877–1962) – Glück – Kleine Freuden. Textauszüge aus: Über das Glück. Betrachtungen und Gedichte. Zusammengestellt von Volker Michels. Frankfurt/M. 2001, S. 7–23, S. 25–31. © Suhrkamp Verlag, Frankfurt am Main 1970.

Horaz (65 v. Chr.–8 n. Chr.) – Carpe diem. Aus: Bernhard Kytzler, Horaz. Eine Einführung. Stuttgart 1996, S. 96. © Philipp Reclam jun. GmbH & Co., Stuttgart 1996.

C. G. Jung (1875–1961) – Ohne Leiden kein Glück. Textauszüge aus: Briefe. Hrsg. von Aniela Jaffé, Zürich in Zusammenarbeit mit Gerhard Adler, London. Erster Band 1906–1945. Olten 1972, S. 297–299, 313. © Patmos Verlag GmbH & Co.KG, Walter Verlag, Düsseldorf 1997.

Jack Kornfield – Hat dieser Weg ein Herz? Textauszüge aus: Frag den Buddha und geh den Weg des Herzens. München 1995, S. 27–33. © Kösel-Verlag GmbH & Co., München 1995.

Jiddu Krishnamurti (1895–1986) – Unermessliche Freude. Textauszug aus: Einbruch in die Freiheit. Hrsg. von Mary Lutyens und übersetzt von Erich Schmidt. Frankfurt/M. und Berlin 1992, S. 32–36. © Ullstein Verlag, Frankfurt/M. und Berlin 1992. – Ohne Anstrengung leben. Textauszug aus: Antworten auf die Fragen des Lebens. Zusammengestellt von D. Rajagopal. Freiburg 2000, S. 214–217. © für die deutsche Ausgabe Verlag Hermann Bauer GmbH & Co. KG, Freiburg i. Br. 1992.

Henry Miller (1891–1980) – Mein Gott, war ich glücklich! Textauszüge aus: Der Koloss von Maroussi. Eine Reise nach Griechenland. Übersetzung ins Deutsche von Carl Bach und Lola Humm-Sernau. Reinbek 2001, S. 12–14. © 1956 Rowohlt Verlag GmbH, Reinbek bei Hamburg.

Prentice Mulford (1843–1891) – Sich leben spüren. Textauszug aus: Unfug des Lebens und des Sterbens. Frankfurt 1996, S. 182. © Fischer Taschenbuch Verlag, Frankfurt/M. 1996.

Friedrich Nietzsche (1844–1900) – Muße und Müßiggang. Textauszug aus: Menschliches, Allzumenschliches I und II. Kritische Studienausgabe. Hrsg. von Giorgio Colli und Mazzino Montinari, München 1988 (dtv 2222), S. 231 f.

John O'Donohue – Die Sinne sind die Schwellen der Seele. Textauszüge aus: Anam Ċara. Das Buch der keltischen Weisheit. Übersetzt von Giovanni und Ditte Bandini. München 2000 (dtv 24119), S. 76–94. © Deutscher Taschenbuch Verlag, München 1997.

Platon (ca. 427–347 v. Chr.) – Besonnenheit bewirkt Glückseligkeit. Textauszug aus: Platon, Die großen Dialoge. Übersetzt von Rudolf Rufener. München 1991 (dtv 2265), S. 297. © Artemis Verlag, Zürich und München 1991.

Plutarch (ca. 46 n. Chr.–ca. 120 n. Chr.) – Von der Heiterkeit der Seele. Textauszüge aus: Von der Heiterkeit der Seele. Moralia. Hrsg. und aus dem Altgriechischen übertragen von Wilhelm Ax., Diogenes Taschenbuch, detebe 23 145, Zürich 2000, S. 7–33. © Sammlung Dieterich Verlagsgesellschaft mbH, Leipzig 1942, 1992.

Shrî Ramana Maharshi (1879–1950) – Das Gemüt meistern. Textauszüge aus: Heinrich Zimmer, Der Weg zum Selbst. Lehre und Leben des Shrî Ramana Maharshi. Neuausgabe mit einer Einleitung von Günther Mehren. München 1991, S. 138–147. © Eugen Diederichs Verlag im Heinrich Hugendubel Verlag, Kreuzlingen/München 1991.

Gero von Randow – Zehn goldene Regeln des Genießens. Textauszug aus: Genießen. Eine Ausschweifung. Hamburg 2001, S. 216–223. © 2001 Hoffmann und Campe Verlag, Hamburg.

Geshe Michael Roach – »Stell dir vor ...«. Textauszüge aus: Der Garten des Buddha. Tibetische Lehren. München 2002 (dtv 36259), S. 72–86, 89–90. © Deutscher Taschenbuch Verlag, München 2002.

Jean-Jacques Rousseau (1712–1788) – Träumereien. Textauszug aus: Auf der Petersinsel. Aus: Die Bekenntnisse/Die Träumereien des einsamen Spaziergängers. München 1978 (dtv 2096), S. 695–704. © Winkler Verlag, Zürich und München 1978. © Artemis & Winkler Verlag, Düsseldorf und Zürich 1996.

Wilhelm Schmid – Aufhebung der Sorge: Die Lüste genießen – Anstoß zur Sorge: Vom Sinn der Schmerzen. Textauszüge aus: Schönes Leben? Einführung in die Lebenskunst. Frankfurt 2000. S. 42–50, 51–61. © Suhrkamp Verlag, Frankfurt am Main 2000.

Arthur Schopenhauer (1788–1860) – Der wahre Zweck des Lebens. Textauszüge aus: Die Welt als Wille und Vorstellung. Erster Band. München 1998 (dtv 30671), S. 737–738.

Seneca (ca. 4 v. Chr.–65 n. Chr.) – Seelische Harmonie. Textauszüge aus: Seneca, Von der Ruhe der Seele und andere Essays. Übersetzt und mit einer Einführung und Erläuterungen versehen von Gerhard Fink. München 1991 (dtv 2272), S. 181–191. © Artemis Verlag, Zürich und München 1991.

David Steindl-Rast – Durch die Sinne Sinn finden. Textauszug aus: Die Achtsamkeit des Herzens. Ein Leben in Kontemplation. München 1992, S. 266–281. © 1988 David Steindl-Rast. © der deutschsprachigen Ausgabe 1988 Wilhelm Goldmann Verlag, München, einem Unternehmen der Verlagsgruppe Random House GmbH.

Thich Nhat Hanh – Im Paradies. Textauszug aus: Der Duft von Palmenblättern. Erinnerung an schicksalhafte Jahre. Aus dem Amerikanischen von Irene Knauf. Freiburg 2000, S. 132–134. © Verlag Herder, Freiburg im Breisgau 2. Auflage 2001 (und schriftl. Erlaubnis des Originalverlegers – Riverhead Books, New York). Die Kapitelüberschrift stammt von der Herausgeberin.

Henry David Thoreau (1817–1862) – Vereinfache, vereinfache! Textauszüge aus: Walden oder Leben in den Wäldern. Aus dem Amerikanischen von Emma Emmrich und Tatjana Fischer. Vorwort von Walter E. Richartz. Zürich 1979, S. 26–28, 98–100, 117–118, 314. © der deutschen Übersetzung 1979 Diogenes Verlag AG, Zürich.

Alan W. Watts (1915–1973) – Der wunderbare Augenblick. Textauszüge aus: Weisheit des ungesicherten Lebens. Bern, München, Wien 1978, S. 86–89, 96–97. © alle deutschsprachigen Rechte Scherz Verlag für den Otto Wilhelm Barth Verlag, Bern, München, Wien 1978.

Janwillem van de Wetering – Nur ein Spiel. Textauszug aus: Ein Blick ins Nichts. Erfahrungen in einer amerikanischen Zen-Gemeinde. Aus dem Amerikanischen von Klaus Schomburg. Reinbek 1985, S. 176–177. © 1985 Rowohlt Taschenbuch Verlag GmbH, Reinbek bei Hamburg.